JN300941

GLOBAL ACCOUNT
MANAGEMENT
A COMPLETE ACTION KIT
OF TOOLS AND TECHNIQUES FOR
MANAGING KEY GLOBAL CUSTOMERS

グローバルアカウントマネジメント入門

世界市場の顧客との付き合い方

ピーター・シェバートン [著]

福住俊男 [監訳]　児島修 [訳]

英治出版

グローバルアカウントマネジメント入門

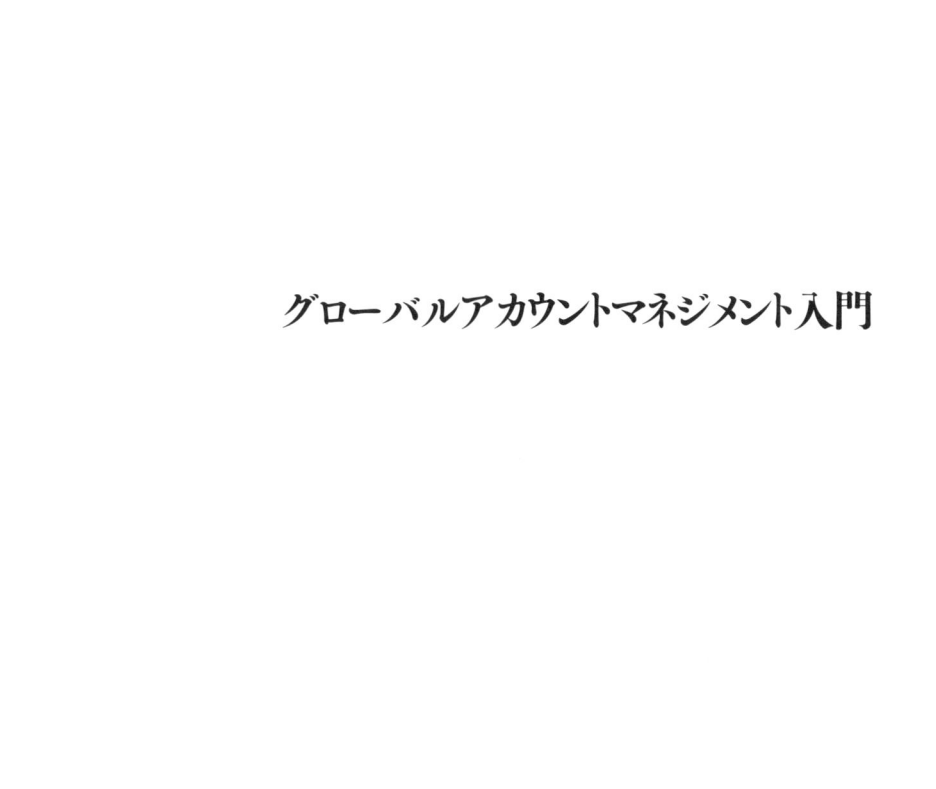

GLOBAL ACCOUNT MANAGEMENT
A Complete Action Kit of Tools and Techniques for
Managing Key Global Customers
by
Peter Cheverton

Copyright © Peter Cheverton, 2006, 2008
First published in Great Britain and the United States in 2006 by Kogan Page Ltd
Paperback edition published 2008
Japanese translation rights arranged with Kogan Page Ltd
through Japan UNI Agency, Inc., Tokyo.

監訳者によるまえがき

　世界経済はいま100年に一度と言われる難局にある。需要の減少に直面し、売上がなかなか思うように上げられず、大変な苦労を強いられている営業担当者や企業経営者が多いのではないか。この経済危機は、日本企業においては、国内市場の成熟・少子高齢化と相まって、グローバル化推進の重要性をますます高めている。

　自動車や電機・電子など大手完成品メーカーとともに海外に進出した部品メーカーや金融・物流などのサービス業者では、顧客である日本企業とのグローバルな取引関係を維持するだけでなく、日本企業以外の完成品メーカーや顧客からの受注をも目指すようになった。また、そうした業種に限らず、国内で今後大きな成長が期待できない多くの業種においても、積極的に海外に進出し、海外売上比率を高めようとする動きが加速している。これは当然の流れと言えよう。

　しかし、グローバル化を推進する上で、多くの日本企業が壁に直面している。そもそも人が製品やサービスを買う意思決定を下す理由を考えてみよう。

- 製品やサービスが自分や自社にとって価値があり、ニーズを満たすことができる。
- 競合他社と比べても価格が妥当である。
- 販売の担当者や技術者が誠実であり、好感が持てる。
- 製品・サービスの提供会社が社会的に信用でき、安心できる。
- 長年にわたり取引があり、他社に変えるよりも取引リスクが小さい。
- 資本関係や系列会社であり、強いリレーションがあるので、他の選択肢がない。

　他にもさまざまな理由が考えられるが、このうち最後の二つの理由で顧客と

の取引関係が保たれている（つまり長年の関係に依存している）企業は、顧客から実力以上の評価をされている可能性があり、変化への適応力を欠きがちであるため注意が必要だ。

　もともと日本では長年の取引実績や人脈など、人と人のリレーションを重視した取引関係がより重視される慣行がある。一方で、外資系のグローバル企業は、提案内容や付加価値、値段をより重視する。日本企業がこうした外資系グローバル企業を顧客にする場合、十分な顧客リレーションを構築できないまま、営業努力で単発的な受注を得るだけにとどまっているケースも多く、一度経済の負のスパイラルが回りだすと、簡単に取引を中止されてしまうことも多い。日本のグローバル企業との取引を続けるのも大変だが、外資系グローバル企業との関係作りはさらに難しい。新参者として受注を得るのも困難なばかりか、取引が続かないという悩みを抱えた営業担当者や経営者は多いにちがいない。

　グローバルに事業展開をしている顧客に対して、どのようにしたらグローバルな取引関係を長期にわたり継続的に行い、Win-Winのリレーションを確立・維持できるのだろうか。これが本書のテーマである。グローバルアカウントマネジメント（GAM）は、単なる大口顧客管理ではなく、グローバルな顧客に対してグローバルベースのリレーションを築き上げ、実りある取引を長期的に行うことを目的としている。

　そのためには単に、各事業部の国内や海外拠点の営業担当者を顧客別に組織化してグローバルアカウントチームを作るだけではなく、自社のグローバルネットワークの総力をあげて、顧客企業の経営者や個々の事業部の経営者、営業や技術部門管理者などの情報を収集し、共有し、顧客以上に顧客のことを会社組織として知った上で、グローバルアカウントプランを作り、アカウントチームのメンバーがそれぞれの役割に応じた行動をとり、情報を共有することの重要性を指摘している。

　日本企業で海外展開している企業は4,000社程あり、その中でBtoBのビジネスをしている企業は製造業を中心にかなりの数に上ると思われる。グローバルに展開しているサプライヤーにとって、日本企業だけでなく外国企業を顧客

として、グローバルに取引関係を展開・維持していくことは、日本企業の海外におけるプレゼンスを高めるためにも重要だろう。

　グローバルマネジメントに関するコンサルティングに携わる中で私は、1年ほど前、あるメーカーの海外事業本部長さんから、「グローバルアカウントマネジメントが重要だと言われていますが、皆さんどんなことをしているのでしょうか？」と尋ねられた。そこで、グローバル顧客管理に関する本を探してみたのだが、残念ながら日本語で書かれた本は一冊もなかった。そこで洋書を探し、本書の翻訳を思い立った。

　本書の著者はグローバルベースに活躍する顧客管理を中心としたコンサルティング会社の経営者であるが、以前は自らグローバル顧客を相手に営業活動をしていた経験もあり、コンサルティングの実績を踏まえた事例も多く取り入れている。どちらかといえばグローバル顧客管理の本としては、最低限行うべきグローバル顧客管理の内容とそのやり方を紹介するノウハウものであり、初級編であるため、原題の "Global Account Management" を入れて、日本語のタイトルを『グローバルアカウントマネジメント入門』とした。

　本書に書かれている内容は、日本の多くのサプライヤーにとって、グローバル顧客と良好な取引関係をグローバルに築くために大いに参考になるものと思われる。すでによく行われているような一般的ノウハウもあるが、まだ普通の日本企業があまり注力していないような提言もある。本書に書かれていることを一つのチェックリストとして、自社のグローバルアカウントチームのあり方を見直すのもよい活用法だろう。

　本書を参考にして、日本企業がますますグローバルに活躍し、そのプレゼンスを高めていくことを期待したい。

2009年1月

株式会社グローバルマネジメント研究所

代表取締役社長　福住俊男

目次

監訳者によるまえがき 3
はじめに 9

第1章 グローバルとは何か 11
「真にグローバル」と「単にインターナショナル」の違い 13
グローバルレスポンスのタイミングを計る──「将来の」グローバル顧客に対処する 17
フィットしないのなら、強制しないこと 22
飛躍、さらに上へ 28

第2章 グローバル顧客管理(GAM)の課題 31
組織と組織構造の複雑さ 33
権限の不足 38
社内の競争 39
文化的差異 40
地理と時差 44

第3章 グローバル市場の危険性 47

第4章 GAMの成功要因とは 57

第5章 まず大きな絵を描く 65
オポチュニティー・チェーン分析 66
ビジネスドライバー分析 74
シェアド・フューチャー分析 92
まとめ 97

第6章 グローバル・バイヤーを熟知する 99

グローバル・バイヤーの野心と目的　101
購買力──（価格と条件）　102
業務効率性──（組織構造）　107
サプライチェーンマネジメント（その実現）　112
サプライヤーを管理する（ポジショニング、合理化、主要／戦略的サプライヤー）　114
投資を保護する　125
最後に──あるリアリストの視点　126

第7章 顧客の意思決定プロセスを理解する 129

DMU分析──ツールキット　132

第8章 グローバル・タッチポイントを管理する 155

顧客への影響戦略　156
サービス提供戦略　179
見えない相互作用　181

第9章 トップを巻き込む 185

GAMの推進者と実現者　186
リーダーシップ、エンパワーメント、コーチング　194
GAMの一員となる　196

第10章 グローバル・アカウント・マネジャー 199

タスクに要求されるスキル　200
コーチング　219
権限　223
GAマネジャーは販売のプロであるべきか?　225

第11章 組織構造と説得のプロセス 229
「ガイドライン」 231
GAMを実現化する——「説得プロセス」 237

第12章 パフォーマンスと報酬 247
適切な業績、適切な報酬 250
報酬を決定する——顧客利益 256

第13章 ITの適切な活用 263

第14章 グローバル・アカウント・プラン 269

第15章 文化的多様性を武器にする 277
文化的な価値観の相違 278
うまく行かないのは、どうしてなのか? 283
どうすれば、うまく行くのか? 285
文化によって異なる物の見方や価値観を測る——16のスケール 288
チームの競争力を養うために 308

第16章 さらなる課題に取り組むために 311
バリューの提案 311
インサイト・マーケティング・アンド・ピープル 314

はじめに

　本書の目的は、グローバル・アカウント・マネジメント（GAM）が直面する大きな課題を明らかにし、ビジネスの成功のために取るべき決定と行動は何かを読者に提示することにある。これは、「GAMには絶対的なルールが何も存在しない」ことを受け入れることから始まる。少なくとも、ルールを決めるのは顧客であり、サプライヤーであるあなた自身でしかない。他の誰かによってもたらされることはないのだ。つまり、GAMにはルールブックがない。すべての状況が異なり、すべての顧客はユニークであり、すべてのサプライヤーの開始点と望みは違う。そうした環境で、誰にも当てはまるルールなど存在し得ない。

　これは、極めてやっかいな挑戦だ。ルールはない。しかし、決断を下すべき難局が次から次へとやってくる。最も難しい問いは、「誰に？」や「どのくらい？」だ。しかも、どちらの問いも、その問いが存在していること自体が、わかりにくい。これらすべてが大きく重要な問題だ。組織構造、権限のレベル、部門間および事業体間のコラボレーション。さらに、文化的多様性という問題もある。多くの人間にとって、これは最大の問題となり得る。しかし、本書で明らかにしていくように、文化の違いによる態度や行動の多様性の問題に上手く対処すれば、GAMにおける強力な競争優位を得ることができる。

　目の前には登るべき山がある。高く、険しい山だ。もし、登り方を誤ったら、とてつもなく大きな被害をこうむるだろう。いくつかの重要な顧客と運命をともにするという決断を下し、多大な一連の投資を行う。これはGAMの成功に欠かせない行動だ。ただし、時間をかけ、熟考し、計画を練る時間は、あまりにも少ない。本書の存在意義は、そこにある。

GAMかKAMか？

　当然ながら、グローバル・アカウント・マネジメント（GAM）とキー・アカウント・マネジメント（KAM：主要顧客管理）には多くの類似点がある。しかし、GAMが直面する課題がより複雑であることは間違いない。本書では、

GAM固有の問題に焦点を当てる。KAMの核心について細かく言及することはしない。KAMについて詳しく知りたい場合は別の本を読むことをお薦めしたい。

テンプレートについて

GAMについてテンプレートやフォーマットを求める向きもあるだろう。だが、グローバルな世界では、企業の形態があまりにも異なっているため、すべての企業に当てはまるような標準的なテンプレートを作成することは非常に困難だ。また、GAMに際して、サプライヤー自身がフォーマットを作成することは、成功のための非常に重要な要素になる。自社の顧客に合わせて独自のフォーマットを作成することはとても大切だ。そうすることで、既成のフォーマットのチェックボックスに印をつけるだけで、何かを成し遂げたような気持ちになる陥穽から逃れられる。さらに、ツールや概念の有効性をサプライヤー自身が確認することもできる。最も大切なフォーマットやツールは何かを、自ら判断し優先度をつけることが大切なのだ。本書にテンプレートを記載していないのは、それが読者のためになるからである。

謝辞

まず、カニング社のペニー・カートとクリス・フォックスに感謝する。彼らは、本書の文化的多様性の章で参考にした多くの資料を惜しみなく提供してくれた。インサイト社のキングスレー・ウェバーについても、同様に感謝している。

いつもの通り、アイリーン・ラーコンは校正作業で多大なる貢献をしてくれた。彼女に大きな感謝の意を伝えたい。

しかし、私がもっとも感謝しなければいけないのは、インサイト社の顧客かもしれない。顧客の皆様のおかげで、私はGAMの分野の知識と経験を得た。長期間にわたって、顧客の方々が必死に努力するその姿を興味深く観察できる立場にあったことが、計り知れない洞察を私に与えてくれた。最後に、本書で紹介するいくつかの「よくない事例」は、決して私の顧客のことを指しているのではないことを、念のためにつけ加えておく。

第1章
グローバルとは何か

DEFINING 'GLOBAL'

「グローバル・アカウント・マネジメント？　もちろん知っている。キー・アカウント・マネジメント（重要顧客管理）を、海外の企業を相手に行うことだろう？」

　こんなセリフを耳にしたことはないだろうか。その場所が自社内で、それを口にしているのが経営幹部だとしたら、気をつけたほうがいい。彼が実際にはそれを経験したことがないのはまず間違いない。さらに問題は、しなければならないことが過小に見積もられていることだ。空を飛ぶほど大変なことなのに、まるで歩くことのように簡単に考えられている。

　たしかに、グローバル・アカウント・マネジメント（GAM）で用いられているプロセスやツールの多くは、キー・アカウント・マネジメント（KAM）と同じものだ。だが同じプロセスやツールを使うことから得られる安心感は、偽りのものに過ぎない。GAMとKAMの類似性は、GAMの複雑さに比べれば、わずかなものだ。グローバルな課題への挑戦は、企業が経験しうるもっとも過酷な試練になる。相当な時間を要するし、想像以上のコストが掛かることも間違いない。軽い気持ちで手をつけられるものではないのだ。

　この種の課題をすべて避けるという手もある。だが検討した後、それがあまりにも遠くにある橋であることに気づくのは、決してめずらしいことではない。GAMと同じく、KAMのルールはわずかだ。グローバルに適用しなければならないものもほとんどない。

だが、我々に与えられた選択の幅はどれくらいあるだろうか？　顧客が完全にグローバルな企業であった場合を考えてみてほしい。GAMに気が進まないという理由だけで、その顧客を無視できるだろうか？　KAMは、それを行う場所が、国内の特定の地域、国内全域、近隣諸国、全世界であるかどうかにかかわらず、対象となる重要顧客の性質に左右される。顧客が違うからこそ、KAMとGAMは、異なったペース、異なった業界でそれぞれに進化を遂げているのだ。

　KAM（重要顧客管理）を生んだのは、小売業のサプライヤー（供給者）たちだ。それは1970年代にさかのぼる。食料品業界の統合が進み、サプライヤー／重要顧客の関係のあり方が大きな変化を迫られていた頃だった。1990年代後半になると、KAMは製造業とB2B（企業間取引）のサプライヤーの間に広まった。だがそれは、早くから着手していたFMCG（ファースト・ムービング・コンシューマ・グッツ）業界のものとは大きく異なっていた。

　今日の小売業のサプライヤーにとって、GAMのイメージは、テスコやウォルマート、カルフールなどの巨人の背後から、漠然と姿を現した概念といったところだろう。しかし、GAMはまったく新しい概念だ。いくら国内のKAMを長年経験していても、そこからGAMについて学べることは少ない。感じるのは、不安な点ばかりだろう。欧州全土に展開するテスコに対して商品を供給することは、英国国内にあるテスコのみに対してそれを行うのとはわけが異なる。それは、単に商品を配達する距離が長くなるというような問題ではない。

　過去数年間にわたってこの動向を注意深く見守ってきた企業から注目されているのが、B2Bのサプライヤーだ。彼らは、真のGAM体験という意味において、他を一歩リードしている。製造業では、従来の地理的な概念や国家という枠組みが大きく変わろうとしている。製造業に携わる企業は、東欧と極東に事業を展開していった。

　近年、KAMは企業の重役室で議題になることが増えた。それは、特に製薬業界と金融サービス業界において顕著だ。KAMに関して言えば、この二つの業界は他に比較して後進ではある。しかし、それには十分な理由がある。小売

> 業と製造業がとりつかれたように統合を繰り返していたとき、製薬会社と金融サービス業界の重要顧客基盤は比較的分散していたからだ。しかし、今や新しい企業体やビジネス機会が出現し、KAM の実践を要求している。ただし、求められているのは従来とは異なった KAM のモデルだ。製薬会社の多くにとって、GAM はまだ身近には感じられない存在だ。だが、金融サービス業界にとっては、より現実的なものになりつつある。

　KAM の真髄が「重要顧客の特性に従うこと」だとするならば、「真にグローバルな」企業を顧客に持ったとき、サプライヤーはその顧客の特性に従うべきではないだろうか。そして、そのとき必要になるのが GAM だ。この問いに対する答えは、おそらくかなりの確率で YES になるだろう。ただし、ここで根本的な問いが浮かび上がる。つまり、「真にグローバルであること」の定義とは何か、ということだ。

「真にグローバル」と「単にインターナショナル」の違い

　まずは、簡単な方の定義から始めてみよう。「インターナショナルな企業」とは何か。端的に言えば、それは「複数国で事業を行う企業」のことだ。これは、純粋に地理的な条件に基づいている。この定義に当てはまる企業を顧客に持つサプライヤーは多いだろう。顧客が、こうしたインターナショナルな企業であるという場合もまったく珍しくはない。だとすれば、これらの顧客に対してあえて国内企業とは異なった接し方をしなければならないという特別な理由はないように思える。おそらく、こうした企業に対しては、ある国においては取引をして、ある国においてはしていない、というような形もあり得るだろう。この状況には、何か問題があるだろうか？　あるいは、特定の国におけるその企業の価値やそれまでに築いてきた関係に基づいて、特別な取引を行っている場合もあるだろうし、単純に既定の価格に基づいた「普通の」取引に徹している場合もあるだろう。こうした状況も、問題と言えるだろうか？　もしそこに何か問題があるのだとしたら、それは「単にインターナショナル」という以上

の顧客であるためだ。ここであらためて、「真にグローバルな」顧客とは何かについて考える必要がでてくる。

●──グローバルとは、世界を縮めること

「グローバル」とは、単なる地理的な条件のことではない。複数国で事業を展開している企業が、すなわちグローバルであるということにはならない。数の問題でもない。わずか2、3カ国で事業を行っている企業でも、「真にグローバルな」企業であることは十分にあり得る。逆に、20カ国に支店を持っていながら、「単にインターナショナルな」存在である企業も決して珍しくはない。

つまり、重要なのは数ではなく規模でもない。その企業が「世界を縮めているかどうか」が問題なのだ。その企業の活動が、国や地域の間に存在する境界線を強化するものなのか、それともそれらを過去のものとし、意味の無いものにしようとしているのか、そこが分かれ目になる。

インターナショナルな条件を満たしている顧客が、グローバルな存在であるかどうかを試すための三つのテストがある。

❶その顧客は、複数の国において「一貫性を保つこと」を求められているか？ そのために、グローバル統一基準に基づいた、一貫性のあるソリューションを必要としているか？

❷その顧客は、特定の機能においてグローバルな構造を持っているか？ サプライヤーの多くにとって、これは顧客がグローバルな購買を行っていることを意味する。ただし、サプライヤーとその顧客との関わり方によって、顧客の研究開発、製造、経営、財務、営業、マーケティングその他の各部門も、同じくグローバルなものとなる。

❸その顧客は、グローバルな意思決定を行うことができるか？ また、それを実施する能力を持っているか（特にサプライヤー契約に基づいて）？

一番目のテストは、その「必然性」を考えてみるとわかりやすい。その企業

は、本当にグローバルな存在になる価値があるのだろうか？　もしそうだとしたら、顧客とサプライヤーの双方に、大きな経済的メリットがあるはずだ。

> 製薬業界の原材料サプライヤーは、GMP（Good Manufacturing Practice：適正製造基準）と呼ばれる基準による恩恵を享受している。GMPは、製造の各過程において厳しい基準を設定するものであるが、一度この標準に適合することができれば、その後は継続して受注しやすくなり、しかもそれをグローバルに行いやすくなる。GMPは厳しい画一性と一貫性が要求される。そうした基準を満たす製品を提供できるサプライヤーが、顧客から高く評価されることは言うまでもない。それがグローバルなレベルなものであれば、なおさらだ。

二番目のテストは、その「現実性」を考えてみるとわかりやすい。顧客には、サプライヤーが提供するグローバルな手法に対応できる組織構造があるか？　そのような構造が無ければ、サプライヤーがいくらグローバルなソリューションを提案したとしても、顧客は聞く耳を持ってくれないだろう。そうした組織は、自らに関心のあることにしか目を向けようとしないのだ。

> 製薬業界における原材料サプライヤーの多くは、グローバルな購買機能によって支えられている。しかし、この章で後述するように、同じ業界にいながらにして、グローバルな構造をまったく備えていないサプライヤーがいる。この対比は重要な点を明らかにしている。つまり、サプライヤーにとっては、顧客がグローバルなものであるかどうかが大きな問題になる。ある顧客を「グローバルではない」と判断したとき、サプライヤーは自らの状況に則して行動すればよい。
> 　たとえば、数多くある製薬会社の中でも、ファイザー製薬は中央集権の徹底した真にグローバルな企業の代表的存在だと言えるだろう。逆に、グラクソ・スミスクラインは、比較的「連邦的」な形態で経営されており、各地域でより

> 大きな裁量権が与えられている。そういう意味においては、単なるインターナショナルな企業と定義できるかもしれない。しかしこの見方は、あくまで一般論だ。顧客がグローバルであるかどうかの定義は、サプライヤーによって異なる。一般的な見解にただ従うのではなく、自らが置かれた状況に合わせて判断すればよい。

3番目のテストは非常に重要だ。顧客がグローバルであることが、サプライヤーにどれだけの利益をもたらすかということと関連するからだ。実は、契約をグローバルに取り交わすことは、とても簡単だ。特に顧客がグローバルな取り決めや商品リストを用いることでサプライヤーに割引を求める場合は、それが顕著になる。しかし、こうしたグローバルな取り決めを、各国において適用することはとても難しい。実際、グローバル契約の後で、得をしたのは自分たちだけだと笑う購入者の姿は、珍しい光景ではない。購入者は、往々にしてグローバル契約を自分たちが守っているかどうかを取り締まる必要性を感じていない。それは自らの仕事ではないと考えているからだ。

●──グローバルに可能な「ビジネス・ライセンス」

サプライヤーにとって、グローバルに取引をする際に気をつけなければならない点がある。それは、結局のところこうした契約によって手にするのは、グローバルな「狩猟許可証」だけではないのか、ということだ。

単なるビジネス・ライセンスであったとしても、それを持たないよりはマシかもしれないが、常にそうだとは限らない。この許可証を得るために費やした費用のことを考えてみてほしい。サプライヤーは、グローバルな取引において、なんらかの割引や特典（5%の値引き、支払い期間の延長など）を顧客に提示するのが一般的だ。そしてさらに、こうしたグローバル契約とは関係なく、各地域で商談を成立させるために必要な事柄に取り組まなくてはならない。つまり、取引のために「手を尽くす」ことが必要になる。だが、もしグローバル契約が存在しなければ、より条件のよい取引ができていたかもしれない。地域によっては余計なサービスを提供する必要はなかったかもしれないし、余計な費

用をかけることもなかったかもしれない。だが、「グローバルスタンダード」はすでにそこにある。このように、グローバルな取引には、いくつもの「もし……」がある。そしてそのほとんどは、サプライヤーにとって不満を募らせる材料になっているのだ。

グローバルレスポンスのタイミングを計る
──「将来の」グローバル顧客に対処する

　GAMの実践は、生やさしいものではない。それだけに、顧客が真にグローバルな存在であるかどうかを事前に検証しておくことがとても重要だ。顧客が「単なるインターナショナル」と「真のグローバル」を両端とする尺度のどこに位置するかを検討してみるとよいだろう（図1.1）。

「ある時点における」顧客の位置を検証することは、それほど難しいことではない。大事なのは、顧客がどちらの方向に、どの程度の速さで移動しているのかだ。それによって、サプライヤーがそれに対してどのように対処するべきかが明らかになる。尺度の両端に位置している顧客は、その立場を明確にしているし、サプライヤーが取るべき対応もはっきりしている。真にグローバルな企業は、「真に」と定義されているように、すでに一定の期間はグローバルな企業としてあり続けてきたと見なすことができ、サプライヤー側にとって不明な点はほとんどない。真にグローバルな企業に対して、グローバルな対応ができていないのであれば、サプライヤーはその現状を挽回するために、とにかく必死に素早い対応をすべきだ。縦割りで融通の利かない対応や、各地域でしか

図1.1　インターナショナル／グローバルの尺度

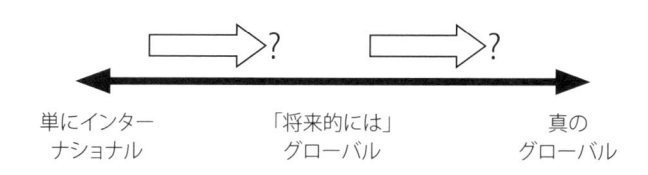

単にインターナショナル　　　「将来的には」グローバル　　　真のグローバル

通じないビジネスの方法は、やがて真にグローバルな企業に不満を抱かせてしまうだろう。では、尺度のもう片方の端に位置する、旧態依然としたインターナショナルな企業についてはどうだろうか。こうした企業に対しては、GAMの適用は避けた方が得策だ。それは不必要なことだ。もし実践したとしても、表面的な効果しか得ることはできない。そしてほぼ間違いなく、様々なトラブルを誘発することになるだろう。

難しいのは、尺度の中間に位置する企業への接し方だ。「将来の」グローバル企業に対して、GAMの手法を徹底してしまえば、それは時期尚早になる（同じく、様々なトラブルを誘発することになるだろう）。逆に、単なるインターナショナルな企業と同じように接してしまえば、「重要な船に乗り遅れる」ことになりかねない。チャンスを逃すだけならまだ被害は小さい。しかし、顧客の前向きな意欲を阻害するようなことになってしまうと始末が悪い。こうした状況がどのような結果を招くかは、少し考えればわかることだ。

●──それは買い手だけの問題ではない（そして売り手だけの問題でもない）

顧客がグローバルな購買部門を新たに構築するとき、それはGAM導入に拍車をかける重要な要因となる。しかし、グローバルな購買部門を持つことだけが、顧客をグローバルな存在に押し上げるのではない。たとえば、その他の機能は、すでにグローバルなものであったのかもしれないし、サプライヤー側がそのことを認識している場合もある。

テクノロジー主導型のビジネスを展開している企業を相手にするとき、サプライヤーは高度な仕様に適合した原材料を提供していることも多いだろう。その場合、顧客の研究開発部門とは長期にわたってよい関係を築いていることも考えられる（そうであることが望ましい）。製造部門に対しても同様な関係を築いている場合もあるだろう。その顧客企業が技術面および製造面でグローバルな統一性を必要としているのであれば、サプライヤー側にも各部門に対するグローバルな対応が求められる。ただし、奇妙なことに、こうした部門単位のグローバルな関係は、購買部門やサプライヤーとは直接関係のない形で行われることがある。そしてそれは常に購買部門やサプライヤー側に問題があるからではない（研究開発部門の社員は、別世界で生きていると言えなくもない）。

グローバルな関係は、サプライヤーと顧客のどの部門でも成立させることができる。そのとき GAM は必ずしも必要ではない。たとえば、法務部門は相手の法務部門と、金融部門は金融部門とやりとりを行っているのに、商業部門はお互いに関心を示さないこともある。こうした状況の変異が、GAM が求められる要因となることがある。それは、これらの関係において、サプライヤーが提供するもの、購買者が獲得するもの、その両方に「価値」が見出される場合である。関係性がもたらす価値は次に利益の問題となり、それは速やかに GAM 導入の検討へとつながっていく。

　前述した三つのテストの 2 番目は、「その顧客は、特定の機能においてグローバルな構造を持っているか？」だった。この「特定の機能」が何を意味するかは、サプライヤーと顧客の関係者の関係によって千差万別だろう。だが、どのような形であれ顧客企業において価値が見出され、利益が期待されるとき、GAM 着手へのよい時期にあると考えることができる。逆に、価値が特に見つけられない場合は、あえて現状の単純な関係を壊してまで GAM を構築する必要はない。これまで通りに、関連部署間でやりとりを続ければいい。

◉───**兆候を読む**

　顧客が尺度のどこに位置するのかを知ること、そしてより重要なことだが、どちらの方向に、どの程度の速さで移動しているのかを判断することは、簡単ではない。この判断をさらに難しくしているのは、同じ企業であっても、部門によって移動の速さが異なる場合があることだ。部門が異なれば、それぞれ逆の方向に進んでいることも珍しくない。この難しい問題を考えるために、何らかの指針が必要だ。

企業がグローバル化に向かう要因

　顧客がグローバル化を推し進めるとき、そこには各企業に共通する要因があるはずだ。そしてサプライヤーは、その要因を基にして顧客のグローバル化を判断すべきだ。要因を以下に列挙する。ただし、こうした要因があるからといって、顧客がグローバル化の意思を持っているとは限らない。むしろ、グローバル化の方向に進む動機を持っていると考えた方がよい。そしてだからこそ、

その傾向があると認識すべきなのだ。

- 取引先の多くがグローバル企業であるとき、その企業もグローバル化を指向する傾向を持つ（おそらく読者の多くも同じ状況にあるのではないだろうか）。
- スケールメリット、すなわちビジネスの規模を拡大し続けることによって、コスト削減を目指す企業は、グローバル化の道に進む傾向がある。
- 真にグローバルなブランドは、多くの経済的メリットをもたらす。こうしたブランドに依存する企業は、グローバル化を求める傾向にある。ただし、それは対象となるブランドが文化や価値観の異なる各地域において受け入れられると予期される場合のみである。
- 最先端技術を核とするビジネスは、グローバル化の傾向を持っている場合がある。これらの企業は常に最前線にいることが要求されるため、広い視野、新しいアイデア、競合他社を常に探している。同時に、こうした企業が提供するソリューションも、グローバルにその価値を認められやすい傾向にある。

1999年、ICIペイント社は自社ブランドである「オートカラー」を長年のライバルであるPPG社に売却した。オートカラーは自動車の再塗装市場におけるブランドで、表面に傷を持つ自動車の車体を塗装しなおすために用いられる。業界内では、この売却に驚く向きもあった。この事業は順調だったし、技術的にもICI社にとって宝とも言える価値を持っていたからだ。しかし、オートカラーはグローバル市場には登場していなかった。ジョン・マクアダム（当時のICI社塗装部門のエグゼクティブVP。本書執筆時点ではRHM社のCEO）は、この売却に対して明確な意思を持っていた。「技術の世界はグローバルだ。世界の上位三つに入らない技術は、不要だと考えた方がいい」

ICIは、装飾塗料市場でDuluxというブランドを持っていた。同社は、矢継ぎ早に買収を行った。まずはフランスの代表的な塗装ブランドであるバレンタインを、次に米国でいくつかのトップブランドを所有していたGliddenを買収

した。一連の買収劇は、真にグローバルなブランドを作り上げるプロセス——Duluxizationと見なされた。しかし、それは長くは続かなかった。英国のDuluxは、フランスや米国の消費者を魅惑することはできなかった。戦略を変えざるを得なかった。ジョン・マクアダムはこう述べている。「装飾品市場は技術市場と大きく異なる。英国ではナンバーワンになれても、イタリアではまったく知られていない、ということがあり得るからだ」。新しい戦略下では、各地域において強く、消費者に訴えるブランドがそれぞれ用いられることになった。結果、Cupronol、Hammerite、Polyfilla、Polycell、そしてDuluxを含むブランド群が形成されることになった。マクアダムは述懐する。「我々は、たいした現地調査もせず、英国でのソリューションが米国でも通用すると考えていた。それが間違いだった」

同じ企業内に二つの異なった圧力と志向があった。その二つがあまりにも異なっていたために、結果としてそのうち一つを売却することになったのである。

当時のICIペイントは様々なシグナルを発していたはずだ。サプライヤーとしては、どのシグナルを読み取るべきだったのだろうか？ シグナルのいくつかははっきりとしたものだろう。しかし、ビジネスを間違った方向に進めてしまう可能性を持つシグナルもある。その場合、おそらくサプライヤーも道連れになってしまう。第5章では、このジレンマに対する解決策を述べる。その概要は「理想的なGAMは、単に顧客が発するシグナルに従うことではない」というものだ。サプライヤーには、顧客の後ろをただついていくのではなく、顧客の仕事の本質が何かを、時には顧客よりもよく理解することが求められるのだ。

グローバル化に反するもの

企業のグローバル化を阻害する要因は多い。法律、関税、慣習、文化、味覚、気候、地理的条件。これらの要因の存在が顕著なのが食品業界だ。この業界にもグローバルプレイヤーはいる。しかし、現状では、この業界を支配しているのは、国内企業がほとんどだ。それは、生産者、小売、サービス提供者のすべて

に当てはまる。関税や、各地域によって消費者の味覚が違う、などの大きな壁がその要因だと考えられている。

フィットしないのなら、強制しないこと

　顧客の位置と意欲を知ることは、出発点にすぎない。サプライヤーは、顧客とグローバルな関係を維持し、真にグローバルな提供ができるかを自問しなくてはならない。グローバル化には時間がかかる。それは顧客だけではなく、サプライヤーにとっても同じことだ。図1.2は、顧客のグローバル化への意欲と、サプライヤーのグローバルな対応力の関係を表している。お互いの状態に合わせて、取るべきアクションと進むべき方向性が示されている。

あなたがやっても、顧客はやらない

　すでにグローバルな能力を備えているサプライヤーは、概してグローバル化に積極的な姿勢を見せる。おそらくは顧客にグローバルな振る舞いを要求することもあるだろう。こうした傾向に対しては、非常に単純なアドバイスがある——「してはいけない」。顧客に対してグローバルな対応を求めることは、単にサプライヤーにとってのメリットを追求することであり、それが上手くいかないであろうことは言うまでもない。顧客にとってのメリットになるかもしれない場合においても、無理強いはよい結果を生まない。たとえるなら、釘でクラゲを壁に打ちつけるようなものだ。営業部門の社員が、なぜ顧客がグローバルな供給という「素晴らしいアイデア」を受け入れないのかと嘆く姿は、お馴染みのものだろう。彼らは言う。「このアイデアは、顧客のためになるに違いないのに」。そして顧客は「何もわかっちゃいない」と非難される（あるいは、もっとひどい言葉で）。だが、このとき顧客にとっての問題は考慮されていない。顧客はまだ真にグローバルな企業ではない。そのため、各国の支社を決定に従わせるだけの権力を持つ機関がないのだ。こうした企業において、グローバル化を無理やり適用しようとすることは、莫大な労力と手間を必要とする。教訓として覚えておくべきことはとても単純明快なものだ。「グローバル化への意欲を、顧客に押しつけないこと」

図1.2 適合度の評価

サプライヤーの能力		顧客の現状	
	インターナショナル	将来のグローバル	グローバル
グローバル	強制しない	顧客のグローバル化を助ける	理想的な適合
国内向けに限定	KAMで十分	自らのグローバル能力を開発せよ	商機を失う可能性あり

　製薬業界向けに「顧客のニーズに合わせた営業チームを提供する」という高度なサービスを提供していたサプライヤーの話だ。この企業は、世界でも有数の大手製薬会社と、英国で非常に大きな契約を結ぶことに成功した。契約は突然成立したわけではない。長年の努力と地道に能力を示し続けたことが実を結んだのである。英国におけるこの成功の衝撃はあまりにも大きく、周囲からは次第に他の地域でも同様の契約が結べないのかという声が上がり始めた。このサプライヤーは、フランス、ドイツ、スペイン、イタリア、スカンジナビア、ブルネックスにも支社を持っていた。そしてグローバルな企業運営を行える能力も備えていた。

　GAM担当者（GAマネジャー）が任命され、大きな目標が設定された。だが、数カ月が過ぎた時点で、結果はまったく出なかった。各地域における顧客企業の経営は独自のもので、英国の影響をまったく受けていない。そもそも、市場の性質そのものが、英国と他の国とではまったく異なっていた。当然、顧客がサプライヤーに望むサービスも英国とは違ってくる。何よりも、顧客はこう感じたはずだ。なぜ、名前も聞いたことがないような英国企業と突然契約をしなければならないのか。この英国企業は、本国で行ったのと同じく、長い年月をかけて自らの実力を示していくべきではないのか、と。

> GAM担当者のストレスは高まるばかりだった。目標は達成できず、サプライヤーの企業内では雑音が多くささやかれるようになり、社内は混乱した。後に残ったのは、プロジェクトが失敗に終わったという失望感と、後味の悪さだけだった。誰もが、誰かのミスによって失敗したに違いないと感じた。だが、実際はプロジェクト自体に無理があったのだ。サプライヤーは、明らかに適切ではない場所に、自らのサービスを売り込もうとしていたのだから。

あなたはやらなくても、顧客はやるかもしれない

逆に、グローバルな能力を持っていないサプライヤーは、グローバル化に対しては消極的になる。グローバルな顧客を完全に敬遠してしまうこともあるだろう。顧客がインターナショナルな枠組みからはみ出さなければ、問題はない。しかし、前述の尺度の右側（グローバル化の方向）に向かって動き始めたときに、様々な問題が首をもたげ始める。確かに、顧客が真にグローバルな存在に向かって動き始めたときが、自らもグローバルな存在になるべき時であるという考え方をしていれば、無駄な労力や資金を費やすこともないだろう。しかし、このような「追いかけ型」の戦略の問題は、顧客が進むペースが速すぎて、それに追いつけない場合があることだ。これは十分に考えられる事態だ。グローバルな顧客になることと、グローバルなサプライヤーになることの難しさは、同じではない。

> 海外で事業を展開している顧客がいるとしよう。顧客は、この海外での事業へのサービス提供を変えることを考えている。従来どおり国内のサプライヤーにサービスを求めるのだが、それをグローバルな方法で、かつグローバルスタンダードに基づいて行ってほしいと希望しているのだ。顧客にとってそれは製品仕様の変更、あるいは製造方法や業務プロセスの変更だ。だが、サプライヤーに求められる変化に比べれば、こうした顧客の変化はささいなことに過ぎない。サプライヤーには、供給先である海外において、地元のサプライヤーと同等の製造、流通、サービスを提供する能力が求められる。そして、多くの場合、こ

> れらをまったくのゼロから作り上げなくてはならないのだ。これは、サプライヤーにとって本当によい機会なのだろうか？

　顧客が明らかにグローバル化への道を進み始めたときこそ、サプライヤーの積極的な対応が非常に重要になる。グローバルな能力を持っていないサプライヤーは、すぐにグローバル化に向けて着手しなければならない。だがそれよりも大切なのは、グローバル化に対応する意思があることを顧客に示すことだ。ただし、気をつけなければならないのは、このときにグローバル化に対応できるフリをしないことだ。グローバルな能力があると見せかけて、実際にサービスを売る際に顧客を失望させてしまうようなことをすれば、決して許してくれないだろう。ありもしない能力を持っていると見せかけることと、能力を得ようとする意思があることを示すことは違う。買い手は、売り手が進むべき方向に進んでいることを知ったとき、驚くほど辛抱強くなるものだ。そして、売り手に惜しみなく協力してくれる。顧客は、サプライヤーの提供物を実際に体験し、それが求めるレベルに達しているかどうかを知らせる詳細なレポートを作り、フィードバックを与えてくれる。正直さとオープンさは、グローバル化の流れについていくことに役立つだけではなく、顧客から「助けてもらう」ことにも役立つことを覚えておいてほしい。

　サプライヤーが既にグローバルな能力を備えている場合、「グローバルになろうとしている」顧客への対応は、非常に重要な意味を持つ。この場合、サプライヤーは、積極的に顧客を助けるべきだ。顧客にとって、グローバル化は簡単な仕事ではない。こうしたとき、グローバルなサプライヤーからサービスを受けることは、大きな助けになる。そして、そこで得られた友好な経験が深い絆となって、将来的にも強く維持されていくことになる。

タイミング

　グローバル化に踏み切るとき、タイミングは、それがすべてだと言っていいほど大切なものだ。しかし、では大切な「その時」がいつなのかということがはっきりと言えるのは、過去について述べるときに限られる。前を向いたとた

ん、タイミングを計ることはとてつもなく難しい仕事になるからだ。先ほどの図1.2は単なる見取り図に過ぎず、タイミングについてはほとんど何も知ることができない。しかし、あえてここで適切なタイミングがいつかを定義してみたい。サプライヤーにとって、グローバルに振る舞うべき時とは、「顧客とグローバルな関係を持つことが、サプライヤー、顧客を含め、関連するすべてにとってメリットがあると思える時」である。

　グローバル化を早まりすぎると、不必要なことに手をかけなくてはならなくなる。ひどいときは、得るものよりも失うものの方が多いこともある。逆に、グローバル化に遅れを取りすぎると、追いつくことに必要以上の労力がかかってしまう。この遅れのために、不利な条件で交渉せざるを得なくなり、結果的に顧客にとってのみ有利な条件で取引が進んでしまう。必要な能力を得るためにどれくらいの期間と労力が必要かということを本当に知っているのはその企業自身のみであり（グローバル化に関しては、「絵に描いたモチ」は文字通り決して現実のものにはならない）、だからこそ、求められている能力を身につけるためには、いつからその準備を始めなければならないかを判断するのも、その企業自身でしかあり得ないのだ。

　結局のところ、一番のアドバイスはこうなる。目を皿のように見開き、耳をパラボラ・アンテナのように敏感な状態にすること。どんな小さな変化の兆候も見逃さず、常に顧客と近いところにいること。顧客に、グローバル化についてどのような希望を持っているかを尋ね、その実現のためには何が必要かを考えること。実現を具体的に考えたとき、それは単なる構想の段階とは異なったものであることに気づくだろう。

　2005年、英国で最大規模の食料品小売業者テスコは、同社が20億英ポンドの利益を上げたことを明らかにし、その営業範囲を国内だけではなくグローバルに広げていくことを高らかに宣言した。事実、テスコはその時点で全売上の5分の1を海外から得ていた。このとき、サプライヤーの多くは、依然としてテスコを「英国の」企業だとみなしていた。つまり、テスコの成功の鍵は、世界各地においてその地元にとって適切な商品の販売にあると考えていたのだ。

では、このテスコの海外への事業拡大の宣言は、英国のサプライヤーが世界に打って出るチャンスだと捉えるべきなのだろうか、それとも、各国のサプライヤーが、英国最大手の小売業者が地元にやってきてくれたと喜ぶべき現象なのだろうか。現状では、サプライヤーの多くは、食料品小売業の大手企業が世界に進出するには、様々な障害があると考えている（ちなみに、ウォルマートとカルフールが、テスコと並ぶこの業界のトップスリー企業だ）。しかし、これから先のことは誰にもわからない。

●──顧客を失う

　地元に重要な顧客がいる。ビジネスのやり方は、国内の枠組みに則したものだ。その顧客が、その事業の大部分を海外に移転するという。サプライヤーはどうすればよいのだろうか。単純に、その顧客について海外に事業を移転すれば済む問題なのだろうか。

　英国をベースに事業を行う洗面用／家庭用製品向けパッケージメーカーがあった。このサプライヤーは、大手取引先の企業と、長年にわたって緊密で友好な関係を維持してきた。この緊密さは、文字通りのものだった。両社は、地理的にもほとんど隣あわせといっていいほど近いところに位置していた。これにより、サプライヤーはどの競合他社よりも速く商機を掴み取ることができたし、低価格の商品提供も可能になった。何より、何をするにしてもほぼ無条件で一番の優先権を与えられてきたのだった。サプライヤーはこの恵まれた状態を、あくまで地理的な要因によるものだと考えていた。しかし、顧客は別な考えを持っていた。顧客が評価していたのは、そのサプライヤーが持っている知識と経験だった。やがて、顧客は事業の海外展開を開始した。欧州から中国への移転だ。コストが破格的に下がった結果、ボリュームが飛躍的に増加することが予期された。何か、問題はあるだろうか？　何もない。サプライヤーにとっては、これは紛れもない機会だと思えた。顧客とともに中国に行き、現地のパッケージングメーカーを買収し、顧客から大量の注文を受け、中国でビジネスを

することのメリットを享受するチャンスだ。ところが、顧客はこのサプライヤーとグローバルな契約を取り交わさなかった。代わりに、現地にある中国のサプライヤーを選んだのだ。英国のサプライヤーにとってこれ以上の衝撃はなかった。なぜか？ 顧客は、彼らが英国で得ているものは評価していた。つまり英国では英国流の知識と能力を持つサプライヤーを選択した。しかしその英国流のものを中国でコピーしたものは、望まなかった。地元の企業でしか知りえない知識と能力、それを持つのは、中国の現地企業に他ならなかったのだ。アジアに初めて進出し、初期の困難に直面する英国のサプライヤー企業をパートナーにしたくはない——それが、顧客の出した答えだった。

　この話から得られる教訓は何だろう？ 顧客にグローバルなビジョンを尋ねることも必要だ。しかし、同時になぜ現在、顧客が国内で自社と取引をしてくれているのか、その理由も忘れずに考えておくことが必要だということだ。そして、現在の取引を成立させている理由が、グローバルな舞台でも変わらずに存在し得るかを自問自答するのだ。この例では、答えはYESだった。ただし、サプライヤーは地域における供給とは何かについての十分な理解を欠いていた。そして、単に地理的に近いところにいれば顧客は満足してくれると考えたのだ。しかし実際には、顧客が必要としていたのは、地域に密着した企業のみが持つ知識や経験だったのだ。

飛躍、さらに上へ

　これまでに、顧客がグローバル化についてどのような希望を持っているかを知り、かつサプライヤーが自らのグローバルな能力についてよく理解すること、そしてその上で顧客との適切な関係を構築しようと考えることが、成功のための必須条件であると述べた。つまり、グローバルな問題は、一国のなかで解決されるべきものではないし、営業部門だけの問題でもない。しかし、実際にはそのような現実がある。そして、「すべきか、すべきでないか」という大問題が根強く存在している。

ありがちなのは、グローバル化について、営業マンが最も興味を示し（本書のような本を買ったり、本書のような内容についてあれこれ質問をしたりするのは、営業マンが多い）、意欲的で、情熱に溢れているが、その決断を単独では下せない状況にあることだ。GAM 導入の決定、グローバルな顧客の段階的な評価と選定は、企業の最上層部によって行われるのが常である。その理由は、決定する内容が重要だからではない（重要であることは明白だが）、あるいは、決定に必要な機能を持つのが上層部に限られているからだけでもない（非常に重要なことではある）。それは、下した決定が正しかったか間違っていたかが、企業の将来を左右してしまうからだ。

●──将来を管理する

図 1.3 に、将来をうまく管理する方法と、GAM が果たすべき戦略的役割について示す。

将来を管理するには、目標を設定し、機会を逃さず、リソース（人、物、金）を有効活用することをバランスよく行う必要がある。このバランスを保つのは簡単ではない。市場が退屈なほど安定しているとき、機会は絶えず変わり続け

図1.3　将来を管理する

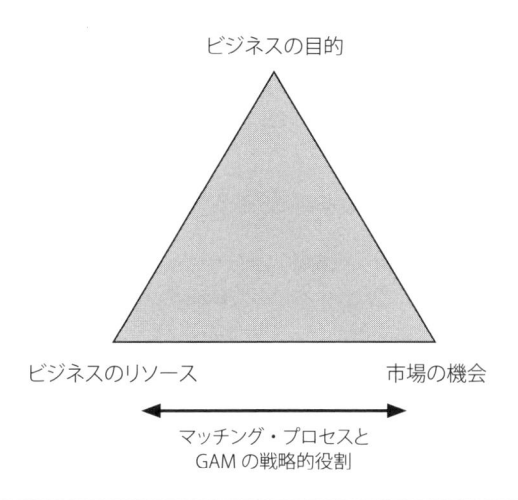

```
              ビジネスの目的
                  △
                 / \
                /   \
               /     \
              /       \
     ビジネスのリソース ─── 市場の機会
              ←──────→
           マッチング・プロセスと
           GAM の戦略的役割
```

る。リソースは常に理想的な状態から遅れをとりがちだ。たとえば、1年半前の機会に対してなら対応できるという具合だ。

　機会とリソースについて十分な検討をしないまま、目的を設定することはあまりにも容易なことだ。高く厳しい目標を持てば、リソースもそれに呼応するという漠然とした考えを持つ企業もある。ある局面においては、それも有効だろう。しかし、そのような考えは、GAMの世界では単なる希望的観測に過ぎなくなる。GAMの世界では、顧客のグローバル化と自社のグローバル化の状態に基づいた、現実的な目標を設定しなければならない。事をあまりにも早急に進めようとする「強引さ」を避けると同時に、すべてを先送りしようとする「弱々しさ」にも陥らないようにしなければならない。ありもしない出来事によってうまく物事が進んでくれるだろう、といった考え方は捨てなければいけないのだ。

　GAMは今、戦略的な目標を抱えている。それは、ビジネスのリソースと市場の機会を適切にマッチングすることによって、将来をマネージすることである。この「ビジネスのリソースと市場の機会をマッチさせるプロセス」から生じる目標が、それから現実的に何を成し遂げられるかということへの理解を高めてくれる。

第2章
グローバル顧客管理（GAM）の課題

THE PARTICULAR CHALLENGE OF GAM

　グローバル・アカウント・マネジメント（GAM）の実践において求められるタスクは、キー・アカウント・マネジメント（KAM：重要顧客管理）でのそれと共通する部分がとても多い。いくつかを列挙してみよう。

- 顧客の市場を、顧客以上に深く理解すること（非現実的な要求か、それとも最も重要なポイントか？　第5章で詳しく解説する）。
- 顧客の意思決定プロセスを、顧客以上に深く理解すること（しかも、顧客との関係を友好に維持したまま）。
- コミュニケーションのための複雑な戦略を、多様な部署の多様な担当者で構成される「ダイヤモンド・チーム」によって実行すること（チームのメンバーはたいてい異なる意見を持っている）。
- 複数の部門、支社の間で共通意識を持ち、うまく連携して、顧客に対し「一つの顔」で接すること。
- 顧客の購買戦略によい影響を与えることによって、主要なサプライヤーとしての地位を確立すること。
- 顧客のビジネス戦略によい影響を与えることによって、主要なサプライヤーとしての地位を確立すること（そのためには、顧客のビジネス戦略を深く理解し、顧客にとって利益が大きくなる方法でアプローチしなければならない）。

- 顧客の視点に立った、本質的な価値のある提案をすること（顧客の活動サイクルを理解することが必要になる）。
- 顧客の収益性を把握すること。
- 戦略的な顧客管理計画を作成すること。

このように、GAM と KAM にはそのタスクにおいて明白な類似性が見られるため、GAM が KAM の単なる「拡大版」だと思われてしまうのも無理はない。だが、それに対してはこう言おう。「違う」。しかし、これらのタスクをグローバルなレベルで実行してみれば、それがいかに複雑なものになるか、すぐにわかるだろう。そして GAM と KAM が大きく異なっていることも理解できるはずだ。

GAM に特有の複雑さには、その要因がいくつもある。図 2.1 に代表的な要因を示し、続けてそれらについての説明を記載する。

- 組織と組織構造の複雑さ：
    - サプライヤーの企業組織が国内向けの構造をしているのは、それなりの理由がある。グローバルなものではなく、国内のローカルな要求に応えるためだ。
    - 業績評価基準とそれに応じた処遇が、まず国内の枠組みに即したものであるという事実。それらは今後も同様の理由で継続していくと思われる。
    - 顧客がグローバルなサプライヤーとビジネスをするとき、サプライヤーを構成する各国の支社を相手にするだけではなく、その支社のなかの様々な部門も相手にしなくてはならない。
    - グローバルな取引を早急に開始する必要性に迫られている。しかし、ローカルな関係によって得られていた長所と利点を損なわないようにしたい。もっとも典型的な「グローバルかローカルか」のジレンマ。
- GA マネジャーと GAM チームが複数の事業体や地域に対して、形だけではない、強い権限を持つ必要があること。
- 複数の上層経営チーム（ときには競争関係にある）が責任を持って関与する必要があること。

図 2.1　GAM 特有の課題

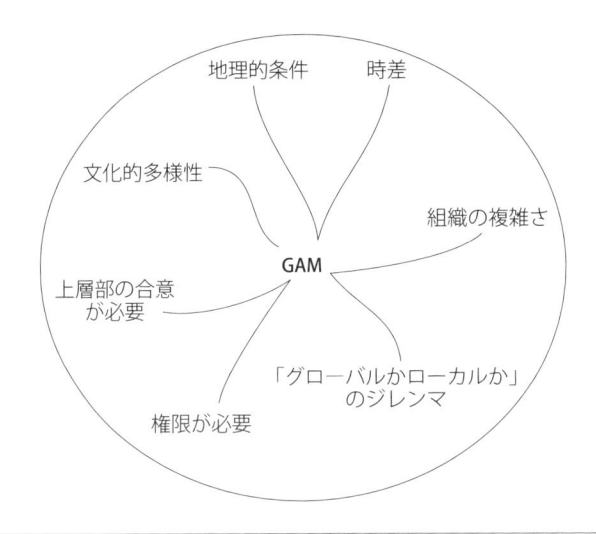

```
           地理的条件　時差
      文化的多様性
                              組織の複雑さ
                       GAM
      上層部の合意
      が必要
                    「グローバルかローカルか」
                          のジレンマ
              権限が必要
```

- 文化的多様性——サプライヤー、顧客のいずれにも存在。
- 地理的距離および時差（本書の最終章で時差問題の真実を明らかにした後では、この問題を一覧に載せる必要はないと感じるかもしれない。しかしこれらが重要な問題であることは事実である）。

　この章の残り（および次章）では、これらの課題が持つ特性について解説する。その後の章で、それらの解決策を探っていく。解決策を提示されることなく問題を読み続けることは悲観的な読書体験となる。しかし、対処すべき問題が何かを知ることは非常に重要だ。断言できるのは、問題に対して挑戦する意識を持つことで、物事に前向きに対応できるようになることである。

組織と組織構造の複雑さ

　二つのグローバルな企業が、相互に利益の出る関係を作り上げることは簡単ではない。多くの企業で見られる二つの障害について検討してみよう。

一つ目は、ある企業が国内および現地向けの強い趣向を持っていたとしたら、過去にそうなるだけの理由があったのであり、現在にも必然性があるのであり、将来的にもその必然性を持ち続ける可能性があるということだ。ありがちなのは、サプライヤーがいくらGAMの採用に熱心だとしても、顧客の多くがローカルなままであるという状況だ（あるいは、「単にインターナショナルな」企業の各国における支社にすぎない）。顧客は相変わらずローカルそのものといったサービスを求めてくる。対応するサプライヤーの支社も、ローカルなサービスのみを提供することになる。

GAMの実践では、これらのローカルなチームのメンバーを統率して、グローバルな顧客に対応することが求められる。これは、新しい顧客に対応するに等しい。しかも、おそらくは、過去に避けてきた類の顧客だ。たとえ同じ顧客であったとしても、それまでとはまったく異なった方法で取引を行うことが求められる。新しい価値観、原理原則、実践、そしてもちろんそれらを「どこでも」マネージしなければならないのだ。GAマネジャーとローカルチームが衝突する可能性は大きい。しかも、それは単なる衝突ではない。そもそも、現地支社は、GAMに対応できる能力を備えているのだろうか？　あるいは、その意思を持っているのだろうか？

　　数年前、私は英国の消費財ブランドのオランダ市場展開プロジェクトを担当していた。私はすでにこの消費財ブランドと英国でも取引してたし、小売業者は、オランダでも事業を展開していたし、この小売業者とは、英国国内では友好的な関係を結んでいた。ところが、事態は思うように進まなかった。消費財メーカーのオランダ支店の営業チームは、この小売業者と取引することを嫌がった。その小売業者は、オランダでは強引な取引をすることで悪名高く、他のメーカーからも煙たがられていたのだった。そんな小売業者と連携することで衝突はあったか？　確かに、衝突はあった。そして、我々のプロジェクトも華々しい成功を収めたとは言えないものだった。しかしそれでもそこで得た経験は大きかった。

　　私はグローバルな小売業者と取引すべきだったのだ。複数国でビジネスを展

開し、各国においてローカルなやり方を採用している企業は、それまでのビジネスの方法にこだわり、グローバル化を妨げる勢力となる。そうした相手にとって、GAM は嘲笑の対象となることもある。典型的な悪い例だ。

　そしてこの問題は、二つ目の問題に直結している。つまり、なぜ現地支社はグローバルな顧客を支持しなければならないのか、ということだ。現地の評価基準に基づき現地支社のビジネスが評価されていれば、GAM の実践によって求められる規則に従うことは、ローカルなビジネスのためにならないと思える。それなのに、なぜそれに従う必要があるのだろうか？　企業全体のバリュー向上のため？　株主のため？

　船舶に特化した、インターナショナルな塗料サービスの企業があるとする。この企業は、世界中の主要な港に支社を持っている。顧客が集まるのはこれらの港であり、そこで船の修理が行われる。顧客はこれらの港を行き来する船舶を所有するグローバルな存在であり、どの港でも変わらない同じサービスを受けることを希望している。船舶が入港する度にビジネスのチャンスがある。この塗料サービス企業の現地スタッフには、グローバルな企業としての風貌が求められる。船舶との契約は、サービスがどこで行われるかを問わないものであることが望ましいとされる。どこで、ではなく、何を提供できるかが大切になる。しかし、このサービス企業の従業員は、現地の尺度で評価され報酬を受けている。あくまで支社はその現地の損益計算書によって動かされている。港に停泊した船舶が、塗料サービスを必要としていなければ、もうその支社にとっては意味がない。その船舶が別の港でサービスを受けるとしても、関係ない。それは、別の塗料サービス企業の仕事だ。
　こうしたビジネスのやり方は変えなくてはならない、と思うかもしれない。だが、その支社のトップにそれを伝えたところで、すぐに納得してもらえるだろうか？

●──クロスビジネスという課題

　グローバルな顧客は、サプライヤーの内部構造に関心を示したりはしない。サプライヤーの枠組みの基準線が、国内、地域、事業体のどこにあろうが、顧客にとっては関係のないことだ。顧客が関心を持つのは、顧客自身の組織構造についてであり、同じサプライヤーの複数の事業体と取引が発生して初めて、それらの事業体が内部的に連動して機能するかどうかに関心を示す。残念ながら、それは顧客が想像するほど簡単なことではない。

　そもそも、企業が自らをいくつかの事業体に分割しているのには、十分な理由がある。それぞれの事業体が持つ事業の性質と、収益を上げるロジックが、根本的に異なっているからだ。複数の事業体が、共通の顧客を持ったからといって、いきなり連携モードになることは望むべくもない。準備のために十分な期間をかけることもなく、多くのきわめて困難な試練を乗り越えることもなく、連携が実現されるなどというのは、おとぎ話の世界の出来事だ。

　ある食材メーカーが、買収によって事業の範囲を、食品添加物、食料品向け香料、家庭用品／洗面用品向け香料、香水／化粧品業界向け高級香料にも拡げた。この五つの事業は五つの異なった事業体に分割して行われた。それぞれの市場に特化し、コア・コンピタンスを強化するためだ。ここで、この五つの事業すべてと取引のある顧客があると想定してみよう。この顧客は、それぞれの事業体とローカルに、あるいはグローバルに取引を行っているが、各事業体が別々の基準に従っていることに不満を抱いている。顧客は、サプライヤーと真にグローバルな関係を築きたいと考えており、五つの事業体に「あたかも一つの事業体であるかのように」連携してほしいと願っている。いくつかの事業体は、他の事業体よりもこの機会とそこから得られるメリットを肯定的に捉えている。それには十分な理由がある。食材ビジネスの成功の秘訣は、生産施設がフル稼働しなければならないほどの大量注文を受け、結果として市場において最も適切な価格で商品を提供することができるようになることだ。これが、このビジネスにおける「儲けの仕組みとなるロジック」だ。これに対して、香料ビジネスの成功の秘訣は、高い専門性を活かして、効果的な取引を行うことだ。つまり、

カスタマイズされたソリューションの提供だ。高級香料ビジネスの取引で得られる利幅は、食材ビジネスに携わる人間なら嬉しくて踊り出したくなるほど大きなものだ。逆に、食材ビジネスと同じ利幅は、高級香料ビジネスでは商売にならないほど薄いものになる。

このように複数の事業がそれぞれ異なった特性を持っているとき、どのようにしてグローバルなオファーを形成すればよいのだろうか。各事業にとって、この状況は脅威にもなりチャンスにもなる。高級香料メーカーは利幅の少ないビジネスに巻き込まれたくないと考えているし、食材メーカーはコスト高の仕組みを受け入れることは嫌だと感じている。そして残りの三つの事業も、それぞれの思惑を腹に秘めながら両者の駆け引きを見つめているのだ。複数の事業が互いに歩み寄らなければいけないとき、こうした問題が起きることはある意味、当然とも言える。

●──グローバルかローカルかのジレンマ

理論的には、真にグローバルな顧客のニーズは、世界各地で共通のものになるはずだ。だから、それに応じたソリューションも同じく世界各地で一貫したものになるはずである。しかし、残念ながら物事はそれほど単純ではない。製品やサービス（特にサービス）が、地域に応じて多少なりとも変化するというのは、十分に考えられる。こうした「ローカルなソリューション」は、独自のコスト構造を持つため、現地支社はそれぞれの利益レベルを追求する。グローバルソリューションはグローバルな一貫性という性質を持ち、結果としてこのような各地独自のコスト構造に変えてしまう。しかも、多くの場合、現地支社にとって重荷となる形で。サービスに費やすコストは増加し、現地支社の利益を圧迫する。もっと悪いシナリオも考えられる。

グローバルソリューションの導入によって、それまでのローカルサービスのよさが失われてしまったとき、それを歓迎する顧客はいない。しかし、この事態は、グローバルなパッケージサービスの一貫として、現地支社がそれまでのやり方を変更した場合に、頻繁に発生するものだ。グローバル化のメリットを求める過程で、現地支社が持つそれまでの強みが犠牲になったり、顧客との

間に長年にわたって築き上げてきた関係を壊してしまったりすることは、往々にして起こり得る。

これらはすべて、事前に十分な検討が行われていれば発生しない類の問題である。しかし実際は、何か問題となるものが発生し、顧客が不満を言い出して初めて実情が明らかになることが多い。そして、現地支社はようやく何が起こっているのかを知り（現地支社も問題を感知する力はある）、そしてグローバル・アカウント・マネジャー（GAマネジャー）から押しつけられている方法に対して反発し始める。さらには、GAMそれ自体の有効性に対して疑問を投げかけるようになる。GAMは本当に実践する価値のあるものなのか？　この状況に対して、GAマネジャーは何らかのアクションをとらなくてはならない。どうすればよいのだろうか？

GAマネジャーの多くは、飛行機に飛び乗って現地に向かい（このことは、彼らが問題は自らの内部ではなく「外部」にあると考えていることを物語っている）、「強制的な」プレゼンテーションの一つや二つもぶたなければと考える。現地支社が言うことを聞かなければ、さらに声を張り上げ、講釈をたれて、ルールを押しつける。それでも埒があかなければ、組織の上層部に訴えてでも、強引に型に押し込めようとする。しかし、現地の反応は、さらに頑固なものになってしまうのだ（しかし、彼らを非難できるだろうか？）。

この問題に対する真の解答は、このような事態になる前に手を打つことだ。グローバルな取引を始める前に、現地支社は十分に検討しなければならない。現地で可能なことは何か、どの程度の変更が必要か、何を変更すべきか、などについて話し合うのだ。しかし、この時間のかかる大仕事の責任を負うのは誰だろうか？　もちろん、GAマネジャーにほかならない。彼らが十分な時間をこの作業に費やさなければ、GAMには必ずどこかでほころびが出てくるはずだ。

権限の不足

GAマネジャーは、あらゆるマネジメントのなかでも、最も難題といえる試練を抱えている。それは、管理対象となるメンバーが、直接自らの配下にはい

ないという状況で、管理を行わなくてはならないからである。おそらく、メンバーのうち何名かは自分よりもかなり年上であり、ほぼ全員が自分よりも「賢い」——少なくとも、それぞれの専門性においては——、という状況のなかで、マネジメントを進めなければならない。この課題は、国内で KAM を実践しているマネジャーと共通するものであるとも言える。しかし、グローバルなレベルで同じことを行おうとした場合、問題を複雑化する要因が 10 ほどもある。GAM では、チームのメンバーは、世界中に散らばっている。それを相手に、マネジメントを行わなければならないのだ。これはまさにリモートコントロールによって管理する、バーチャルなチームだと言える。

　GA マネジャーに必要なのは、もちろん権限だ。しかも、単に同じ事業体内、国内だけで通じるものではなく、世界中で効果のあるものでなくてはならない。これは、一個人に与えられる権限としてはとても大きい。おそらくは、大き過ぎるかもしれない（この問題については後述する）。それだけの権限を担当者に与えるのは、上層部としても勇気のいることだ。リスクが高いと言ってもいい。

　個人にこのような特権的な権限を与えることは、その企業の上層部と同等の権限を与えることと同じなのだろうか。また、このような権限を使いこなすためには、GA マネジャーには相当なビジネスの経験が求められるのではないだろうか。これは、GAM の導入の際に、避けては通れない問題である。これは重要な人事であり、ビジネスマネジャーとして働く能力のある人間を指名しなければならない。しかし、実際の現場においては、そのような人事が行われることは非常に少ない。GA マネジャーは、中低位クラスの管理職から選ばれることが多く、そのほとんどは営業畑のバックグラウンドを持ち、GA マネジャーになっても、依然として営業関連部署の代表者の部下という立場にある。そんな状態で、人生のなかでも最も過酷な挑戦に挑まなくてはならないのだ。

社内の競争

　GA マネジャーは、組織全体に通じるコンセンサスを作り上げなくてはならない。GAM 計画の目的と、その活動を支援するためのコンセンサスだ。そのためには、企業に関わるすべての職位にある社員の心をしっかりと掴まなけれ

ばならない。そして、当然ながら企業のトップの心を掴むことが最も大切となる。KAM の場合もそれは同じだが、対象となるのは、おそらくある企業における特定の幹部組織一つのみである。これに対し、GAM は部署、事業体、国、地域、世界のそれぞれのレベルで上層部に訴えていかなくてはならない。

　一つの組織に対して、何かを成し遂げることはそれほど難しくはない。しかし、すべての組織に対してそれを行わないといけないとしたら？　おそらく、まずは自らが所属する部署や、最も身近な組織に対する、働きかけから始めるだろう。一般的には、それは自らを GA マネジャーとして任命してくれた組織だ。そこでは、物事はうまく進む可能性は高い。GA マネジャーは期待を膨らませる。「完璧なスタートだ」と。しかし、本当にそうだろうか？　周りをよく見回してほしい。左を見れば、ライバルとなる存在があり、右には、嫉妬心を感じている者がいる。上や下、その他の方向にも、社内の争いはいたるところにある。企業社会では、異なる国や地域におけるマネジメントチームは、お互いにライバル関係にあるのが普通だ。それは意図的に（さらにいえば正式に）そう位置づけられている場合もある。企業内に活力をもたらすためだ。もし各国のマネジメントチームの代表者が一堂に会する場に居合わせることがあるなら、私が言っている意味がよくわかるだろう。皆、顔には笑みを浮かべ、互いを尊敬し、励ましあってはいるが、心の底では相手に勝ちたいと考えている。いかに自分が他より抜きん出た存在であるかを周囲に見せつけたいという野心がありありと伝わってくる。これはグローバルビジネスにとって欠かせない要素でもある。モチベーションを高めるための、尽きることのない、そしてコストのかからないエネルギーだと言うこともできる。それは会社の規約に明記されているわけではなく、マネジャーの職務内容や職務目的として記されていることでもない、しかし、まぎれもなくそこに存在しているのである。

文化的差異

　グローバルサービス（特に銀行。特に HSBC によるインパクトの大きなキャンペーンについて言及したい）の宣伝に従事する人々の間でよく話題になるテーマがある。それは、真にグローバルなサプライヤーは、単に世界各地に拠

点を持っている以上のことを顧客に提供しなければならないということだ。サプライヤーは世界のビジネスに与えるインパクトについて理解をする必要があり、その理解に基づいて行動する。HSBCは顧客に対して、文化的相違による地雷を踏まないようなサービスを提供した。同社の広告は、ごく小さな文化的無理解が、現地の顧客に対してどれだけ攻撃的なものに変わりうるかを訴えていた。たとえば、アジアの一部の地域では、他人に足の裏を見せることは無礼だとされている。成功したければ、現地の文化を理解し、それに適応しなければならないということだ。

> 私が個人的に気に入っている広告に、2人のビジネスマンが登場するものがある。彼らは今まさに大きな契約を取り交わそうとしていて、大勢のアシスタントや記者団に取り囲まれている。1人は日本人で、もう1人はヨーロッパ人だ。契約成立の瞬間、ヨーロッパ人は相手に対して丁寧なお辞儀をしようとし、日本人は握手を求めて手を差し出した。感動的なシーンだった。両者がお互いの文化を理解し、それに歩み寄ろうとしていることを端的に表している。これから先、両者はより良い関係を築いていくに違いないということを感じさせてくれるものだった。

これは役に立つアドバイスである。しかし、実際の現場でそれを実践するビジネスマンは、見せかけだけのものに陥らないように気をつけなければならない。上辺だけの体裁主義は、単に相手の文化に対して無知であったり、恥ずかしい勘違いをしていたりする場合よりも、逆に相手に対して失礼になる場合もあるので、注意が必要だ。単なる無知や勘違いは許される場合もある。しかし下手に理解を示そうとして、結果的に相手を侮辱したような態度を取ってしまった場合、それは許されないものになる可能性もある。たとえば、顧客の前でその国の民族衣装を身に纏うことが、誠実さと柔軟性を示すことになることは稀である。そういう表向きの部分は、より大事なことに対する深い理解に支えられてこそ初めて意味を持つ。これは、白人が黒人に変装したテレビ番組の

ようなもので、文化的ギャップを埋めるための不適切なアプローチになる。

　相手を上から見下したような態度は、大きな障害になる。それは、思い込みから始まる。たいてい、その思い込みは間違っている。つまり、自分たちとは異なる文化を持つ国には、自分たちにとって不快となることや恥ずかしいと思うことがわからないため、問題になることもないだろうというものだ。こうした傲慢さを捨て、「あなた方を怒らせたくないので、あなた方の文化のしきたりに従います」という態度をとれば、少なくともそれまでのように事態を悪化させることなく、仕事を進めていくことができるだろう。

　GAMにおいて文化的差異の問題がこれほどまでに難しくなるのは、サプライヤーと顧客の両方に文化的差異、すなわち態度と行動の違いがある点だろう。まさに文化のるつぼと言うべき場が作り出されるわけだが、単純に振る舞えばよい場面で生じてしまった小さな過ちによって、いたずらに苦しみを味わう必要はない。相手の国の文化や慣習に従うことは大切だが、それを大切にし過ぎることは、逆に柔軟性のなさを表すことにもつながりかねない。最も適切な反応とは、現実をよく把握することであり、お互いにとって最も快適な行動は何かを探していくことである。

　第15章では、GAMチームが文化的相違を競争上の強みに変えていく方法について検討する。国や地域によって、そこに住む人間が異なるのは変えられない事実だ。世界中のビジネスパーソンがそれぞれに持っている好みの仕事の進め方も、変えることはできない。この前提に立って検討を始めるとき、唯一の知性あるアプローチとは、ステレオタイプなものの見方を捨てて、判断を保留し（特に偏見を）、よく観察して、文化が行動や態度にどのような影響を与えているかを知ることである。そしてケースバイケースで、GAMチームと顧客にとって最も適切で効果のある方法を求めていくことだ。意見の相違があったら、まず、このルールに従うべきだ。大事なのは、すべてケースバイケースだということだ。

　　たとえ話をするために、架空の国を作ってみよう。国名は「バーバクアリア」。

この国の人たちは、時間に対してある傾向を持っている。決められた時間に間に合うように物事を進めることが少ないのだ。むしろ、時間に遅れることが、礼儀正しいとすら考えられている。バーバクアリア人が2人、GAMチームのメンバーだったとしよう。この2人には重要な役割が与えられている。彼らの国において重要であるだけではなく、ヨーロッパを中心にビジネスを展開している、ある顧客に対しても重要な責務を負っていた。そしてその顧客の本拠地は、時間に厳しいことで有名なドイツにあった。問題が起こりそうな予感がする。

　こうした場合、妥協が相応しい手段ではないこともある。もし、この2人のバーバクアリア人が常に時間に遅れるとしたら（もちろん、バーバクアリア人だからといって必ず時間に遅れるだろう、というステレオタイプな考え方は正しくはない）、バーバクアリア人の文化への理解という名目で、その2人に、「遅刻するのは仕方ないが、あまり遅くならないように」といった態度を取ったところで、問題の本質的な解決にはならない。こうした中途半端な態度は、毒にも薬にもならないばかりか、相手に対して失礼になることもある。ここでは、時間厳守を徹底させるべきだ。なぜなら、ルールはサプライヤーの文化的背景に基づいて定められるのではなく、顧客のそれに基づいて決めた方が効果的なものになるからだ。

　しかし、これで話が終わるわけではない。バーバクアリア人にとって、一方的にルールを押しつけられることは、不愉快な出来事になる。彼らはきっと、このような方法に対して不満を持つだろうし、当然、仕事のパフォーマンスも望ましいものにはならないだろう。ここで大事なのは、顧客が何を必要としているのか、また文化的相違によって起こりうる摩擦や軋轢は何かについて、チームのメンバーとオープンによく話し合うことだ。そして、目的の達成のためにどう行動を変えていけばよいかを互いに考えることだ。そうすることで誰もが、なぜルールが存在しているかを理解することができ、一方的に押しつけられたものではないということを実感できるようになるだろう。

　たしかに、GAMチームには、地域の違いにかかわらず、グローバルなルールが必要だ。しかし、各地域における好み、適切さ、競争上の優位点について

検討しておくことは、とても大切になる。どこに線を引くかは、とても重要な問題になる。

地理と時差

　この本は、世界は縮みつつあり、国境の重要性も薄れつつあるという認識を前提にして書かれている。一般的に見て、大局的にはその通りだと言えるだろう。ただし、だからといって各地域が距離的に離れた位置にあることには変わりはなく、それに付随する問題が完全になくなるわけでもない。GAM チームは、互いに離れた場所で仕事をしている。直接会う機会があるとしても、せいぜい年に一度程度が普通で、まったく顔を合わせない場合も多い。こうした状態は、問題が起こる可能性を大いに秘めている。互いを分け隔てる距離の問題は、テレビ会議や電子メールを使えばすべて解消されるといったものではなく、「定期的に」直接会ってミーティングを行わなければ、かなりリスクが高いものだと言わざるを得ない（「定期的」の頻度は企業によって異なるので、ここでは明言しない）。

　同様に、時差も単なる時間の問題ではない。そこには、文化的、ポリティカルな問題も絡んでくる。世界を相手に、時差を意識して仕事を行っている人は、これから述べるような問題に悩まされたことがあるはずだ。

　本社で働いているのであれば、少なくともそこにいる人にとっては、時差はまったくと言っていいほど問題にはならない。それは、他人が対応すべき問題だ。たとえば、本社がロンドンにあるとする。そうしたら、テレビ会議をいつ行うかは、朝9時から夕方5時の間であれば特に問題にはならない。時間が問題になるのは、会議の時間によって朝早く起きなければならないアメリカ人であり、夜遅くまで会社に居残らなければならない日本人にとってである（そうでないフリなどしないでほしい！）。私は、ある東ヨーロッパの現地支社が、就業時間を午前11時から午後7時までに設定しているのを知っている。ロンドンの本社が、朝9時から午後5時までの間、時間を気にせず、いつでもその支社に連絡を取れるようにするためだ。しかし、顧客がこの現地支社のような配慮をサプライヤーに見せてくれるわけなどない。だから、ベッドにいると

き（朝だろうが夜だろうが）に、電話を取る覚悟が必要になる。顧客が一番忙しい時間帯に対応できなければ、その顧客がより便利なサプライヤーを探そうと考えたとしても、まったく不思議ではない。

　本章では、様々なトピックについて、とりあえず問題を提示するにとどめている。しかし地理と時差の問題については、ここで解決策を探ってみることにしよう。まず、地理的な相違と時差の問題は、紛れもなくそこに存在し、それを完全には解消することができないという事実を認めなくてはならない。その上で、最善策を探っていくわけだが、実はそれはそれほど難しくはない。時差は、それほど大きな痛みにはならないのだ。グローバルな顧客にとって、グローバルなサプライヤーを利用することの利点の一つに、自分たちが寝ている間に仕事をしてくれるということがある。夜のうちに投げた問題への答えを、次の日の朝に会社に着いたときに返してくれているということだ。この利点をうまく利用することで、時差は強みにも変わり得る。そして、現地支社の従業員は、現地の顧客と同じ時間に床に就くことができるようになるのである。

第3章
グローバル市場の危険性

INNOCENTS AMONG WOLVES, AND OTHER DEADLY SINS...

◇◇

　キリスト教の世界では、人生には七つの大罪があると言われる。すなわち、傲慢、嫉妬、憤怒、怠惰、強欲、暴食、色欲である。しかし、GAMの世界は人生よりもさらに厳しいものであるのかもしれない。大罪の数が七つよりも多くなるからだ。GAMの大罪は二つに分類できる。一つ目は重要顧客管理（KAM／キー・アカウント・マネジメント）と共通するものであり、もう一つはGAM特有のものだ。

●――KAMとGAMに共通の大罪
　●サイロメンタリティー（各部門が別々に対応のやり方を採用する考え方）
　●サプライヤーの事業体が複数あり、時には互いに競争関係にある――誰にとってのキー／グローバル顧客なのかが不明
　●影響の大きさを測り間違える
　●営業チームからの反発――「狩り」を好む傾向
　●スキル不足――サポートチームに「ずる賢さ」が足りない
　●キー／グローバル顧客の数が多すぎる
　●非キー／グローバルな顧客から手を引くための準備ができていない
　●上層部が短期志向に陥っている

　これらにグローバルな側面が加わったとき、どれだけ罪が重くなるかは想像

に難くない。サイロメンタリティーとは、各部門が、自らの立場でしか物事を見ようとしないことを指す。このメンタリティーに陥ると、自分たちの価値観と目的しか見えなくなる。GAMでは、こうした「サイロ」は各部門に加えて、各国においても現れる。つまり、二つの内部的な障害を持つことになる。これらのサイロが、それぞれに相反する目的や手段に突き動かされていたら（ある国の支社は低価格を売りにし、別の国の支社は価値に重きを置いて、その価値に見合った価格で勝負をしたいと考えているかもしれない）、真にグローバルなオファーは何かということが、わからなくなってしまう。サイロがお互いに対話する機会を持っていないため、あるサイロが単独でGAMを始めてしまうと、全体に大きな混乱を引き起こしかねない。この問題は構造的なものでもある。つまり、サイロは部下を引き連れた、その土地の領主によって支配されているのだ。領主たちは、長い時間をかけて自らの立場を築き上げてきた。彼らが自らの立場を守ろうとする気持ちは強い。ゆえに、一筋縄ではそれらを変えることなどできない。こうした事態では、たびたび悲惨な状況に陥る。端的に言えば、それは顧客の喪失だ。領主たちが重い腰を上げ、聞く耳を持ち始めた頃には、すでに手遅れになっている。

●── GAMに固有の大罪

- 真にグローバルではない企業に対して、GAMを実践する（第1章）
- グローバルな取引を勝ち取ったつもりだが、実は単にグローバルな「狩猟許可証」を取得したにすぎない（第1章）
- 文化的相違への無理解（第15章）
- 自国のサプライヤーと顧客にとってはメリットの大きなグローバル契約を取り交わしたが、海の向こうでは火が吹いてしまった（ホームではOK。でもホームマーケットでは？　──後述する事例を参照）
- グローバルな供給というお題目を鵜呑みにしてしまい、現地のコストを逼迫させてしまう（コストが高すぎる──後述する事例を参照）
- GAM実践の否定論者になる。多くの場合は、ローカルなレベルで（第2章のオランダの小売業者についての事例を参照）
- 上層部（本社と現地の両方）に振り回されてしまう。特にバリューの提案

の作成と提供の面において（後述の、政治と価値の破壊についての事例を参照）
- あまりにも負荷が大きいため、現地支社が、GAM のサポートとリソースを約束しなくなる（後述の、GAM の放棄についての事例を参照）
- GA マネジャーとそのチームが、その他から分離したエリート集団になってしまう（後述の、自身の仕事をすることについての事例を参照）
- オオカミの群れの中にいる羊になってしまう（後述の、オオカミの群れの中の羊についての事例を参照）

　化粧品業界に香料を提供しているサプライヤーが、米国で確固たる事業を展開していた。好調な事業は、ある顧客の存在によって支えられていた。事業の内容は、通常であれば顧客が社内で行うべきであるような作業を、幅広く代行するというものだった。長年、この取引は双方にとって効果的なものだった。それは、理念としてというよりも、実践によって培った関係だった。
　顧客は何年もの間、インターナショナルな企業だった。そしてついに、真にグローバルな存在に変わり始めようとしていた。サプライヤーはすかさず、このアウトソーシングと同じことを世界中の支社で実践するよう顧客を説得しにかかった。提案が作られ、受け入れられた。顧客にとっての利点は明確だった。つまり、世界中で、現在米国で受けているものと同じサービスを得られる。しかし問題が発生した。顧客の海外支社は、過去 3 年間、米国本社と同じようなアウトソーシングを行っていなかった。海外支社は、それらをすべて自前で行える能力を持っていた。サプライヤーにこれらを委ねることは、自らその能力を捨て去ることを意味する。それに、内製をやめ、アウトソーシングに切り替えるだけでも、多額の費用を要する。海外支社は、アウトソーシングの導入の意思を見せた。しかし、条件があった。この切り替えのためのコストを、サプライヤーが負担することを求めたのだ。各地で多額の費用がかかることが見積もられた。
　米国では顧客とサプライヤーの両方にとって効果的だったものが、海外では両者に多額の負担をかけるものになってしまった。結果的に、このアイデアは

> 採用されなかった。ただし、その前の試行錯誤の段階で、大きな費用を投じることになったし、多くの従業員が嫌な思いをしてしまったのだった。

　読者に、私が若い頃あまり優秀な営業マンではなかったと思ってほしくはないので、この話をするのは少々気が引けるのだが、昔、とてもよい教訓を得た出来事があった。

　何年も前の話だ。若かった私は、英国の塗料会社の営業をしていた。私はとても張り切っていて、前向きなエネルギーに満ち溢れていた。その結果、多くの「開発途中の顧客」の担当になることになった。本書の読者なら「開発途中の顧客」の意味をよくわかっているはずだ。つまり、現状、取引らしい取引はなく、近い将来、大きく取引ができる見込みもない——といった企業だ。しかし、私はラッキーだった。
　私が担当した顧客の一つに、BP社があった。BP社はちょうど自社のカラーイメージ戦略を変更しようとしていたところだった。なんという好機だっただろう！　英国国内にあるBP社のガソリンスタンドの飾りつけを、すべて新しく塗り直さなくてはならない。大量の塗料が必要になるのは明らかだった。
　当時を振り返ると、この大きな仕事は若い私の手に負える代物ではなかった。当時私が提案した野心的なプランも、今となってはぞっとするほど無謀なものだった。我々はBP社に対し、1カ月以内にすべてのガソリンスタンドの塗り替えを実施するというプランを提案した。しかも、すべてのガソリンスタンドでまったく同じ色を使うことを保証した。顧客はこの案を気に入ってくれた。商談が成立した。私は、自分が出世コースを邁進するだろうと夢想した。顧客は、同じことをヨーロッパ全土でやってほしいと依頼してきた。我々が欧州に支店を持っていることを知っていたのだ。私は思った。もし彼らの希望通りの仕事ができるなら、私が重役になるのも時間の問題だろう。
　そこで、私はフランスやドイツにいる営業担当者に、喜び勇んでファックス（いかに昔の話かがわかるだろう）を送信し、返信を待った。ところが、彼ら

の反応は次のようなものだった。

1. 我々は、BP社のことをほとんど知らない。
2. 我々にとっては小さな取引相手にしかすぎないBP社に対して、なぜそこまでのサービスをしなければならないのか。
3. このような提案が、我々現地法人にとって、どれだけのコストを要するものであるかを、わかっているのか？

　あらためて言うまでもなく、欧州全土での取引の契約を勝ち取ることはできなかった。この失敗は、英国国内での業務にもコストとなって跳ね返った。そして当然、私の昇進の夢も、はかなく消えていったのだった……。

　グローバルなトレーニング企業が、顧客に提案をしたいと考えた。それは、イントラネットに特別な仕組みを加えたもので、顧客企業の特定社員が限定された情報やヘルプにアクセスしたり、その他の社員と通信したり、要件を伝えたりできる内容のものだった。ただし、この「グローバルな」トレーニング企業でこの提案に前向きなのは、アジア・パシフィック地域のチームのみだった。理由は、それがこの地域のチームの考案によって生み出されたサービスだったからだ。しかし、このウェブサイトとeビジネスの管理の責任を負っていたのは、アジア・パシフィックのチームではなく、米国のチームだった。米国のチームは、独自のアイデアを持っていた。それは、彼らがアジア・パシフィックのチームが開発したサービスそのものを気に入らなかったからではない。実際、彼らのアイデアも、似たり寄ったりのものだった。しかし、彼らは単にそれらが「自分たちが作ったモノではない（NIH：Not Invented Here）」という理由で、その採用に二の足を踏んでいたのだ。
　当然、事態はおかしな方向に進み始める。アジア・パシフィックのチームは、自分たちのサービスで提案を進めたいと言う。米国のチームは、会社のITポリシーに反する可能性があるという理由でそれを許可しない。アジア・パシフィックのチームは、かまわずにサービスを開始した。すぐにでもそのサービス

を受けたいという顧客が待っていたからだ。米国チームは憤慨し、反乱を抑えるために部門の代表を現地に派遣した。

一方、顧客はアジア・パシフィックだけではなく、世界各国で同じサービスを受けたいと思うようになった。そこには、米国も含まれていた。アジア・パシフィックのチームが「そら見たことか」と叫ぼうとしたところ、米国のチームがその顧客に対して、このサービスを利用できないと伝えていたことが知らされた。原因は技術的な問題だという。このようなスタンスを取っている限りにおいて、米国のチームは変化を受け入れる心を持っていないと言わざるを得ない。そして、せっかく素晴らしいサービスを持っていたこの企業の価値は、日に日に失われてしまったのである。

英国のアクメホールディングス社は最近、欧州や南北アメリカに次々と拠点を増やしつつあった。最も小さな支社の一つが、メキシコだった。同社に対し、供給を行っている企業があった。このサプライヤーのGAマネジャーが地元の営業チームに、アクメをもっと重視してほしいと要請した。アクメは、メキシコではほとんど目立たない存在であり、現地支社は大した扱いをしていなかった。GAマネジャーは、アクメはメキシコでは小さくとも、グローバルに見ればとても大切な顧客であり、時間と労力をかけるに値すると主張した。さらに重要な点があった。偶然にもアクメのCEOの息子が、メキシコ支社の支社長として就任していたのだ。

しばらくの間、メキシコでのビジネスは順調だと思えた。ところがある日、GAマネジャーは、アクメ本社のCEOから苦情の電子メールを受け取った。簡単に言えば「いったいどうなってるんだ？」という内容のメールだ。サプライヤーのメキシコチームが、さじを投げ、顧客への供給を停止したというのだ。理由を尋ねると、彼らは顧客が支払いをしてくれないからだと言った。それは確かに事実ではあったが、最終的に顧客はその他の顧客と同様、支払いをしてくれることが明らかになった。そして、事情を調査する過程で、GAマネジャーは、メキシコのチームが深刻なサプライ・チェーンの問題に直面しており、顧客への供給を制限していることも明らかになった。「先入れ後出し」の手法が

陥る典型的な失敗例だった。

　メキシコチームにとって妥当だと思えた判断は、GA マネジャーにとっての悲劇となった。米国、英国、フランス、スペイン、ドイツ支社からの注文がみるみる減っていった。CEO は、息子がメキシコで軽く扱われたことに対して腹を立て、逆のことを世界中で行おうとしたのだった。

　GA マネジャーの肩書きは、威厳を感じさせる。それは、ありふれた存在ともいえるキー・アカウント・マネジャーよりも、高い位置にある職位だと言えるだろうか？　おそらくそうだろう。しかし、GA マネジャーを他から独立した特権的な立場にすることは、望ましくない。GA マネジャーは現地支社の完全なサポートを必要とする（営業チームも含まれている）。雲の間から姿を現し、夢の国からやってきましたというような顔をしていたら、現地の営業チームの支持を得ることはできない。

　将来的なグローバル展開を見据えているサプライヤーが、現地の営業チームとの関係に苦しんでいた。その理由は、本章でこれまで述べてきたようなことだった。しかし、GA マネジャーはそうは思わなかった。彼はそれが競争力の問題だと思った。つまり、営業チームの戦力が不十分だと考えたのだ。協議の結果、新しい営業チームが必要だという結論に達した。このチームは現地で活動するが、本社にいる GA マネジャーの支配下に置かれる。グローバルな顧客に、ローカルな営業サポートを提供するためだ。ローカルな営業チームはそのままそっくり残された。このチームは GA マネジャーからの指示は受けない。結果、何が起きたのだろうか？

　二つの営業チームがあり、どちらも現地支社に属している。それぞれに上司が異なる。顧客は違うが、行っていることはほとんど同じ。片方は営業と呼ばれ、片方はシニア・アカウント・エグゼクティブと呼ばれる。そこには、どのような問題が内在しているだろうか？

　一度舞い上がった埃が、元の場所に戻ることはない。選択肢はただ一つ、

> オリジナルのローカルセールスチームに元通りの仕事をさせることだ。それには投資と教育とコーチングが必要だ。しかし、その投資の結果は……。
> 　GAMチームには、ローカルな人事が「含まれる」べきである。彼らは、ローカルチームの上に立つ存在であってはならないし、ローカルチームに付随する別の組織であってもならない。そうすることは、破壊的な行為になる。
> 　これは狩猟許可証の問題に類似している。しかも、さらにタチが悪い。たとえば、複数の国に支店を持つ企業と、長年にわたって取引をしてきたとする。ただし、それぞれまったくのローカルな方法でビジネスは行われている。このとき、各国において異なる取引条件が設定されているであろうことは、想像に難くない。価格構造やサービスのパッケージもそれぞれだろう。
> 　ここで一気に考えが膨らむ。グローバルな取引をすることは、良いことだ、というアイデアがひらめくのだ。バイヤーのオフィスでの会議を想像してみよう。彼らはそれまで、このサプライヤーのことをそれほど大きな企業だとは思っていなかった。しかし、彼らは今、目をぐるりと回して世界各国での合計の数字に色めき立っている。その瞳には、「割引」の2文字しか映っていない。バイヤーは各地の取引契約書に目を凝らし、そのなかで最も彼らにとって都合のよい条件のものを探し始める。
> 　会議の最後で、サプライヤーは輝かしいグローバル契約を取り交わして会議室を出て行く。そして、その契約書の傍らには「GAマネジャー」の肩書きが書かれた名刺が置いてある。自尊心は満たされるかもしれない。しかし、その代償は？　ボリュームと配送に関しては、現状が維持できたかもしれない（ライバルの動きを阻止するという意味では価値がある、とあなたは思う）。しかし、新たな値引きや相手に有利な条件がいくつも追加されてしまった。
> 　無理をして着飾り、背伸びをしてまでこうした交渉を行うべきなのだろうか。

　この最後の事例は、タイミングについて重要な問いを投げかけている。このサプライヤーの行動の背後にある動機は何だろうか？　顧客が真にグローバルな企業になる前に、競合相手の機先を制することなのだろうか？　それとも見当違いの情熱を掻き立てる、誤ったプライドなのだろうか？

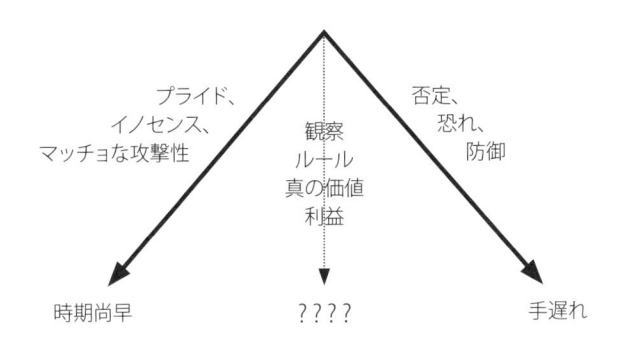

図3.1　GAM着手の適切なタイミング

```
         プライド、              否定、
         イノセンス、    観察      恐れ、
       マッチョな攻撃性  ルール    防御
                      真の価値
                        利益
         時期尚早      ？？？？    手遅れ
```

　GAMのこうしたタイミングのジレンマの問題を図3.1に示す。

　GAMの導入は慌てて行ってもいけないし、逆に競合に先んじてそのための準備をしておく必要もある。しかし、他より一歩先に進もうとすること、無理をして現在の力以上のことをしようとすることは、オオカミの群れの中に飛び込む羊という結果を招きかねないのだ。

　GAM導入をいつ行えばよいか——その問いに対する、簡単な答えは存在しない。しかし、どのようにして解を求めていけばよいか、アドバイスをすることならできる。まず、状況を注意深く観察し、ルールに従って行動し、グローバルなサプライヤーとして、自らにどのような価値があるかを明確にし、利益を生むための顧客との関係、業務プロセスを構築する。本書の主題の本質は、これを明らかにするところにある。

第4章
GAMの成功要因とは

THE CRITICAL SUCCES FACTORS - MAKING IT HAPPEN

　この章からは、GAMの問題点や失敗例ではなく、その解決策や成功例を探っていく。GAM（グローバル・アカウント・マネジメント）を導入する前には、それが実際に有効なものであるという確証が必要になる。

　これまでの章では、GAMの問題点や、その障害、罪などについて説明してきた。その中で、いくつかの解決策の糸口を掴むことができた。しかしそれらは、あくまで机上の論に過ぎない。ここから先で必要になるのは、より具体的で実際的な、実践のための方法論であり手段である。この章では、それらをGAMのCSF（クリティカル・サクセス・ファクター：重要な成功要因）として検討していくことにする。

　本章では、いくつかのCSFを列挙し、説明していく。しかしその順番は、重要度に応じたものではなく、また順序を追って時系列的に実施しなければならないという類のものでもない（時系列的な考え方については第11章で解説する）。これらの成功要因は、決して他の要因と明確に分離できるものではなく、GAMを実践していくなかで、互いに密接に結びつき、重なり合うことで成り立っているものであるからだ。

　GAMの実践において、立ちはだかる障壁は他にもある。それは、あまりにも多くのこと（分析、計画、行動、反応）が同時に発生することだ。これは、ビジネスが世界を相手にしたときに直面する、避けられない現実である。

　後続の章では、これらのCFSについて章ごとに解説していくが、この分割

もあくまでも便宜的なものに過ぎず、決してそれぞれが独立して存在しているものではないことを念頭に置いてほしい。

●──まず大きな絵を描く（第5章）

　グローバルな顧客を上手く管理するために、深く理解しなくてはならないものがある。それは、顧客の市場、業務内容、行動原理、そして、「儲けの仕組み」だ。さらに、その理解に基づいて行動することで、顧客にとって望ましく、重要で、戦略的なビジネスを展開しているサプライヤーとみなされる存在になることを目指すのだ。重要なのは、これらについてサプライヤーは顧客よりも深い理解を持たなくてはならないということだ。これはGAMにとっての聖杯（至高の目標）だとも言える。しかし、これは可能なことなのだろうか？　次の質問に答えてみてほしい。あなたのグローバルチームは、顧客のグローバル展開によって何を得ようとしているか、そのために何が必要かということについて、顧客の国内組織や部門のどれよりも、よく理解しているだろうか？　この質問に対する答えがYESなら、チームは戦略的なサプライヤーになるための道を順調に歩んでいると言えるだろう。また、「要求されて初めてそれに反応する」というスタンスとは対極にある、顧客を「管理」する能力も飛躍的に高められる可能性を秘めている。

　しかし、ここには「鶏が先か、卵が先か」の問題がある。つまり、戦略的なサプライヤーになるのが先なのか、それとも、グローバルなサプライヤーになるのが先なのか？　ということだ。これまでに、ある地域において戦略的なサプライヤーであることが、必ずしも他の地域で通用するとは限らないことを見てきた。しかし、どこかの地域で自らの価値や能力を証明することなく、いきなりグローバルなサプライヤーになど、なれるものなのだろうか？　この謎かけめいた問いには、二者択一で答えようとしてはいけない。答えは、どちらが先かというものではない。それは、サプライヤーが真にグローバルなサプライヤーになるために、グローバルな視点に立って、どれだけの時間と労力を費やして、顧客を理解しようとしてきたか、それに尽きる。だから、どちらが先かについて深く悩む必要はない。今、置かれている場所がスタート地点になる。スタート地点に立ったその時点からの努力が、結果に反映されていくのだ。

●──グローバル・バイヤーを理解する（第6章）

　グローバルなバイヤーであることは、大変な仕事だ。なぜなら、現地の営業所が、必ずしも支援してくれるとは限らないからだ(グローバルなサプライヤーが直面する課題とまったく同じだ)。バイヤーがこうした厳しい状況下にあるのだから、サプライヤーは、自らが彼らにとっての新たな障害物にならないよう、細心の注意を払わなくてはならない。しかし一般的に、サプライヤーはグローバル・バイヤーを積極的に手助けしようとはしない。その原因は、そうすることへの恐れでもあり、誤解でもある。しかし多くの場合、バイヤーと同じようにサプライヤーが現地とうまく連携が取れていないということが挙げられる。現地支社は、従来と同じ方法で顧客を管理したいと主張するものだからだ。真に価値のある、よりよいサプライヤーになりたいのであれば、このような考えに縛られてはいけない。グローバルな可能性を秘めたサプライヤーは、グローバルなバイヤーと取引を行えば行うほど、グローバルなサプライヤーになる可能性が大きくなる。

　顧客から気に入られ、特別なサプライヤーとして扱われるためには、顧客の購買戦略を深く理解することが必要になる。顧客が価格を決定するプロセスを理解することが求められるのだ。価格決定はビジネスにおいて非常に重要だ。しかし普通それは、グローバルなバイヤーのみの問題であると思われている。だからこそ、サプライヤーはそれ以上に価格を気にしなくてはならない。

●──顧客の意思決定プロセスを理解する（第7章）

　本書ではこれから、「顧客のカタツムリを貫く」というフレーズを何度も耳にすることになるだろう。これは、グローバル・バイヤーがサプライヤーと商談をし、実際に取引を開始する時点よりもはるか前に、成功を左右するポイントが存在しているということを意味している。つまり、そのポイントは、このカタツムリの殻に似た形をした意思決定プロセスの中心の方に存在する（ここではカタツムリの殻のらせん状の形態を用いて説明を行っているわけだが、実際の意思決定のスピードは、カタツムリが進むよりもはるかに速いものである）。自らの価値が顧客のビジネスに与える影響について正しく理解すること、また、最終的にその価値を受け取る立場の人間が、購入の最終的な決定にどのような

影響を与えるかを知ることは、GAMのもう一つの聖杯である。

●──グローバル・タッチポイントを管理する（第8章）

　顧客の意思決定プロセスに影響を与えるためには、顧客とのタッチポイント（接点）の管理に細心の注意が必要だ。グローバルなタッチポイントを管理するのは、顧客に影響を与えるよりもさらに難しい仕事になる。あるとき私の顧客が、GAMとは「サプライヤーと顧客の間で行われる取引のうち、営業を介さずに行われるすべての部分」であると言った。私はこの定義を気に入っている。サプライヤーに求められているタスクをよく表していると思うからだ。顧客との間に存在する接点のすべてを管理して、一貫したアプローチを維持する。一貫した品質、一貫した成果を達成するためには、必要なタスクだ。

　これを効果的に行うためには、幅広いスキルと、規律、プロセスが必要になる。私たちは、これを実現するチームを結成することを、「ダイヤモンド・チームの構築」と呼んでいる。この概念は、KAMの実践においてはよく知られたものだ。しかし当然、GAMにおいては、このダイヤモンド・チームを真にグローバルなスケールで実現することが求められる。

●──トップを巻き込む（第9章）

　GAMの実現のためには、企業の上層部からの完全な支援が必要になる。GAM実現に至る道には障害物がたくさんあり、その多くは内部的なものである。このため経営陣は、「道をきれいにする」ことへの責任を持たなくてはならない。GAM導入の意義を支持し、ビジネスドライバーに必要な能力を装備し、メンバーを鼓舞し、自らもグローバル・アカウント・マネジメント・チーム（GAMチーム）の一員であるという認識で、何らかの役割を担う。ただし、こうした上層部の存在は、必ずしも歓迎されるとは限らない。だが、それを受け入れたGAMチームには、成功が待っている。

●──グローバル・アカウント・マネジャー（第10章）

　上層部は、GAマネジャーに適切な人材を指名しなければならないし、その人材に、必要なスキルやリソースを使える環境を与えなくてはならない。しか

し、適切な人材は簡単には見つからないものである。GAマネジャーには、幅広い才能が必要だが、そのなかでもとりわけ重要なのが「ポリティカルなアントレプレナーシップ」だろう。これは、商機を見出して、それをものにしていく力であり、利権（あるいはエゴ）が衝突した際にそれを調停する能力でもある。GAマネジャーは自信に溢れたリーダーでなくてはならず、優れたコーチであることも求められる。計画し、説得し、動機づけする力が最大限に必要だ。周囲に対して権威を示さなければならないが、それはバッヂをちらつかせて相手を威圧するような類のものであってはならず、相手から信頼され、認められることによって勝ち取るべきものでなくてはならない。GAマネジャーが管理しなければならないチームは、多種多様で、仮想的で、メンバーは互いに文化的な相違があることを、強く意識し合っている。

　常識的に考えれば、これらの条件を満たす人材が稀にしか見つからないことは明らかだ。追い討ちをかけるようだが、さらなる条件を加えることもできる。GAマネジャーは、GAMチームから、GAMに必要な能力と競争力を引き出さなくてはならない。独りで仕事を進めてはいけないのだ——このような条件をすべて満たす人材は存在し得ないと思うかもしれないが。

●──組織構造と説得のプロセス（第11章）

　GAMをサポートする組織構造の構築において、組織が官僚的な構造に陥ってしまわないようにしたり、既存の現地支社の能力を損なわないようにしたりするのは、個々の企業がその事情に合わせて取り組むべき問題である。こうすれば間違いないという、組織構造のテンプレートは存在しない。おそらく最も重要なルールとは、GAMの構造は、現地の構造をうまく融合させ、結合させたものになるべきだということである。決してそれらを上から支配するものになってはいけないのだ。

　成功するGAMの組織構造構築の鍵は、単なる組織図にあるのではない。組織を構成する部分を束ね、まとめあげるスキルとプロセスを併せ持つ組織を作ること、それが重要になる。こうした組織こそが、グローバルな顧客から要求される一貫したアプローチを実現できる。

　間違った組織構造は、GAMを失敗に導きかねない。しかし、正しい組織

構造が必ずしも成功を保証するわけでもない。つまり、組織構造のみによる解決策には限界がある。たいていの場合、周囲を説得し、影響を与え合いながら目的を実現させていく力が最も重要となり、単に組織図を書き換えればすべてがうまくいくということにはならないのだ。「説得するプロセス」（「ポリティカルな企業家精神」の一つ）は、GAM を成功させるために必要なものとして、リストの上位に位置すべきものだ。

●──パフォーマンスと報酬（第12章）

　間違いなく、これは CSF のなかでも最も難しいものだ。まずはシンプルな原則から始めよう。GAM に取り組んでいる限り、パフォーマンスの計測と、それに対する報酬の設定も、グローバルな基準で行わなくてはならない。

　顧客がまだ「インターナショナル」な状態であれば、ローカルに設定された目的と、ローカルな報酬の基準を適用したとしても、依然として効果的だろう。しかし、それは長くは続かない。ある企業の、一つのビジネスユニットを相手にしているだけであれば、目的も報酬も問題はないのだが……。

　何よりもまず、それぞれのグローバルな顧客に対して、グローバルな損益計算書を作成することが必要になる。GAM で必要な巨大な投資のことを考えると、その影響についてきちんとした測定を行わないことは罪であるとすら言える（第3章を思い出していただきたい）。

　グローバルな業績評価と同様、顧客へのサービスに関わっている者は（ビジネスユニット、部門、現地支社のいずれの場合も）、自らの貢献がもたらしている価値を自覚するべきであり、報酬もその貢献に基づくべきである。

　現地やビジネスユニットのやり方を、強引にすべて置き換える必要はない。各国の営業所は押しなべて、顧客がその国にとって望ましい存在であることを望んでいる。営業所の各ビジネスユニットについても同じだ。営業所やビジネスユニットが自らのものさしを使いたがるのも無理はない。しかし、時が過ぎれば、独自の基準を優先させたいという営業所やビジネスユニットの要求も薄れ、グローバルな基準に則してビジネスを行うことの方が重要だと思えるようになるはずだ。この移行を管理するには忍耐力が求められる。また、同時にその移行に一定のペースを与えることも必要だ。それは、すでに言及した「ポリ

ティカルな企業家精神」の一つである。

　第2章で紹介したサプライヤーは、食品、家庭用品、トイレ用品、化粧品などの多くの業界を相手にビジネスをしていた。同社は、グローバルな顧客へのサービス提供を行うため、五つのビジネスユニットに共通する基盤を作ることで、真にグローバルなサプライヤーになろうと苦闘していた。だが、問題は明らかだった。異なったビジネスモデルと「儲けの仕組み」を持つこれらのビジネスユニットにとって、他のビジネスユニットの基準に従うことは即、失敗を意味するということだった。

　企業全体としての成果を測定していくことは、ビジネスにとって強力な推進力になる。しかし、同じように、各ビジネスユニットや部門も、それぞれの努力に応じた報酬が必要だとも感じている。これは、サイロメンタリティー（自己中心的な思考方法）の一つだと言えるかもしれない。しかし、ビジネスユニットや部門を統合しようとしている場合を除いて（統合によって従来個々が持っていた強みを失う場合が多いが）、これは確かに必要なものなのである。

　ここでも「ポリティカルな企業化精神」が必要になる。既存のビジネス構造のありのままを認識し、それらが各々の成果に見合った報酬を求めることは当然だと受け止めなければならないのだ（この点についての詳細は、第8章、第11章、第12章を参照）。

●──ITの適切な活用（第13章）

　GAMの複雑性に対処していくには、確固としたプロセスとそれを支援するシステムが不可欠だ。当然ながらそこで登場するのが、IT部門だ。IT部門も、GAMチームのメンバーだ。IT部門には、情報を収集し、分析し、共有するためのシステムを適切に配備することが要求される。コミュニケーションツールも重要だ（電子メールを使わずにGAMを実践することの大変さを想像していただきたい）。しかし、最も大切なのはツールではない。それを利用する人間に、どう規律・規範を与えていくかだ。結局のところ、問題はソフトウェア

ではなく、人間なのだ。

● ——グローバル・アカウント・プラン（第14章）
　売上げが1,000万ポンドを超えるグローバルな顧客をいくつも抱えながら、グローバルな計画書を持たず、既存のローカルな計画書の寄せ集めでビジネスを進めようとしているサプライヤーがあると言ったら、あなたは驚くだろうか？　あなた自身の企業はどうだろう？　本書の「はじめに」で述べたように、GAMには絶対的なルールは存在しない。しかし、例外がある。それは、「GAMは、一つの計画書に基づいて実施されなくてはならず、その計画書に基づき、商機を特定し、方向性を見定め、業務に関する取り決めを行うべきである」ということである。

● ——文化的多様性を武器にする（第15章）
　文化的多様性は、GAMという名の要塞を強化することもあれば、破壊することもある。扱いを間違えば（無視したり、放っておけば自然に解消するだろうというような態度）、文化的多様性は不満の温床となり、どれだけ熱心なGAM遂行者ですらも疲弊させてしまうものになってしまう。しかし、偏見なく、よく観察し、自由に議論するという態度を示せば、文化的多様性は、チームの競争力を高める要素に変わる。
　おそらく、そのための鍵となるのは、ルールを設定することだ。GAMチームの業務のうち、どれをローカルなものとして扱うのか、どれをグローバルなものとするべきなのかを決める。グローバルな業務には、当然、グローバルなアプローチを適用しなければならない。そして、顧客もサプライヤーと同じく、文化的多様性をどのように社内で処理すればよいか、という不安を抱えていることを忘れてはならない。うまく文化的多様性に適応して、「爆弾を爆発させない」ことに成功しているサプライヤーは、顧客の目には頼もしい存在に映る。文化的背景の異なる多様なメンバーで構成されるチームをうまく管理し、グローバル、ローカルな人材を最適に配置しているサプライヤーは、顧客にとって重要で、戦略的で、真にグローバルな存在になり得るのである。

第5章
まず大きな絵を描く

GETTING THE BIG PICTURE

「知るべきことは多く、時はあまりにも少ない」

　自らの製品について知り、サービスについて知り、提案について知ることは、「小さな絵」を描くことに過ぎない。「大きな絵」を描くためには、顧客を知り、顧客の製品を知り、顧客の市場を知らなければならない。しかし、それをグローバルなレベルで行うことは、大変な仕事になる。GAマネジャーが一人でその仕事をやり遂げようとすれば、仕事は難しくなるだけだ。これはGAMチームが、チームとして始めから終わりまで取り組まなくてはならない仕事だ。情報の収集と分析を繰り返し、顧客をより具体的に、深く理解していく。

　しかし、顧客を描くこの「絵」の精度が次第に高まっていくことは、事態を複雑にすることにならないだろうか。つまり、「分析麻痺（アナリシスパラリシス）」と呼ばれる状態に陥る危険性があるのではないだろうか。事実を多く知れば知るほど、明晰さの代わりに曖昧さが増幅し、全体像が大きくなればなるほど、その概要を捉えるのが難しくなってしまう。知るべきことは多く、それを知り解釈するための方法も多いが、それらによって何を明らかにするのかが明確でなければ、逆に混乱を招いてしまう。

　大きな絵は、小さな絵をつなぎ合わせて共通のデータベースで検索する、といった類のものではない。大きな絵には、三つの大きなビジョンがある。それは、顧客の市場を理解すること、顧客のビジネスを理解すること、顧客と

「真のグローバル・サプライヤー／グローバル・カスタマーとしての関係」を構築することによって得られる恩恵を評価すること、である。この章では、この三つのビジョンを実現するためのツールを紹介する。この三つの分析は、互いに補完し合っており、この実現をより確かなものにする。三つの分析手法と、その分析対象は、次の通りである。

- オポチュニティー・チェーン分析——顧客の市場
- ビジネスドライバー分析——顧客のビジネス
- シェアド・フューチャー分析——パートナーシップの見通し

本章では、これから三つの分析について説明を行う。分析の目的、形態、実施方法、そして（最も大事なことだが）分析結果から何を得ようとしているのか、について見ていこう。

オポチュニティー・チェーン分析

◉——分析の目的

まずは、顧客の市場を理解するための分析から始める。単に顧客の市場を理解するだけではない。顧客よりも深く理解することを目指す。これは、十分に実現可能な目標だ。なぜなら、顧客の目の前に広がっているのは「グローバル」という特別な世界であり、それはとても複雑なものだからだ。そして、この目標は非常に重要なものである。それには少なくとも二つの理由がある。

一つ目は、顧客の「ペース」を知る必要があるということだ。本書の読者は、戦略的で、グローバルなサプライヤーになることを望んでいるだろう。しかも、「一時的に」ではなく、そのままずっとその状態を維持したいと考えているはずだ。それを実現するためには、サプライヤーは顧客の「ペース」と同調することが求められる。顧客は、市場機会にどのようなペースで対応しているのか。それは短距離走なのか、マラソンなのか。三段跳びなのか、ゆっくり歩いているだけなのか。顧客のスピードと歩幅を知ること、それがうまくできたときに初めて、顧客のニーズに応えることができるようになるのである。

顧客のペースは、少なくとも始めのうちは、その市場によってある程度決められてしまうものである。市場は成長しているのか、成熟しているのか、衰退しているのか。安定しているのか、変化しているのか、混乱しているのか。もちろん、こうした市場の状況に顧客がどう対応しているかが、顧客がサプライヤーに求めるものに大きく影響を及ぼす。一国だけで事業を展開している顧客は、市場が取り得るいくつかのシナリオのうち、どれか一つのみと直面していると言えるだろう。しかし、グローバルな顧客は、これらのシナリオが混在した状況に置かれている。そしてグローバル・サプライヤーも、この複雑な状況に合わせて行動しなければならない。こうした複雑性への対応が必要不可欠であることを認識していないサプライヤーは、顧客のペースについていくことができなくなる。それは、舞台がローカルであっても、グローバルであっても同じことだ。

自らの価値を知る
　顧客のグローバル市場を、顧客よりもよく理解しなければならない理由の二つ目は、それがサプライヤーにとっての報酬に結びついているからだ。サプライヤーに与えられる報酬は、サプライヤーの価値に基づいている。そして価値は、とても複雑な概念だ。
　まず、「価値」は他者の存在によって初めて意味を持つ。サプライヤーがいくら価値を説明しても、パンフレットやプレゼンテーションでそれを訴えても、顧客がそれを認めてくれなければ、何もないのと同じことだ。
　次に、価値は計測され、定量化されなければならない（計測され、定量化された報酬をサプライヤーが必要としている限り）。そしてそれを計測し、定量化するのは顧客でなければならない。たとえば、あるタイプのガソリンが私の車のエンジンにぴったりだとサプライヤーが勧めても、私がレンタカーを運転しているときには意味がない。あるいは、このガソリンを使えば燃費が良くなりますよ、といくら宣伝されても、その価格が高ければ、今までと同じ安いガソリンを使うかもしれない。
　さらに、顧客によって認められた価値は、サプライヤーの市場における競争力を意味している。「顧客が与えてくれた評価は、顧客が得た価値」なのだ。

これらを総合的に考えると、顧客の市場を理解することに失敗することは、自らの価値を知ることにおいても失敗することなのだとわかるだろう。しかし、サプライヤーが顧客よりも市場をよく理解したからといって、顧客が「ありがとうございます。あなたは我々にとって非常に大切なサプライヤーです。コストを下げ、ユーザーの信頼を得ることを手伝ってくれました。どうぞ価格を上げてください」と言ってくれるわけではない。あくまでもサプライヤー自身が知っておくべきことなのだ。

　印刷業界とパッケージ業界向けのインクのサプライヤーが、顧客から新たなグレードのインクの開発を持ちかけられた。ダンボール素材に塗ると発光し、ネオンサインのような効果を発揮するインクだ。技術的には、とても面白みのある挑戦だし、その実現も可能だと思われた。そこで、このサプライヤーは躊躇することなく、開発に着手した。しかし、同社は勝手な思い込みをしていた。その最たるものが、開発した製品の価格は、きっと高いものになるだろうという甘い見込みだった。だが、製品開発を依頼した取引先はとても厳しい交渉をすることで知られる顧客だった。その顧客自身も、生活用品やトイレ用品といった非常にシビアで利幅の少ない商品の生産と販売に携わっていたからだ。
　インクは開発され、予定通りに出荷された。しかし、その価格は同社が通常販売しているインクよりも安いものだった。その代わり、顧客は「英国だけではなく、米国と日本でも同製品を発注する」、というボーナスを約束した。サプライヤーは、だからこの割引に応じたのだと言った。テクニカル・サービスマネジャーは、米国と日本に出張する可能性が生まれたことを喜び、それも彼にとってのボーナスだと営業部長に語った。
　数カ月後、サプライヤーのマーケティング部門の幹部が、空港の免税店で妻のために瓶入りの香水を購入した。新商品であるその香水の光沢のあるパッケージが、彼の目を引いた。実際、その香水の商品名は輝きを意味する「Glow」だった。そういえば、自分が勤める会社で「Glow プロジェクト」と名づけられたプロジェクトがあった――彼はそう思い出した。この幹部は、自社のプロジェクトが見事な成果を生んでいることに感嘆し、喜んだ。

「Glow」は、大ヒット商品になった。商品開発に携わった香水メーカー、デザイナー、広告代理店が、多くの国際的な賞を受賞した。商品がグローバルなアピールを持っていることが評価されたのだ。顧客のマーケティング部門は、この商品が彼らにとって初めての世界への挑戦であり、多額の費用を要したこともあって、喜びとともに大きな安堵感に包まれていた。

　にもかかわらず――、空港で香水を購入した、例のサプライヤーの幹部は疑問に思った。なぜこの商品の売りでもあるこのインクが、これほどまでに安い価格で卸されなければならないのか。彼は営業部長に尋ねた。この低価格の理由は何か。通常の製品よりも安いというのは、理解に苦しむ。世界的な成功を収めたブランド品に大きく貢献しているというのに。

「このインクは、石鹸のパッケージに使われると思っていたのです」それが、営業部長の答えだった。「あの顧客は、いつもそのためにインクを使っていたので」

「でも、米国や日本から発注があったことを、疑問に思わなかったのか？」

「あれは単なるボーナスだと思いました」

　話はすぐに終わった。幹部はこの営業部長を解雇して、代わりを探さなければならないと感じた。

　このインクメーカーが、開発したインクがどう使われるかをもっと深く理解していたらどうだっただろうか？　顧客が新製品を展開するということが、顧客にとってどれだけ重要かということを知っていたら、価格交渉も違ったものになっていたのではないだろうか？　あるいは、グローバルに製品が展開されることのチャンスをさらに理解していたら？　米国や日本でテクニカル・サポートを行うことの意義を認識していたら？――つまり、サプライヤーが、自らの価値を理解していたら、利幅の薄い契約で取引する必要はなかったのではないだろうか。しかし、このサプライヤーはそうしなかった。なぜなら、彼らには顧客の市場を理解しようとする意欲がなかったからだ。彼らはただ単に良い製品を作ればよいと考えていたに過ぎないのだ。

●──分析方法

この分析には図を用いる。この図は、「鎖」と呼ばれることもあるし、「地図」と呼ばれることもある。例を図5.1に示す。

この例では、前述したインク・サプライヤーのケースに従い、パッケージング業界を題材にしている。この図はもちろん単純化したものである（すべてを細かく記述しようとすれば、壁一面が必要になってしまう）。

この分析は、以下の手順を必要とする。

❶ 最初のタスクは、オポチュニティー・チェーンが二つの重要な要素を持っていることを確認することだ。
   A. 商品のフロー。ロジスティックのチェーンとも呼ぶ（直線）
   B. 購買の決定に影響を与えるポイント（サプライヤーの製品および顧客の製品の両方を含む）。影響のチェーンとも呼ぶ（破線）

❷ 次に、マーケットの「ホットスポット」があると思われる箇所に印をつける。「ホットスポット」とは、オポチュニティー・チェーンの図において、何かの購入を決定する際に、それに大きな影響を与える地点（購入対象はサプライヤーの製品だけでなく、顧客自身の製品も含まれる）、またはこれらの製品が価値を生み出す（可能性のある）地点を表す。図5.1では、ホットスポットに「！」マークが記入されている。

❸ 次に、現時点でよく理解していること、情報があることを書き込んでいく。たとえば、取引先と接触を持つのはどの地点か、など。書き込みによって、ロジスティックとプロセスの流れをよりよく理解できるようにする。

❹ 最後は、あまり気の進まないステップになるかもしれない。それは、ホットスポットを始めとする重要な地点において、顧客ときちんと対話ができており、顧客やそのプロセスについての知識や理解は十分か、について考えることだ。つまり、オポチュニティー＝商機を、どれだけ適切に理解しているか、ということがこれで明らかになる。自らの価値をどの程度理解しているかについても同様だ。

この分析を行ってみると、同じ部門にいながら、ロジスティックのチェーン

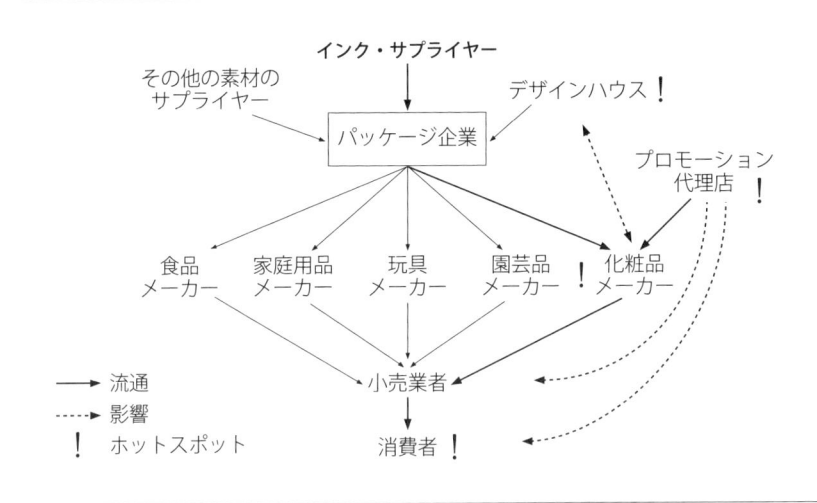

図 5.1　オポチュニティー・チェーン

```
                  インク・サプライヤー
  その他の素材の         ↓        デザインハウス ！
   サプライヤー  →  パッケージ企業
                                    プロモーション
                                      代理店    ！
        ↙    ↓    ↓    ↓    ↘
      食品   家庭用品  玩具   園芸品   化粧品
     メーカー メーカー メーカー メーカー！メーカー
        ↘    ↓    ↓    ↓    ↙
  ──→ 流通          小売業者
  ┈┈→ 影響           ↓
   ！ ホットスポット   消費者 ！
```

の理解において、食い違いがあるとわかることが多い。同じことはホットスポット（オポチュニティーの価値）についても言え、影響のチェーンにおいてもバイアスが見られることが多い。

◉ 様々な分析

この分析には、状況に応じて様々な手順を追加することができる。

- ボリュームと価値の流れを、チェーンの各ポイントに書き込む。全体の流れのなかで、顧客とサプライヤーが、利用し、利用される機会がどこにあるのかを掴む上で役立つだろう。
- 各プレイヤー（顧客、サプライヤー）の市場占有率を書き込む。市場におけるパワーバランスを理解しやすくなるし、それによってどのような圧力が顧客とサプライヤーにかかってくるのかも把握しやすくなる。
- 競合の存在とその影響力を書き込む（顧客、サプライヤーそれぞれにとっての競合）。競合の影響力は、顧客にとって最大の関心事であるし、顧客が競合の動きにどう対応するかを知ることは、サプライヤーにとって、

顧客を知る上で計り知れないメリットになる。
- 顧客がターゲット市場のどの領域に位置しているかを明確にする。顧客がどの分野に特化しているかを把握しておくことは、顧客の「言葉」をしゃべることに通じ、顧客の目標を知ることにもつながる。これは、この章で次に紹介する二つ目のツール、ビジネスドライバー分析とも関連する。
- チェーンの各ポイントにおいて、市場が成長、成熟、衰退のどの時期にあるかを明らかにする。成熟市場では、顧客はコストに注目する（単なる価格ではなくトータルコスト）。衰退市場では、顧客は低価格を求める。
- 市場が「混乱」している場合の例を考えてみよう。混乱は、変化とは異なる。それは顧客のパワーバランスや儲けの仕組みに影響を与えるものであり、結果的にサプライヤーに求められる役割も変わる。新しいテクノロジーは市場を混乱させる。たとえば、デジタル写真の登場はサプライヤーの勢力図を大きく書き換えた。アルバムに貼られていたフィルム写真は、PCに保存されるデジタルファイルに取って代わられた。サプライヤーへの要求も大きく様変わりした。新しいビジネスモデルの登場も同じく市場を混乱させることがある。イージージェットやライアンエアなどの格安航空会社が出現した際、欧州の旅行業界は慌てふためいたものだった。

優先度、投資、報酬

この種の分析を、グローバルな顧客を対象にして行うことは容易ではない。分析にかける費用と時間をどの程度に抑えるべきかの決定は、慎重に行わなくてはならない。この際、うまく優先度を定めることが決め手になる。チェーンのどの範囲までが自らにとって影響があるか、いくつのホットスポットを理解し、アクションを起こしたいと考えているか。そういう基準を設けるのだ。「とても興味深い。しかし我々は何をすればいいのだろう？」という反応を取らざるを得ないような分析に没頭してはいけない。そうならないために、重要なポイントを理解し、アクションを起こしていくことが、どれだけ自社または顧客の成功に結びつくかを考えることが重要だ。

あまりにも大変そうに思えるので、この分析の実行に二の足を踏むサプライヤーも多い。これは顧客自身ですら躊躇するほどの作業となるだろう。しかし、

これは実行する価値のある分析だ。顧客のどの部門、どの個人も持ち得ないような理解をサプライヤーが持つことが、どれだけのメリットになるかを考えてみてほしい。

●───結論を基に

　出来上がった図を見ながらエクササイズを行う。ここで最も大切になるのが、顧客の立場で世界を眺めることだ。顧客の目で、顧客ならどう行動するかと想像しながら、まず新しい機会を捉えてみる。これは「オポチュニティー分析」と呼べるステップだ。顧客がよりよいビジネスを行うために、サプライヤーには何ができるか。競合からの圧力をどうすれば軽減できるか。顧客の価値と報酬を高めるためには、何が必要か。そしてそれは結果的に、サプライヤーの価値と報酬を高めることにつながるのである。

　複数の地域における、顧客のオポチュニティー・チェーンの類似性を求めることも大切だ。地域によって違いがある場合、ある地域ですでに実践されているソリューションを、別の地域に適用することも検討できるだろう。また、類似性が高ければ高いほど、その顧客は真にグローバルな企業であると捉えることができる。

　グローバルな視点から顧客の一貫性の欠如を検出し、それを指摘することも可能だ。顧客に対して進言することになるので、デリケートな問題ではある。だが、顧客を説得し、自らのソリューションを受け入れてもらうための良い契機になるだろう。

　サプライヤーにとっては、グローバルチームを効果的に配置するための良い指針になる。それまではあまり注目してこなかった場面で顧客と接点を持つようにすることなどが考えられる。

　もしこの分析によって、顧客より一歩先んじることができたと感じたのなら、それを活用すべきだ。低価格ばかりにしか目が向かず、サプライヤーの価値を認めようとしないバイヤーを相手にしたときに、このカードを切って相手を唸らせることもできるだろう。単なるサプライヤーではなく、ある種のコンサルタント的な役割が果たせるようになる（そうなりたければの話だが）。計画や予測も効果的に立てられるようになる。シナジー効果を見出しやすくなり、

結果としてコストを削減できる。他にもこの分析によって得られるメリットはいくつもある。

究極的には、この分析を顧客と共同で行うことも考えられるだろう。顧客は、サプライヤーの熱心さに感心するだろうし、(開始時点ではその動機について少々怪しまれるかもしれないが)結果がもたらすメリットについて喜ぶだろう。自社のビジネスについて深い理解を持つサプライヤーと取引できることに感謝してくれるに違いない。

> 非冷凍もののサーモンを袋詰めして小売業者に卸している顧客がいた。この顧客にパッケージ素材を提供しているサプライヤーがあった。このパッケージ素材は、サーモンが顧客の加工現場から小売業者、小売業者から消費者へと移動する際に用いられていた。サプライヤーが、消費者までを範囲にしたオポチュニティー・チェーンを分析した結果、そこに重要なホットスポットがあることに気づいた。それは、「店舗における消費者の魚のチェック」だった。消費者は魚をよく見たいと思っていて、魚の表面がパッケージで見えなくなってしまうことを嫌っていたのだ。そしてそれは、世界的な傾向であることもわかった。
>
> 顧客はこの事実を認識していた。しかし、この問題に対して、より新鮮な魚を早く店舗に届けるというロジスティックなアプローチや、店舗での魚の並べ方を工夫したりするといった方法でしか対応してはいなかった。サプライヤーはチャンスに気づき、シースルータイプのパッケージを顧客に提案した。それが世界各国で共通の問題であることも知っている。この提案はグローバルに適用されるソリューションになる可能性を秘めていることも承知だった。

ビジネスドライバー分析

●──分析の目的

顧客の「ペース」が市場のペースによって決定されるのは、始めのうちだけだ。顧客が立てた目標によって、次第にそのペースは変わっていく。

顧客は市場でどのように振る舞おうとしているのだろうか？　彼ら戦略は？顧客のビジネスの動機は何か？　彼らを動かしているものは何か？

　顧客のビジネス戦略を明らかにすることは、大変な労力を伴う作業だ。いくつもの問いに答えていかなければならない。巷には、そのためのモデルやツールについて詳しく書かれた教科書的な書籍が多く出回っている。しかし、その実践は学術的な場で行われるものではない。実践可能な分析によって、実際的な結論を見出すことが求められるのだ。次に四つの質問を示す。これらに答えたからといって、顧客の戦略のすべてを理解することはできない。しかし、それによってサプライヤーは、顧客が目的を明確にすることを支援しやすくなる。グローバルなサプライヤーにとって、これはとても重要だ。

❶顧客の成長戦略とは何か？
❷顧客の競争力強化戦略は何か？
❸顧客の価値を高める要因は何か？
❹顧客の儲けの仕組みとは何か？

1．顧客の成長戦略とは何か？

分析

　図5.2に示すのは、「アンゾフの成長マトリックス」と呼ばれるものである。アンゾフは、市場と製品の2軸を、それぞれ新規と既存にわけ、四つの象限に分類することで、すべてのビジネスに適用できる成長戦略を明らかにした。

　まず、顧客の成長戦略が、このマトリックスのどこに位置するかを特定する。

- 市場浸透戦略――顧客は、既存の製品を既存の市場に向けてさらに販売することを望んでいる。
- 市場開拓戦略――顧客は、既存の製品を新しい市場（領域、応用、顧客グループ）に対して売り込むことを望んでいる。
- 新製品開発（NPD：New Product Development）戦略――顧客は、新製品を既存の市場に投入することを望んでいる。
- 多角化戦略――顧客は新製品を新市場に導入することを望んでいる。

次に、顧客の成長戦略がどのようなレベルのリスクをはらんでいるかについて検討する。マトリックス内の数値は、それぞれの戦略が成功する確率を示している。つまり、失敗のリスクは既存よりも新規の方が高い。これは、驚くには当たらない事実である。慣れ親しんだ場所を離れ、新たなことを始める時には必ずリスクが伴うからだ。

結論を基に
結果から何かを知る際に有用な、二つの視点がある。

- 顧客の成長戦略の性質は、サプライヤーへの要求に大きく影響する。
- 顧客がとる成長戦略のリスクが高まるほど、サプライヤーは重要な存在になる。

リスクは、ビジネスにとって必要なものだ。しかし、誰しもそれを最小限に食い止めたいと考えている。あるいは、それをコントロールしたいと願う。顧客は、そのリスクをサプライヤーの側に押しやりたいと考える。グローバルな顧客の場合は、その傾向が顕著だ。

これはサプライヤーにとって問題だろうか、それとも機会なのだろうか？その答えは、サプライヤーが顧客のリスクを低減できる能力を持っているか否かによって異なる。サプライヤーがその能力を持っていれば、顧客に対して自らの価値を示すよいチャンスとなる。戦略的なサプライヤーと見なされ、それに応じた報酬を得ることができるだろう。

市場浸透戦略をとる顧客にとって、リスクは小さいものになる。顧客は自らの手で、自らの運命を決められる立場にあり、サプライヤーへの要求もとてもシンプルなものになる。それは「これまでと同じものをより多く、そしてより安く提供してほしい」というものだ。この場合、戦略的なサプライヤーとしての価値を顧客に示すことができるチャンスは少ない。つまり顧客が「ホーム」を離れなければ、サプライヤーがその存在価値を見せる機会も少なくなるというわけだ。

市場拡大戦略をとる顧客は、サプライヤーに新しい市場での経験を求めている。

図5.2　アンゾフの成長マトリックス——成長とリスク

	既存	新規
既存市場	市場浸透 65%	新製品開発 30%
新規市場	市場開拓 45%	多角化 15%

製品

> 　第1章では、テスコの英国国外における成長戦略が、英国におけるテスコの既存のサプライヤーにとって良いものであるかどうかについて検討した。この場合、テスコは市場拡大戦略をとっており、国外において経験のあるサプライヤーを求めていた。国外において実績と存在感のあるサプライヤーと手を組むことによって、テスコはリスクを低減しようと考えたのである。そのため、テスコの外国市場参入によって、自らもその「おこぼれ」にありつけると考えていた外国市場での経験に乏しいサプライヤーの当ては外れてしまった。

　NPD（新製品開発）戦略をとる顧客は、サプライヤーにイノベーション能力、共同開発費の負担と、スピードを求める。この要求に応えることができたサプライヤーは、顧客から重宝される。なかでもスピードは、最も重要な要素かもしれない。NPDの成功を握る鍵は、スピードにある場合が多いからだ。グローバルな舞台では、さらにスピードの重要性は増す。顧客の要求に迅速に応えられることを示したい場合は、それをグローバルなレベルで実行できることを相手に知ってもらうことが大切になる。

> 世界でも屈指の大手通信企業が、有識者の多くを驚かせた出来事があった。同社がグローバルに展開する計画を立てていたNPDプロジェクトにおいて、技術力としては「二番手」と見られていたサプライヤーと手を組んだのだ。「一番手」と目されていたサプライヤーは、この通信企業にとってあまりにもドメスティックで国内のビジネス習慣にしばられており、世界を相手にした迅速な製品開発には向かないと判断されたのだ。つまり、技術的に優れているかどうかということよりも、いかに速くグローバルな製品開発を行えるかどうかが優先されたのだ。

多角化戦略をとる顧客がサプライヤーに求めるものは、とてつもなく大きい。知識、経験、創造性、スピード。ナイトの称号を持つ、ヴァージングループの創設者リチャード・ブランソンは、多角化を目指す企業の成功の秘訣は、経験のあるサプライヤーと手を組むことだとアドバイスしている（彼の経験は豊富だ。その範囲は、レコードレーベル、航空会社、飲料、金融、携帯電話、クレジットカードなどに及ぶ）。

リスクは良いもの？

リスクをとる覚悟がある顧客の存在は、サプライヤーにとって喜ばしいものだろうか？　「グローバルなリスクに直面する顧客」は、歓迎されるべきなのだろうか？　もちろん、サプライヤーが自らの価値や能力を顧客に示すことができるという意味では、それは喜ばしいことだと言えるだろう。しかし、顧客が実際にそのリスクによって失敗してしまう場合もあることを忘れてはならない。それは当然、サプライヤーにとっての失敗をも意味する。サプライヤーは、リターンと投資のバランスを考えて、行動しなければならない。そしてその判断の多くは、GAMチームに委ねられているのである。

無限の変動性——グローバルか、それとも？

グローバルな視点からは、同じ顧客の戦略が地域によって異なることは往々にして起こり得る。その違いは、顧客にとって、真にグローバルな企業への道

の妨げになる。サプライヤーが提供するソリューションにとっても同様だ。キャドバリーやネスレなどのサプライヤーにとって、テスコは英国国内では市場浸透戦略をとり、国外では市場拡大戦略をとる存在である。こうした顧客にはどう対処すればよいのだろうか？　関係は、提案は、グローバルなものであるべきなのだろうか？　それともローカルなものであるべきなのだろうか？

●──2．顧客の競争力強化戦略は何か？

分析

　企業が市場競争力を高めるための方法は、いくらでもあるように思える。しかし、数年前にマイケル・ポーターが明らかにしたように、その方法は大きく分類すると、実は二つしかない。一つは価格を低くすることで、一つは他者との差別化を図ることだ。対象が製品であれ、ブランドであれ、人であれ、この二つが決め手となることは変わらない。

　この分析の最初のステップは、顧客が選択したのはこの二つの、どちらかを知ることだ。しかし、これは生半可なタスクではない。多くの調査が必要だ。複数の市場を相手にし、さらに複数の市場分野に参入し、複数の製品を取り扱っている顧客の選択は、市場／分野／製品によって異なったものになる。そして、サプライヤーはそれを知らなければならない。なぜなら、顧客のサプライヤーへの要求も、市場／分野／製品の違いによって異なるからだ。

　問題を複雑にしているのは、顧客が「両方」を目指している場合があるということだ。顧客はコストを下げ（通常はサプライヤーのコストを）、製品を改善する（通常はサプライヤーの力によって）ことを求めていると言い張る。しかし、現実的には、顧客が真に求めているのは両者のうち、どちらか一つである。サプライヤーはそれを見極めなくてはならない。

　二つ目のステップは、製品ライフサイクルにおける顧客の位置づけを理解することだ。

　図5.3に、広く知られている製品ライフサイクルのグラフを示す。製品ライフサイクルでは、製品が開発されてから販売終了にいたるまでの時期を導入期、成長期、成熟期、衰退期の四つに分類する。各時期は利益と密接に結びついている。顧客が、このライフサイクルのどこに位置するかを知ることはとても

図 5.3 製品ライフサイクル

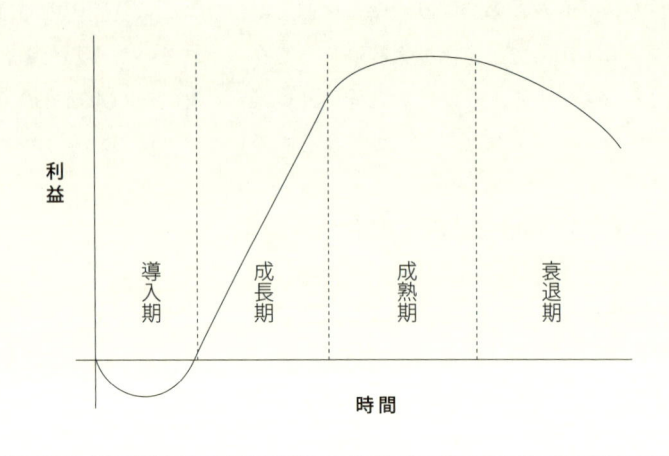

（図：横軸「時間」、縦軸「利益」。曲線は導入期・成長期・成熟期・衰退期の4区分を示す）

重要だ。顧客の製品や活動が複数ある場合は、それぞれの位置づけを行う。顧客の位置によって、顧客が取り得る競争力強化戦略も大きな影響を受ける。当然、顧客のサプライヤーへの要求も変わるのである。

結論を基に

この分析の目的は、顧客からの要求に適切に反応することである。性急な結論を下さないように留意しなければならない。まず、低コストか差別化かという顧客の選択について検討していくことにしよう。

「低コスト」を選んだ顧客

低コスト戦略を選択した顧客が、サプライヤーに求めることは明白だ。しかし、必ずしもそれは、単なる低価格を指しているのではない。バイヤーにとって、低価格というのは最もわかりやすい形の要求になる。しかし、実際には顧客の真の目的を満たすのは「トータルコスト」の削減であり、そのために顧客は、部分的には割高な価格を受け入れることも厭わないものなのである。

製菓メーカーが、小売業界から厳しい値下げの要請を受けた。製菓メーカーは、自社の利益を確保するために、購買部に原材料や添加物を安く卸してもらうように依頼した。購買部は、最も単純な手法をとった。これまで長い付き合いのあった仕入先との取引をやめ、より安く品物を提供してくれるサプライヤーと取引を始めたのだ。購買部の担当者は、うまく値下げに対応できたことを喜び、上層部に自らの手柄を報告した。昇給や昇進も夢ではないと思えた。

しかし、すぐに問題が発生した。まず、製造部門から新しい材料に問題があることが報告された。既存の調理法通りに菓子を製造しようとすると、混ぜ合わせる段階で余計に時間がかかることが明らかになったのだ。そのため、製造ラインを部分的に停止させなくてはならなくなってしまった。購買部は研究開発部門に調理法の見直しを求めた。次に、新しい仕入先が材料の在庫を切らしてしまうという問題が発生した。購買部は、必死になって急場しのぎの新しい仕入先から材料を調達した。なんとか事態は収束するかに思えた。しかし、ついに製品リコールという事態を招いてしまった。消費者が、以前ならあり得なかった菓子のひび割れに苦情を申し立ててきたのだ。マーケティング部門の代表からの電話が鳴り、購買部はつい先日、取引を打ち切ったばかりの従来の仕入先との取引を再開することになった。

　高い価値を持つ製品は、時間を節約し、ビジネスを加速し、コストを削減する。サプライヤーは自らの価値について、単なる価格ではなく、どれだけ顧客の時間を節約し、スピードアップに貢献することができるかについて理解しておかなければならない。このような理解が、バイヤーとサプライヤーの商談から生まれることは稀である。それは、GAMチームと顧客企業の様々な部門におけるやりとりのなかから現れるのだ。それは、技術部門、製造部門、研究開発部門など、多岐にわたる。この問題については、第7章と第8章で顧客の意思決定プロセスに浸透することを理解する際に改めて検討する。そこでは、「サプライヤーの価値に関心を持つのは誰か？」という視点を導入する。

「差別化」を選んだ顧客

　この選択肢を選ぶ顧客は多く、サプライヤーはこうした顧客の期待に応え、良い印象を与えるために最善の準備をしておくことが求められる。顧客の製品、サービス、人、その他の差別化を手助けすることができるサプライヤーは、当然だが、顧客にとって重要な存在になる。それが出来ないサプライヤーは、値引きを求められることを覚悟しなければならない。

　経営コンサルタント企業が、社員の士気の低下や、離職率の高さに悩んでいた。この企業にとって差別化のポイントとなるものは唯一、人材であり、それだけにこれは抜き差しならない事態であると思えた。同社はトレーニング企業に、連続形式のワークショップを開催してもらえないかと打診した。社員の士気を高め、顧客中心の考えを植えつけ、親密な人間関係構築のためのスキルを向上させるのが目的だ。

　トレーニング企業は、コンサルティング企業の望み通りのワークショップを企画した。ところが、その開始を間近に控えたある日、コンサルティング企業の購買部がトレーニング企業の営業部に値引きを要請してきた。これまでに他社から提供されたワークショップに比べ価格が高いというのが、コンサルティング企業の言い分だった。その代わり、もしこのワークショップが成功したら、同じものを同社の世界各国の支社でグローバルに提供してもらうつもりだということをほのめかした。しかし、トレーニング企業はこの値引きには応じなかった。もしワークショップをグローバルに提供するとしたら、内容は各国の事情に合わせて、それに相応しいものにしなければならない――、それがトレーニング企業の反論だった。コンサルティング企業は、この企画自体のキャンセルも検討すると言った。しかし、トレーニング企業はそれに屈しなかった。

　ワークショップは予定通り開催された。値引きは行われなかった。ワークショップは大成功だった。そのため、すぐにグローバルな展開の依頼があった。トレーニング企業は、現地の事情に合わせてしかるべき内容の変更を行った後、ワークショップを実施した。そして、その変更に応じた費用も請求した。このトレーニング企業は、自らが顧客に提供する価値を知っていたのだ。自らが提

供する価値が、顧客のビジネスにどうインパクトを与えるかを理解していた。この場合で言えば、顧客にとってそれは非常に重要で、スケールの大きな価値を持っていた。そのためトレーニング企業は、値下げ交渉しか頭にない購買担当者のあの手この手に負けることがなかったのだ。

製品ライフサイクル

　分析の次のステップは、顧客の製品ライフサイクルを知ることだ。図5.4には、顧客が製品ライフサイクルのどのステージに位置するかによって、サプライヤーに何を求めるかの典型的な例を示している。

　顧客の位置を理解することによって、サプライヤーはその顧客からどのような要求がなされるかを予期することができる。時には、顧客が自らの要求を自覚する前にそれが可能になる。プロアクティブであることは、リアクティブであることよりもメリットがある。プロアクティブなソリューションは、リアクティブなそれに比べて、大きな報酬を生む可能性を秘めている。

　サプライヤーはまた、製品ライフサイクルを意識することによって、顧客のどの部門からの要求に応え、自らの能力を示していかなくてはならないかをも予測できるようになる。B2Bの典型的な例では、次のような流れで顧客の各部門からの要求が発生する。まずマーケティング部門（スピードと創造性に関心がある）、次に研究開発部門（技術的能力と信頼性に関心がある）、次に製造部門と流通部門（キャパシティと流通能力に関心がある）。そして購買部門が現れる（価格に関心がある）。購買部門は、実はライフサイクルの最後の段階において相応しい存在なのである。

◉──3. 顧客の価値を高める要因は何か？

分析

　顧客のビジネスの存在意義とは何か？　どのような「価値が」顧客のビジネスと他とを区別しているのだろうか？　何がそれを突き動かしているのだろうか？　顧客が重大な決断をする際に、何が決め手となるのだろうか？　どのような価値が、彼らを決断に導くのだろうか？

図 5.4 製品ライフサイクル——サプライヤーへの要求

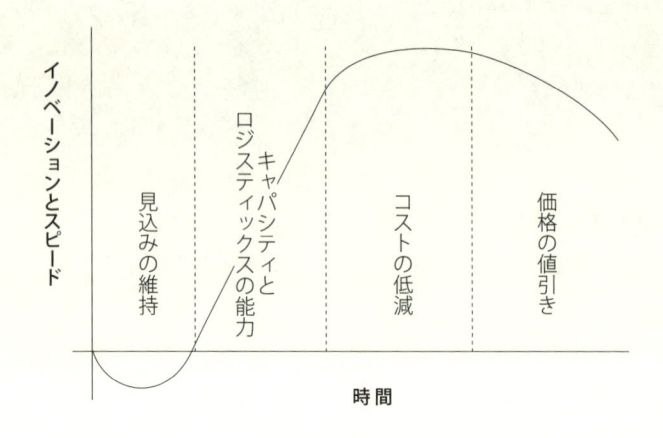

(縦軸：イノベーションとスピード／見込みの維持／キャパシティとロジスティクスの能力／コストの低減／価格の値引き　横軸：時間)

マイケル・トレーシーとフレッド・ウィアセーマは、その著書『ナンバーワン企業の法則』(日本経済新聞社)のなかで、企業には三つのバリュードライバー(価値を推進するもの)があることを主張した。彼らによれば、この三つは成功しているビジネスにおいて頻繁に見られるものであるが、真の成功を手にしているビジネスにおいては、三つのうちいずれかが突出した形で現れる。それによって、そのビジネスに従事する社員、投資家、顧客、サプライヤーを他から際立たせるのである。このバリュードライバーとは、次の三つである。

- オペレーショナル・エクセレンス(優れた業務の仕組み)
- プロダクト・リーダーシップ(製品力)
- カスタマー・インティマシー(顧客親密度)

GAMチームのタスクは、顧客の複雑なバリュードライバーを解きほぐし、三つのうち何が最も特徴的であるのかを明らかにすることである。顧客の特徴を刺激することによって、戦略的なサプライヤーと見なされることを目指すためである。

オペレーショナル・エクセレンス(OE)を特徴とする顧客は、購買、製造、

販売、流通などの業務のあらゆる場面において、優れた手法と高い効率性を誇る。OE に優れた企業は、業務のすべての側面において、それを徹底している場合が多い。たとえば、サプライ・チェーン・マネジメントは、しっかりと確立された規律やプロセスの具現化であり、OE を特徴とする企業の成功の核となっている。定められた基準に一貫して従うことが、こうしたビジネスにとっては非常に重要であり、それを大きなスケールで展開することによって、儲けの仕組みを成り立たせている。

> IKEA は、その製造から小売にいたるロジスティック・チェーンにおいて最高度の効率性を実現している。小売における「自己選択」「自己収集」の手法が同社のサプライ・チェーンのオペレーショナル・エクセレンスをさらに高めている。グローバルな統一性（たとえばスウェーデンの製品名、「Gutvik」「Sprallig」などが、オーストラリアでもそのまま使われていたりする）、モジュール方式、細心の製造工程などが同社の強みを支えている。

プロダクト・リーダーシップ（PL）を特徴とする顧客は、その市場を代表する、最高の製品を持つ。PL を売りにするビジネスは、イノベーションと新製品開発の割合が高く、研究開発部門の存在感が大きい。このようなビジネスは、パフォーマンスの限界を常に押し上げようとする。

> プロダクト・リーダーシップの価値を重視していない医療用医薬品企業が成功しているケースを想像することは難しい。この業界では「最高に近い」品質の製品であっても、それが「最高」でない限りにおいて、大きな価値をもたらさないからだ。新製品開発が成功した場合に寄せられる信頼は絶大だ。新製品を開発するために必要なルートが枯渇した場合は、M&A によって新たなルートを入手する投資家もいる（もちろん、ジェネリック医薬品を取り扱っている企業は、オペレーショナル・エクセレンスをドライバーとするものも多い）。

カスタマー・インティマシー（CI）を特徴とする企業は、特定の顧客の要求を敏感に察知し、それに合わせた製品やサービスを提供する。CIが重視されるビジネスでは、顧客との友好な関係を維持することが大切とされ、それは業務のすべてのレベルにおいて徹底される。CIを重視する企業は、多様な製品やサービスを持つ場合が多く、それを顧客のニーズに合わせて組み合わせる。または、完全なカスタマイズを行う。ただし、この場合には対応できる顧客の数には限度がある。そのため、CIビジネスにおいては業種を特化することと、顧客の選別が重視されている。

> 筆者が経営するGAMのコンサルティング会社「インサイト・マーケティング・アンド・ピープル」でも、パッケージされたサービスはほとんど取り扱っていない。それを用いる場合も、顧客について十分な理解があり、それを提供することが良いと判断した場合のみである。なぜなら、GAMへの取り組みは企業によって異なるものであり、必然的にGAMのトレーニング・ワークショップもそれに合わせたものにするべきだからだ。

結論を基に

この分析の目的は明らかだ。顧客のビジネスを動かしている要因に合わせた提案を行うためである。顧客の立場で提案ができることの恩恵は計り知れない。顧客から、信頼され、実情に合った提案をする価値のあるサプライヤーだと見なされる可能性が、飛躍的に高まる。

オペレーショナル・エクセレンスを重視している顧客に対するサプライヤーの提案は、サプライ・チェーンを改善し、コストを削減し、効率性を高めることに主眼を置いたものにするべきだ。

プロダクト・リーダーシップを重視している顧客に対するサプライヤーの提案は、製品の質をさらに高め、顧客が業界トップの地位を堅持することに貢献することに主眼を置いたものにするべきだ。

カスタマー・インティマシーを重視している顧客に対するサプライヤーの提

案は、顧客の対応力、柔軟性を高め、顧客がよりよい製品やサービスを提供できるようになることに主眼を置いたものにするべきだ。

　これらはあくまで指針であり、絶対的なルールではない。しかし、顧客に合った提案を行い、顧客のビジネスドライバーを正しく見極め、適切な部門を対象にすることは、サプライヤーを成功に導くための大きな鍵となるだろう。

　私の友人が、マクドナルドの店舗で働いていたことがあった。マクドナルドは、オペレーショナル・エクセレンス主導型の代表的な企業だ。世界中のいたるところで同じ品質を提供するという同社の能力と強い意志には驚嘆すべきものがある。友人は若く、周囲に自分のことを印象づけたいという意欲に溢れていた。ある朝、彼は新しい試みを開始した。彼の母親が手作りしたピクルスを持参し、店のカウンターに置いて無料で客に振る舞うことにしたのだ。客は、店で購入したバーガーに、お好みでピクルスを乗せて食べることができる。

　友人は、マクドナルドに長く勤めることにはならなかった。彼の試みは、同社にとっては正しくない種類のものだった。もし彼が、バンズの形状をさらに均一化するための方法や、フライの調理時間を5分間短縮する方法といった改善案を提案し続けていたら、今頃同社の重役になっていたかもしれない。

　マクドナルドを相手にするサプライヤーには、何が求められるのだろうか？

　ハンバーガーをさらに美味しくするための特定の店舗における独自の方法を提案すべきなのだろうか？　それともさらに全店での均一性を高めるための提案をすべきなのだろうか？　この2提案の内容の差は、サプライヤーの視点ではそれほど大きくはないかもしれない。しかし、顧客の視点になれば、そこには成功と失敗を分ける大きな溝が存在しているのである。

　ここまでは特に大きな問題はない。しかし、ここから話は少々複雑になる。ある顧客の各部署の担当者から、私が行う同社のバリュードライバーの特定を手助けしてくれると申し入れがあったとしよう。もちろん、彼らはバリュードライバーが何かをよく理解しているということが前提だ。生産部門に話を聞けば、

彼らが一番大切にしているものは、オペレーショナル・エクセレンスだと言う。同じ質問を研究開発部門にすれば、彼らはプロダクト・リーダーシップが大切だと答える。そして、営業やマーケティング部門に聞いた場合は、おそらくカスタマー・インティマシーが大切だという回答が返ってくるだろう。つまり、企業は全体としては三つのドライバーのうち、いずれか一つを大きな原動力としている（あるいは、しようとしている）が、部門によっては必ずしもそれが一致しない場合がある。

しかも、我々が相手にしているのは複雑なグローバル・カスタマーなのだ。部門により考え方が違うことはもちろん、地域や国によっても考え方が異なる場合がある。こうした顧客にはどう対処すればよいのだろうか？

❶この分析で明確な結果を出すことにあまり神経質にならないこと。どのビジネスも複数のドライバーを持っており、状況に応じて最も強いドライバーが変わる場合もある。

❷この分析結果の活用では、決まりきったマニュアル通りのものではない繊細さと柔軟さが必要だ。

❸時間によってビジネスドライバーが変化することを知ること。ある時点で明白なビジネスドライバーも、時の変遷とともに変わり得ることを自覚しておく。

❹サプライヤーの提供物が、顧客のビジネスに対して最も大きな影響を与えるポイントはどこか、最も大きな価値を生むポイントはどこかを特定すること。そのポイントで最も顕著なビジネスドライバーは何かを明確にすること。

❺顧客が自らのビジネスドライバーの特徴をどう定義しているかを知ること（現実問題として、これはかなり大変なことだが）。

この章の前半で紹介した、サーモンの卸売業者の例に戻ろう。この卸売業者に対してサプライヤーが提案した「透明のパッケージ」というソリューションには、何か問題はなかったのだろうか？　当初、卸売業者は、問題はロジス

ティックにあると考えていた。これは、彼らが自らのビジネスドライバーがオペレーショナル・エクセレンスであると定義しているかもしれないことを示唆している。しかし、サプライヤーが提案した透明のパッケージは、むしろプロダクト・リーダーシップに焦点を当てたものであったと言える。あるいは、カスタマー・インティマシーだと定義できるかもしれない。実際、このソリューションによって、オペレーショナル・エクセレンスはマイナスの影響を受ける可能性もある。

このため、これは素晴らしいアイデアではあるものの、顧客の心を冷えさせる可能性もある。この場合にサプライヤーが取るべき選択肢は二つある。

1. プロダクト・リーダーシップや、カスタマー・インティマシーを重視している顧客を新たに開拓して、このソリューションを販売する。ただし、こうした顧客がそのソリューション（たとえば透明なパッケージ）を必要としていない場合も考えられ、その場合は「押し売り」になる可能性があることに留意しなければならない。また、ソリューションに関心を示しても単なる関心で終わってしまう場合も多い。

2. ソリューションを再定義し、顧客の持つオペレーショナル・エクセレンスの向上心を刺激するような提案に作り変える。パッケージの均一化、包装の簡易化などが、より大きな意味を持つ。こうした文脈で透明パッケージを提案しなければ、この顧客には成功するアイデアとしては受け止められない可能性がある。

◉──4. 顧客の儲けの仕組みとは何か？
分析

アルビン・トフラーは「利益は、ソーセージのようだ。その中に何が入っているかをまったく知らない人に限って、それを賞賛する」と言った。彼がこう言ったとき、その対象は資本家や投資家だった。しかし、それは大きな企業で小さな歯車となって働いている大多数の人々にも当てはまる。利益とそれを生み出す仕組みは、GAM に携わる人間にとって決してミステリーであってはならない。GAM チームは、自らのビジネスが利益を生み出す要因を知ることで、

適切な商機を見極めるようにしなければならないし、顧客の利益を生み出す要因を知ることで、適切な提案ができるようにしなければならないのだ。

　利益を生み出す要因は、数多く存在する。図 5.5 に、製造企業が利益を上げるための要因を図示する。

　顧客はこの図に示した「標準的な選択肢」のいずれかを選択し、それに独自の要因を加味することができるだろう。グローバルな顧客の場合は「本社が決めたテーマ」に各地の支社が独自の味つけをし、バリエーションをつけることが頻繁に発生する。GAM チームは、この味つけの微妙なニュアンスを理解するように努めなければならない。そしてそれができたときに、GAM チームの競争力は高まる。

　しかし、それは顧客に尋ねれば十分な答えを得られるという類のものではない。顧客は、サプライヤーの提案を見て、その最も弱い点を突いてくる。典型的な交渉戦術だ。しかしそれは、大きく道を誤らせてしまう可能性を持っている。顧客に儲けの仕組みが何かを尋ねたところで、「安い価格で仕入れを行う

図 5.5　利益改善のための選択肢の例

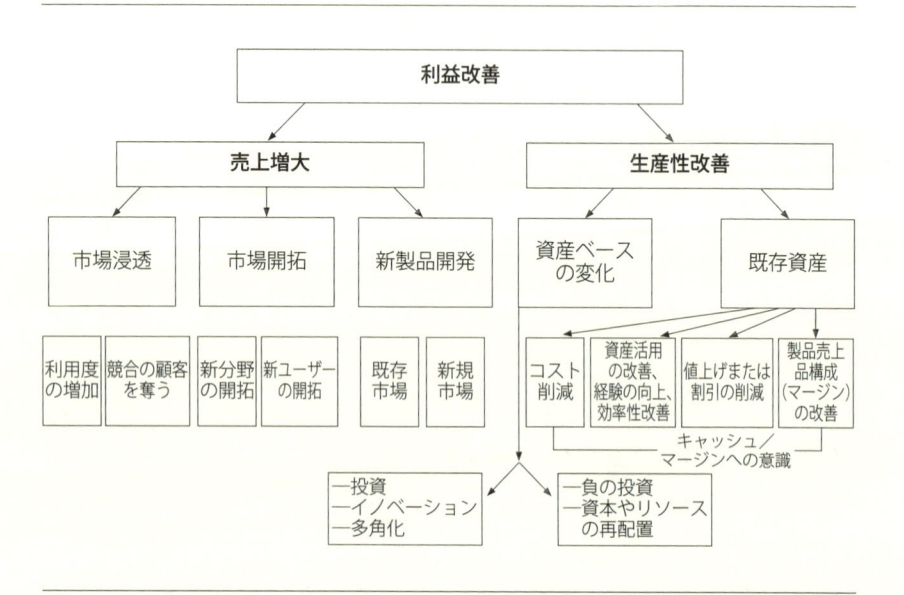

```
                           利益改善
                  ┌───────────┴───────────┐
               売上増大                生産性改善
         ┌───────┼───────┐         ┌──────┴──────┐
      市場浸透 市場開拓 新製品開発  資産ベース     既存資産
                                   の変化
      ┌──┐ ┌──┐ ┌──┐ ┌──┐ ┌──┐    ┌──┐ ┌──┐ ┌──┐ ┌──┐
      利用度 競合の顧客 新分野 新ユーザー 既存 新規   コスト 資産活用 値上げまたは 製品売上
      の増加 を奪う   の開拓 の開拓   市場 市場   削減  の改善、 割引の削減 品構成
                                                    経験の向上、          (マージン)
                                                    効率性改善           の改善
                                                  └────────┬────────┘
                                                   キャッシュ／
                                                   マージンへの意識
              ─投資            ─負の投資
              ─イノベーション    ─資本やリソース
              ─多角化           の再配置
```

ことが秘訣だ」というような返事しか返ってこない場合が多い。

　ヒントはいたるところにある。年次報告書、プレス発表、市への通知。顧客の営業スペシャリストとの会話からも、得るものが多いだろう。彼らが、自社の儲けの仕組みをよく理解しているのであれば、工場をフル稼働させるために安く大量の注文を必要としているのか、それともマージンの高い少数の品物を必要としているのかが、よくわかるはずだ。

結論を基に

　グローバルな戦略的パートナーになるためには、顧客の「儲けの仕組み」につながる価値を提案しなければならない。顧客の利益拡大に貢献できることを示さなければならない。しかも、顧客のビジネスの目的に沿った形で、顧客の「言葉」を使って。そうしなければ、サプライヤーは顧客に対して弱い立場であることを変えられない。真にグローバルな供給を維持することは難しく、単純な価格の問題になってしまいかねない。それは、グローバルな関係性が根本的に持つ危険性である。

　ウォルマートとテスコは同じような儲けの仕組みを持っている。両者は、スケールメリットを必要とし、「速さ」を重視している（高い回転率と、それによってもたらされる健全なキャッシュフロー）。利幅の薄い商品を取り扱うことも厭わない。なぜなら、スケールメリットと速さによってそれを補えるからだ。また、個々の商品よりも、商品カテゴリーを大切にしている。たとえば、ヘインズのベイクドビーンズは、缶詰野菜カテゴリーの一つの商品に過ぎない。この商品の売上よりも、缶詰野菜のカテゴリー全体の売上の方が重視されるのである。

　テスコやウォルマートに対し、大きな利幅を乗せられる商品を提供できるグローバル・サプライヤーであることをアピールしても、成功は期待できない。

　利幅の大きな商品を期待している小売業者は他にいる。特に専門店で、なおかつ小規模の業態の小売業者にその傾向が強い。たとえ利幅がゼロであったとしても、銀行口座に現金が振り込まれるというメリットがあると説得しても、独立系の専門小売業者には魅力的な取引とは見てもらえないのだ。

シェアド・フューチャー分析

●──この分析の目的

この分析では64個の、重要な質問に答える。この顧客は取引をするために努力をするだけの価値のある相手か、もしそこに疑問を感じた場合、努力を続けるべきなのか？　この問いへの答えを導くために、顧客の希望と恐れが何かを知り、それに対してサプライヤーとしてどう接していけばよいかを考えなくてはならない。顧客との一致はよい将来につながり、よくない一致は何かを改善しなければならないことを教えてくれる。

分析

この分析は、図5.6に示すフォームを埋めることによって行う。

これは一種のSWOT分析（強み：Strengths、弱み：Weaknesses、機会：Opportunities、脅威：Threats）である。しかし、一般的なSWOT分析よりも、よりシビアな分析手法をとる（SWOT分析には希望的観測や内部的な視点が含まれてしまう場合が多い）。シェアド・フューチャー分析では、顧客の機会と脅威（外部的な視点）とサプライヤーの強みと弱みとの関係を、顧客の視点によって分析する（最も現実的な手法）。

希望と恐れ

まず、サプライヤーとしての視点を脇に置いて、完全に顧客の視点になることから始める。これは、この分析の肝になる。今後、顧客が望んでいることは何かを考える。顧客の希望、顧客の目標は何か。繰り返すが、それはサプライヤーとしての立場から考えられたものであってはならない。あくまでも顧客にとっての希望であり目標は何かを検討する。決して、顧客がこう考えていたらいいのに、というサプライヤーとしての希望的観測が含まれてはならない。

次に、顧客の恐れは何かを考える。顧客を不安にさせ、夜の眠りを妨げているものは何か。

これらの問いに対する答えは、簡単には見つからない。もしわからなければ、すべてのGAMチームメンバーを総動員して顧客に直接尋ねるしかない。GA

図 5.6 シェアド・フューチャー分析

		今後、顧客が望んでいるものとは何か				今後、顧客が不安に感じているものは何か			
＋記号 顧客の望みを満たし、不安を低減する	－記号 顧客の望みを満たさず、不安を増加させる	1	2	3	4	1	2	3	4
我々の長所と見なされているものは何か	1		＋＋＋		＋			＋＋＋	
	2		「攻め」の対象				抵抗する		
	3	＋＋＋		＋＋					
	4						＋＋		＋
我々の短所と見なされているものは何か	1		「攻め」の対象の妨げにならないことを確認			－ － －		－ － －	
	2						解決するか、撤退するか		
	3			－ － －					
	4						－		

チームのメンバーと話し合う。顧客の年次報告書を読み、社内報に目を通してみる。これらの情報には、顧客の希望や目標が何かを知るための手掛かりが多く埋まっていることがわかるだろう。

　この分析は、この章を通して繰り返されてきた質問の要約であるとも言える。顧客の成長目標は何か、市場からの圧力はどういったものか、どこに機会を見出しているか、製品の成熟度合いはどの程度か、ビジネスを動かす要因を何に求めているか？　この分析は、複雑に絡み合う様々な分析の結果を一つにまとめ上げるためのよい手段であると考えることもできる。

顧客はサプライヤーをどう見ているか

　次に、サプライヤー自身について考えてみる。しかし、これも顧客の視点で行う。顧客はサプライヤーのどこを好んでいるのか？　サプライヤーの長所を顧客の言葉で定義したらどうなるか？　つまり、顧客は、顧客の夢を実現するためにそのサプライヤーから何を得ようとしているのか？　同様に、顧客がサプライヤーについて好んでいない点は何だろう？　サプライヤーの弱点は？

顧客が、顧客を不安にさせると思っているサプライヤーの特徴は何か？

　ここでも、顧客との対話によって答えを導くことが重要になる。しかし、それは慎重に行う必要がある。なぜならば、顧客が提示するのが様々な不満だけという結果になる可能性があるからだ。

　次のステップに進む前に、しばらく足を止めて素直に考えてみることが必要だ。これらの回答は、本当に顧客を喜ばせたり、不安にさせたりするものなのだろうか？　それとも、サプライヤーが勝手にそう思っているだけのものではないのか？　リストされたサプライヤーの長所と短所は、本当に顧客の目を通して考えられたものになっているのだろうか？　もし顧客がサプライヤーの真の長所を理解していなかったとしたら、それをリストに載せることはできないのだ。結果についての熟考が大切なのは、その結果によってサプライヤーが取るべき将来の方向性が定められるからだ。結果は、現状を正確に映し出したものでなくてはならない。

サプライヤーの貢献

　縦のコラムに注目してみよう（顧客の希望、興味、心配）。それに対応する、サプライヤーの長所、短所は何か。マス目の＋記号は、サプライヤーの長所が顧客の希望を満たしたり、不安を低減したりすると想定されることを表している（＋記号はサプライヤーの貢献度合いに応じて１〜３個まで記入できる）。同様に、サプライヤーの短所が顧客の希望を満たすものではなかったり、不安を増大させるものであったりする場合は、−記号を記載する。

●──結論を基に

　サプライヤーは、顧客の成長を手助けしているのか、それとも足を引っ張っているのか。

　マイナス記号の部分に注目し、それを解決できるかどうかを考える。そのためのコストはどれくらい必要だろうか？　いくらプラス記号がたくさんあったとしても、たった一つのマイナス記号によってそれが台なしになってしまうことがある。結果を基にしてサプライヤーがとるべき行動は、弱点の改善にある。しかしそれには時間を必要とする。顧客に、その事実を認識してもらうことが

重要だ。サプライヤーの方向性を顧客に認識してもらうことは非常に大切であり、悪い記憶が持続されるものであることを意識しなければならない。

　プラス記号を記入したところは、顧客に対してよりアピールしていくべきだ。顧客の希望を満たすことができることも価値があるが、さらに価値があるのは顧客の不安を低減できることだ。マイナス記号によってプラス記号が台なしにされてしまう原理と同じ考え方だ。最終分析では、顧客とサプライヤーが将来、「共有可能な将来」という考えに基づいて、プラス記号とマイナス記号を検討していく。あるいは、不足している点について激論を戦わせるべきかもしれない。ここで、投資としてのGAMという問題を考えなければならない。将来を感じさせる顧客に対しては、喜んで投資をするだろう。しかしそれは同時に、弱点を克服していくための投資も必要であることを意味している。その見極めは決して簡単ではないが、この分析の結果を大いに活用することが可能になるだろう。

　フランスの食品メーカーが、英国への進出を検討していた。このプランは公のものではあったのだが、大きな不安材料があった。そのため、食品メーカーはそれを声高に喧伝することを控えていた。同社が恐れていたのは、英国市場で頻繁に発生する食品の品質問題だった。もし何かの問題に巻き込まれてしまった場合、フランス本国のビジネスにも影響があるかもしれない。それが懸念材料だった。

　同社は、英国のサプライヤーを求めていた。英国でのビジネスの生命線ともなる素材やサービスを提供してくれるサプライヤーだ。いくつものサプライヤーがプレゼンテーションを行った。サプライヤーのなかに、すでにフランスでこの食品メーカーとビジネスをしている企業があった。そのため、この懸念事項についても理解を示していた。

　このサプライヤーは、顧客の視点に立って、何が自社の強みとなり、弱みとなるかを理解していた。弱みは、価格の高さだった。市場においても最も高い価格帯に位置するものだった。強みは、独自のトレースシステムにより商品の安全性を保証している点だった。商品に問題が発生したことはこれまでに一度

> もなかった。自社の強みと弱み、そして顧客の希望と不安を相対的に分析した結果、サプライヤーは何をアピールすべきかを明確に理解した。プレゼンテーションでは、製品の安全性を前面に押し出した。それが顧客の最大の関心事であることを知っていたからだ。言うまでもなく、契約を勝ち取ったのはこのサプライヤーだった。

●──競合を知る

　将来の指針を知るための大きな要因がもう一つある。シェアド・フューチャー分析の結果、プラス記号がたくさんあり、マイナス記号がわずかしかないとする。よいスタートだ。だが、もし顧客が競合他社と取引中だったり、取引を検討していた場合は、どうだろうか。中国の企業は、中国のサプライヤーと取引をしたいと考えているだろう。すでに競合と長期の契約を結んでいる顧客もいるかもしれない。このような場合にも、サプライヤーは自社の性質を正しく認識し、状況に立ち向かっていかなければならない。

　これはマネジャーが、その形態を問わず直面する問題だ。ローカルな顧客、グローバルな顧客を問わず、GAマネジャーは自社が顧客のシェアをどの程度獲得しており、競合はどこで、その競合のシェアはどの程度なのかを把握しなければならない。

　GAマネジャーのなかには、半分以上の取引先について、ほとんど競合を知らない場合もある。こうした知識の欠如は、単純な理由による。それは、売り手側が「競合についての話はしない」という暗黙のルールに従っているからだ。そして買い手の方にも同じようなルールがある（競合の魅力を誇張して引き合いに出すような場合を除いて）。結果として、シェアはおろか、競合の名前すら知らないということが往々にして見られるのだ。私も、買い手側としての経験があり、こうした状況を身をもって知っている。だが、少し勇気を出して、顧客に「よろしければ、競合はどこかを教えていただけませんか？」と聞くだけで、大きな情報を得られるのである。その問いに相手が必ず答えてくれるとは限らないが、よほどのことがない限り、正直に教えてくれるものである。

　この不十分な状況認識は、深刻な問題をはらんでいる。ビジネスを成長させ

るために必要な投資がいくらなのかが、見えにくくなってしまうのだ。シェアを 10% から 15% に上げるのと、90% から 95% に上げるのでは、同じ 5% であるにもかかわらず後者の方がはるかに難しいことは、誰もが理解できるだろう。

　グローバルな文脈では、単なるパーセンテージよりもさらに深い情報が必要になる。顧客は競合とどのような取引をしているのか（第 6 章）、競合のグローバルな能力をどのように判断しているのかを知ることが大切になる。こうした分析により、自社にとって障害となっているものは何か、他社との差は何かが明らかになる。こうして初めて、真の機会や将来とるべき行動が見えてくるのだ。

　グローバル・サプライヤーが、あるグローバルな顧客に対するシェアを拡大したいと考えた。そして、そのための最善の方法を、顧客が地方で取引している、小規模企業数社のシェアを奪うことに絞った。そう考えた理由は単純だ。地方の競合他社は、顧客であるグローバル・バイヤーの要求にはうまく対応する能力を備えておらず、顧客のグローバルな購買基準にそぐわないと思われたからだ。こうして、地方の競合を押しのけることによって、このサプライヤーは確実にシェアを拡大することができた。

　他にも案はあった。このサプライヤーは、すでに顧客にとってナンバーワンの存在だった。そこで、ナンバースリーに位置する競合に狙いを定め、そことの差を顧客にアピールしてシェアを奪うことが検討されたのだ。しかし、この案は採用されなかった。その理由も単純だった。この顧客は、メインのサプライヤー 3 社と取引をすることで、ビジネスのバランスを取るという方針を持っていたのだ。このため、このサプライヤーはナンバー 3 の競合に、あえて戦いを挑むという作戦を取らなかったのだ。

まとめ

　この章はとても長くなった。サプライヤーは、グローバルな顧客についての多くの質問に答えなくてはならない。それを行う時間は十分にあるだろうか？

しかし、そのための時間を費やさなければ、GAMにおいて成功する可能性が狭まるだけではなく、GAMを適切に実践するための最初の段階でつまずいてしまうことになる。

　ただし、この種の分析が大変な労力を伴う、言ってみれば「過剰な」ものであるという意見を持つ人がいても、私は驚かない。本章で紹介した分析は、すべてを必ず実践しなければならないものではなく、むしろこの分析のなかから適切なものを、状況に合わせて選ぶべきものだ。状況によっては、まったくこうした分析が必要ない場合もあるかもしれない。もし提供する製品の性質が本当にシンプルなものであるならば、こうした分析の多くは分析のための分析という結果になりかねないのは事実である。たとえば、設定すべき価格が火を見るより明らかな場合などだ。しかし気をつけなければならない。世界の市場に自らを単なる製品として売り込むことは、世界からもそのように見られてしまうということだ。十分な分析や戦略もなく市場に飛び込むことで、様々なリスクに晒されてしまうことを認識しなければならないのである。

第6章
グローバル・バイヤーを熟知する

UNDERSTANDING THE GLOBAL BUYER

　グローバルなバイヤーは、サプライヤーにとってためになる存在なのだろうか？　確かに、グローバルなスケールで決定権を持つ相手と取引をすることは、サプライヤーにとって様々なメリットがあるに違いない。ただし、それは顧客が真にグローバルな存在である場合に限られる。この点については、かなりの注意が必要だ。グローバルなバイヤーとして振る舞っているようでいて、実際にはその能力や権限を持たない顧客といくら取引をしても、グローバルなメリットを享受することはできない。
　真のグローバル・バイヤーと取引するメリットとしてまず挙げられるのが、そのスピードだ。サプライヤーは瞬時に、グローバルな機会が提供するメリットを最大限に活かすことができる。これはローカルなレベルでの取引では実現できない。他にも、グローバルなバイヤーと取引することで、ローカルなバイヤーからは決して得ることのできない、規模の経済のメリットが得られる。グローバル・バイヤーと取引を続ける限り、ビジネスはうまくいくように思える。
　しかし、いいことだけではない。グローバル・バイヤーは必ずと言っていいほど、グローバルな取引において値引きを要求してくる。彼らは価格と条件ばかりに注目しがちであり、サプライヤーは付加価値のある提案をしづらくなってしまう。グローバル・バイヤーのうち、真にグローバルな取引を約束してくれるものは、ごくわずかしかない。そのため、グローバルな取引を行うために払った様々な代償の結果としてサプライヤーが手にするのは、期待していた

ものとは異なる場合が多い（過去に同じ経験をしており、過度の期待をしていない場合は別だが）。サプライヤーはグローバルな形式で取引がしたくても、バイヤーが各国支社の事情を把握しきれていないため、結果的に取引が始まってから様々な問題に直面してしまう。グローバル・バイヤーとの取引が上手くいっていない場合に、それをよいものに変えていくのは難しい（特に競合がしっかりと顧客に入り込んでいる場合は）。最悪なのは、かつてはうまく取引できていたものが、現在はうまくいかなくなっている場合だ。この場合、関係を修復することは至難の業だ。顧客がマウスを一度クリックするだけですべてのビジネスを失ってしまう可能性もある。

　サプライヤーは、自社の提供物の長所と短所を明確に把握し、顧客のグローバル・バイヤーの信用を確かめ、自社の提供物がそれに与える影響を検討した上で、方針を決定すべきだ。顧客をグローバル顧客であると見なし、取引を行うべきだと判断したのなら、もう「グローバル顧客は我々にとって必要なのかどうか」という漠然とした問いに悩む必要はなくなる。

　取引のマイナス面ばかりにとらわれてしまう問題は、サプライヤーの防御的なアプローチが原因であることが多い。サプライヤーは、グローバル・バイヤーを相手にしたとき、その要求に抵抗するという反応をとりやすい。しかし、顧客がグローバル・バイヤーであることが明らかであれば、サプライヤーがとるべき選択肢は一つしかない。その顧客を理解しようと努めることだ。そしてその理解に基づいて、自社の提供物のうち、最大の長所は何かを考えるのだ。長所というよりも、顧客に最大の利益をもたらすものは何かと考えた方が正解を導きやすい（それでも、マイナス面が顕著であり、防御的なアプローチをとり続けるのが賢明と感じるのであれば、その顧客に対するGAMの実践それ自体が適切かどうかを再考すべきである）。

グローバル・バイヤーの野心と目的

　企業がグローバル・バイヤーを決めてサプライヤーと取引をしたいと考える背景には、様々な動機がある。

- 購買力を高めたい。
- 支配的な立場にあるサプライヤーの力を低減させたい。
- 最適な価格を獲得したい——グローバルなスケールの取引を行うことで、発注量を増加させ、適切な価格を獲得することができる。
- 購買処理を効率化したい。
- 各国に配置している購買スタッフの数を削減したい。
- サプライチェーンを効率化したい。
- 製品、サービスの均一性を実現したい——均一性は、グローバルな製品提供には欠かせない要素である。特にグローバルにブランド展開をする場合はそれが顕著である。
- 自社のビジネスをより効果的に管理したい。
- 各国支社における独自の「好ましくない」購買商習慣を撤廃したい。
- サプライヤーの数を絞り込むことによって、より効果的な管理を行いたい。
- 少数の主要／戦略的なグローバル・サプライヤーとより密接に取引をしたい。
- 主要／戦略的なグローバル・サプライヤーの能力を最大限に発揮させたい。

　このリストをサプライヤーの観点から見ると、よいものだと受け止められる側面もあるし、そうでないものもある。信用できる部分もあるし、そうでない部分もある。しかし、重要なのは、顧客の観点から見れば、これらはすべてよいもので、信用できる考え方であるということだ。そしてここに、悪循環が発生してしまう原因が存在する。たとえば、サプライヤーがグローバルな取引を、単に顧客からの値引き要求と同じものだと受け止めていたら、そのサプライヤーは顧客がより大きな展望と希望を持ってグローバルな取引を進めようとしていることを見失ってしまう。実際には、値引きは氷山の一角なのである。

この誤認識によって、サプライヤーはさらに価格を維持することに執着し、それが逆にバイヤーの価格へのこだわりを誘発してしまう。結果として、サプライヤーはグローバルな取引に失望してしまうのだ。

顧客がグローバル・バイヤーを通じて取引を行いたいという動機は、次の四つにまとめることができる。それぞれにおいて顧客が注目している項目を、かっこ内に記載する。

- 購買力──（価格、契約条件、レバレッジ）
- 業務効率性──（組織構造）
- サプライチェーンマネジメント（その実現）
- サプライヤー管理──（ポジショニング、合理化、主要／戦略的サプライヤー）

購買力──（価格と条件）

バイヤーは、グローバルな取引に際して値引きが可能な機会があれば、当然それを利用しようとする。そうすることは彼らの仕事でもあるし、それを正当化するだけの十分な理由があるからだ。グローバルな取引では、たいていの場合、取り扱うボリュームが大幅に増加する（単に各国支社での取引量を合計した以上のものになることが多い）。また、サプライヤーにとっても、グローバルな取引は大きなコスト削減を期待できる。本社での一括発注、一括処理によって、各国の支社と個別に取引する手間が省けるからだ。このため、サプライヤーにコスト削減の機会を提供する能力のあるバイヤーが、それに見合った値引きを相手に要求するのは妥当なことだ。また、一括で支払いが行われることもメリットになる。信頼のおける本社から入金が得られることは、信頼度にばらつきのある各国の支社から個別に入金してもらうために労力をかけるよりも、はるかに望ましいことであり、また支払い条件（期間など）についても、よい取り決めを得られることが想像できる。このため、サプライヤーとバイヤーは、グローバルな取引に際して、値下げを前向きに検討することができるのだ。

しかし、こうした値引きが単なるゲームとなり、儀式となってしまうことは

避けなければならない。値引きには、十分な知識を持って臨むことが必要だ。

　まず、各国における現状の取引規模を、正確に把握しなければならない。本社との一括取引で扱われようとしている規模との差はどの程度なのか。ローカルで取引をした場合と、グローバルで取引をした場合にかかる費用の差を明確に把握しているか。最も大切なのは、利幅について理解することだ。値引きによって利幅がどう影響を受けるのかを知らずに値引きを行うことはできない。

●──利幅を知る

　図6.1は、利幅と値引きの関係、および現状の利益を維持するために必要なボリュームの増加率を示したものである（例：現在の利幅が25％で、7.5％の値引きをした場合、現在の利益を維持するためにはボリュームを43％増やさなければならない）。

　この表に記載されているよりも低いボリューム増加率で取引をすれば、得られる利益は現状よりも少なくなってしまう。サプライヤーが現状の利幅を正確に把握しておらず（ローカルあるいはグローバルに）、バイヤーは必要なボリュームをはっきりと把握している場合、サプライヤーにとって分の悪い取引になる可能性が高い。目的が明確なバイヤーは、そうでないサプライヤーよりもよい取引ができるからだ。

●──コストを知る

　利幅だけではなく、顧客と取引することによって発生するコストを理解しているだろうか。コストを理解することで、利益がより明確になる。サプライヤーにとってGAMの実践は、様々なコストが発生する可能性を秘めている。もちろん、顧客はそれらのコストについてはまったく関心など払ってくれないのが常である。当然、これらのコストも利幅と合わせて考慮されるべきだ。

●──顧客の能力を知る

　どのような交渉であれ、知識は力になる。顧客に関する情報を、どれだけ入手しているか点検してみるべきだ。顧客のグローバル購買部門の特性、動向を汲み取るのだ。権限はどの程度か、うまく機能しているか、十分な信頼が置け

図6.1 値引きとボリューム交渉──利益への影響

現在の利幅率（%）

値引き率（%）	10	15	20	25	30	35	40	50
2%	25	15	11	9	7	6	5	4
3%	43	25	18	14	11	9	8	6
4%	67	36	25	19	15	13	11	9
5%	100	50	33	25	20	17	14	11
7.5%	300	100	60	43	33	27	23	18
10%		200	100	67	50	40	33	25
15%			300	150	100	60	43	33
20%				400	300	133	100	66

現在の利益を維持するために必要なボリュームの増加率

るか。これらについて十分な情報を仕入れた上で、グローバル取引の交渉の場に臨むべきだ。

●──価格を管理する（グローバル、ローカルを問わず）

　もし、顧客の望みが値引きだけに集中しているとしたら、顧客は様々な戦術をとることができる。たとえば、グローバルな取引の場で値引き交渉をする前に、まずはローカル・レベルでサプライヤーと取引を行う。そしてその取引を通じて、そのサプライヤーとの取引における価格情報を収集する。次に、これらの情報のなかから、もっとも低価格で取引を行っている支社の情報を基準にして、グローバルな取引を要求してくるのだ。

　顧客がこの「低価格」作戦をとる場合、当然その価格はサプライヤーにとっては最も低いコストでビジネスを行える市場で提供している価格ということに

なる。そして顧客は、その価格でのグローバルな取引を主張しているのだ。一般的に、コストについて顧客と話し合うことはよいことだ。その議論のなかから、顧客のコストを削減するための方策が見出せることもある。しかし、サプライヤー自らのコストについての話は別だ。コストが価格に反映している以上、サプライヤーはコストの妥当性を必死で正当化しなければならなくなる。もしそれに失敗すれば、手練手管の顧客の思うツボにはまり、結果的に利幅を減らす形での取引になりかねない。

世界各地において、自社がどのような価格で顧客と取引をしているか注意深く観察しておく必要がある。たとえ相手が「単にインターナショナルな」企業であっても同じだ。サプライヤーがダンピング市場だと捉えている市場での価格を、顧客は目ざとく見つけようとするものなのである。

● ――価格か、バリューか

「バイヤーとは、価格についてはすべてを知っているが、バリューについては何も知らない人のこと」――これは、古い定義である。新しいタイプのバイヤーは、バリューに敏感である。バリューを重視するタイプのバイヤーの登場は、付加価値の高い製品やサービスを提供するサプライヤーにとっては、よいニュースのはずだ。逆に、バリューの低い製品を低価格で提供しようとしている旧態依然としたサプライヤーにとっては、悪いニュースになる。

しかし、新タイプのバイヤーがローカルなレベルで重視してきたバリューは、グローバルなレベルで取引を開始する際に、あっさりと忘れ去られてしまうことがある。シンプルなローカル環境では、バリューを重視していたバイヤーも（ローカルな顧客の声を聞く機会が豊富なこともその要因だ）、舞台がグローバルになり環境が複雑になって、顧客の顔が見えない立場になると、とたんに粗い尺度で取引を測ろうとする。その粗い尺度とは、もちろん価格のことだ。

良いサプライヤーは、バイヤーが困っていることを認識し、それを手助けしようとするものである。つまり、サプライヤーは、自らが持つローカルなレベルの知識をバイヤーに提供することで、バイヤーが直面する複雑な問題を軽減しようとするのだ。バイヤーに多くの選択肢を与えることで、よりよい決定を行う手助けをする。もし顧客に価格ではなく、バリューに基づいた判断をして

ほしいのなら、サプライヤーはバリューを測る手段をバイヤーに提供しなければならない。

図6.2に、価格とバリューがいかに異なるか、どのようにして顧客にそのバリューを伝えればよいかの例を示す。

価格のみに注目するバイヤーが購入するプリンターは、モデルAになるだろう。最も価格が安いからだ（有名ブランドのものであることも考えられる）。しかし「安物買いの銭失い」という言葉を忘れてはならない。安物の靴、ベッド、車を買ったときにそれがどういう結果をもたらすか、誰もが知っているはずだ。実際には、2番目に高い価格のプリンター、モデルCが、長いスパンで見れば最もバリューの高い製品である。なぜなら、カートリッジとトナーの費用が、他と比べて格段に低いからだ。モデルCのプリンターの営業担当者は、この点を強調するに違いない。しかし、買い手は、営業担当者の単なる売込み口上だけではなく、そのバリューが一目瞭然にわかるものがほしい。それがこの図の右端に記された数値だ。これは、各プリンターを使って、1ページを印刷するためにどれくらいのコストがかかるかを表している。この図の例では、

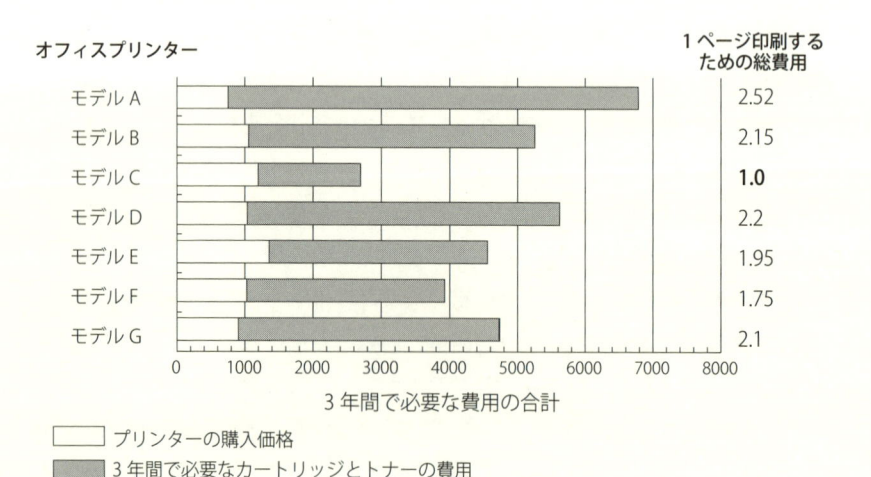

図6.2　バリューを計測する

オフィスプリンター	1ページ印刷するための総費用
モデルA	2.52
モデルB	2.15
モデルC	**1.0**
モデルD	2.2
モデルE	1.95
モデルF	1.75
モデルG	2.1

3年間で必要な費用の合計

□ プリンターの購入価格
▨ 3年間で必要なカートリッジとトナーの費用

非常にわかりやすい形でプリンターのバリューを理解することができる。そしてこの例で大切なのは、そのバリューが顧客にとって非常に関心度の高い点と密接になっているところだ。売り手はプリンターの価格、トナーの費用について、買い手に細かく説明する必要はない。顧客が一番知りたがっている、トータルなコストについて説明すればよいのである。

　このように、複雑な情報を解きほぐし、単純な形にして顧客にそれを提示することは、グローバルな取引においてとても重要になる。このとき、そのバリューを計測する基準も、グローバルなものに基づいていなければならない。たとえば、顧客がグローバルなホテルチェーンを展開している企業だった場合、プリンターのサプライヤーは、どのような提案をすればよいのだろうか。「世界各国で何軒ホテルを経営されていますか？」「各ホテルの平均客室数はいくつですか？」「利用率はどのくらいですか？」「客１組当たりの平均レシート発行枚数はどのくらいですか？」、こうした単純な質問をいくつか行うだけで、顧客が世界各地のホテルチェーン全体で年間に何枚のレシートを発行しているかを知ることができ、そしてサプライヤーのプリンターを使うことで、どれだけのコストを削減できるかを提示できるようになるのだ。

業務効率性――（組織構造）

　バイヤーにとっての天国とは、椰子の木の立ち並ぶ南の島ではない。本当の天国とは、購買の権限が強化され、業務効率性の向上が期待される場所のことだ。各地が持っている購買の権限を一つに集約することは、購買力の強化を意味する。同様に、各地の購買業務を一つのグローバルな業務に集約することも、業務効率性の向上を意味する。

　購買行為にもコストがかかることを忘れてはならない。購買担当者にも給料が必要だし、購買のためのオフィスの維持費も必要だ。経費削減のために営業チームを縮小したり、重要顧客を特定して絞り込んだ顧客のみにエネルギーを投入したりするのと同じことを、購買部門でも行うべきなのだ。各国の購買管理業務を中央に集約できれば、大幅にコストを削減できるだけでなく、レバレッジが拡大するのである。

しかし、この戦術には問題が付随する。必要な知識の不足だ。具体的には、ローカル・レベルにおいて必要な知識が、中央集権的なグローバル・バイヤーに不足する。数年前、私のクライアント企業が、購買機能をグローバル化することに決め、その機能をイタリアに置くことにした。同社の英国支社の購買部門は、削減の対象になった。英国支社の購買担当者は言った。「イタリア支社の人間には、まともに英語も通じない。にもかかわらず、必要なローカル情報をすべて送れという。どうせ送った端から忘れていくに違いないのに……」。グローバル・バイヤーには、様々な事情が考慮されて、大きな権限が与えられている。サプライヤーはこうした顧客の社内のポリティカルな事情を無視するわけにはいかず、かつグローバル・バイヤーの仕事の妨げにならないようにしなければならない。

購買対象がより専門的なものになるほど、グローバル・バイヤーにとってローカル・レベルの特異性を理解することが難しくなる。このため、まずは、より扱いが簡単な日常品やそれに近い製品を取り扱うという簡単な選択肢を選ぶことになる。しかしこれは、専門的な製品についてはこれまでと同じようにローカルな取引を続けて行うことを意味しているのではない。バイヤーは、専門的な製品もグローバルに購入したいと思っている。しかし、そのためには手助けが必要なのだ。その手助けをするのは誰か？　バイヤーの各国支社の社員なのだろうか？　サプライヤーにとっての競合他社なのだろうか？　違う。それは、ほかならぬサプライヤー自身のはずだ。

しかし、最も単純だと思われる製品であっても、グローバルに購入することによって、問題が発生してしまう場合がある。例を示そう。

　　欧州各地に製造拠点を持つ大手の化学製品メーカーがあった。同社は、製品の出荷に使用するために、205リットル用の樽状容器を各国のサプライヤーから大量に購入していた。容器は、各地の支社が地元のサプライヤーから独自に購入していた。このため、支社によって価格や納期などに大きな違いがあった。このように、単純な機能しか持たない製品購入のために多くの経費がかかっており、それが問題視された（205リットル用容器はその一例にすぎなかった）。

そこで、同社はグローバル購買の制度を導入した。グローバル・バイヤーは、さっそく状況の改善に取り組んだ。205 リットル用容器は、最も簡単に解決できる問題のように思えた。欧州全土をカバーする能力のある容器サプライヤーと新たな契約を結び、価格もこれまでより数万ユーロ抑えることができた。すべては順調に進んだ。

　ところで、「205 リットル用容器」は、どこのメーカーのものでも同じだと思うかもしれない。もちろん、容量はどの容器も同じだ。しかし、人間と同じように、容器にも背の高さや幅に違いがある。各支社では、購入する容器の形状に合わせた格納庫やスペースを保有していた。たとえば、ある支社の格納庫は、現地のサプライヤーから購入した容器を四つ上に積み上げたものと同じ高さになるように設計されていた。しかし、グローバル・バイヤーによって購入された新しい容器は、従来のものよりもわずかに背が高く、薄い形をしていた。いくつかの支社で、たちまち問題が発生した。サイズが合わないのだ。それでも、各支社はなんとか新しい容器で業務を続けようと工夫を凝らして奮闘した。新しい容器の導入から半年が経過し、社内の調査グループが新しい容器の導入に応じて必要になった収納費や処理費を計算した。結果、グローバル購買によって削減できたものよりもはるかに多くの費用が発生していることが判明した。つまり、この化学製品メーカーは、グローバル購買で失敗してしまったのである。

　よいグローバル・サプライヤーは、顧客がよいグローバル購買をできるように支援する。この例では、それはローカルな情報を顧客に提供することだ。変化を恐れ、黙って下を向いているのではなく、顧客の望みは何かを積極的に知ろうとし、そして問題に挑戦するべきだ。この例では、以下のような選択肢をとることが考えられる。

- 購入すべき容器の判断材料となるローカル情報を顧客に提供する。
- 中央での一括購入は行うが、適切なタイプの容器を適切な場所に納入することをサプライヤーが支援することを認めてもらうようにする（このようなサービスは非常にバリューが高く、サプライヤーがグローバルな契約を

得られるチャンスも高まる)。
- バイヤーに対してアドバイスし、容器のグローバル購買を行う前に、各支社の格納庫や収容スペースのサイズの確認、変更を行うようにする。それにより顧客は中央での一括購入による恩恵を得られる。

　これは、GAM チームが顧客の置かれている状況を顧客よりも理解することの大切さを示すよい例である。GAM チームは、こうした知識を活用して顧客とサプライヤーの両方にメリットがもたらされるようなソリューションを提供すべきだ。この例には、学ぶべき大きな教訓がある。顧客が購買をグローバルな一括方式に変えたからといって、サプライヤーが持つローカルな人や情報が不用になるわけではないということだ。現地から入手可能な情報を持つことが、サプライヤーをグローバル・バイヤーと取引できる位置に押し上げる。変わるのは、現地の役割だけである。現地のサプライヤーは、忙しく注文書を書いたりすることはなくなるかもしれない。しかし、これからはより重要な役割が求められる。それは、GAM チームの目となり耳となることだ。
　図 6.3 に、グローバルな購買処理のために企業が取り得る組織構造のオプションを示す。それぞれの組織形態は、良い点と良くない点を持っている。

ローカル購買方式
　最も一般的なモデル。各地がそれぞれのやり方で購買を行う。バイヤーにとっては、各地の事情に合わせた購買が可能になるというメリットがある。しかし、企業全体の購買力は分散化し、購買に要する費用も増大する。売り手にとっては、地元での顧客との密接な関係を維持するにはよいが、売るための費用は高くなり、各地でよい取引を行うためには、それなりの労力が必要になる。

リードバイヤー方式
　ある拠点が購買のすべての責任を持つ。バイヤーにとってはコスト削減にもなり、購買を担当する部門の専門性が高まるという利点がある。しかし、各地の違いが障害となる可能性もある。売り手にとっては、リードとなる拠点とよい関係を持っていた場合には、この方式は歓迎すべきものとなる。しかし、そ

の逆であった場合の結果は悲劇的だ。

共同購買方式

　購買処理のための専門組織が設置される。コスト削減と購買力の向上が大きな長所になるが、ローカル・レベルで必要な情報力は低下し、中央が不適切な決定（ローカルな視点から見ると）をしてしまう場合もある。売り手にとって、この専門組織との交渉は厳しいものになる。特に価格ではなくバリューを売り込もうとする場合、その難しさは増す。ただし、その顧客のすべての支社に対して一度にアクセスする機会を得ることはできる。

共同購買サービス方式

　中央の機関が、管理的な役割を担う。各地への指示を出したり、各地からのリクエストを受けつけたりする。バイヤーは購買力を高めることができると同時に、ローカルの需要を尊重することもできる。逆に、ローカルな購買機能を維持しなければならない点が、コスト上のマイナス面となる。売り手は、ロー

図6.3　購買組織の4方式

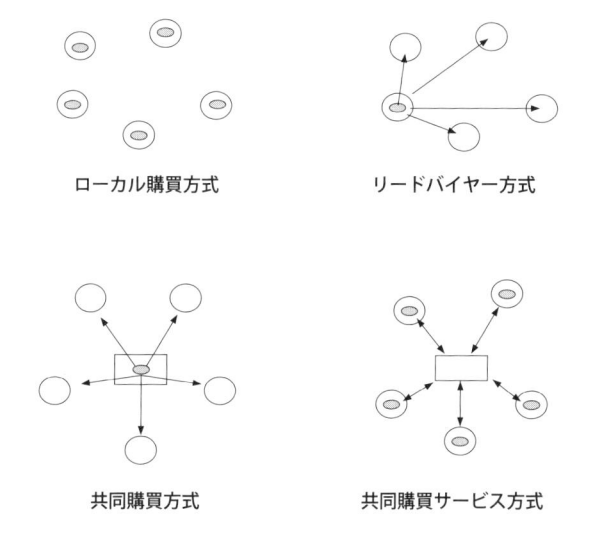

カルと中央のバランスをうまくとった提案をしなければならないが、付加価値の高い製品やサービスを持っている場合には、歓迎すべき状況だと言える。

ここに挙げた四つ以外にも、様々な形態の組織が考えられる。サプライヤーは、まず顧客の望みが何かを明らかにすることが求められる。その望みを現実化するためには時間が必要なことを認識し、顧客が選択した結果の背後にある動機を推測し、その選択が顧客と自らの両方にもたらすメリットとデメリットを予測する。そして両者にとって最善となる答えを求めるのだ。

サプライチェーンマネジメント（その実現）

バイヤーはサプライチェーンに関心を持つ（サプライヤーはそれほど関心を持たない）。なぜなら、サプライチェーンの流れを上流と下流の両方向から見ることができる立場にあるからだ（バイヤーがこの2方向の視点を持つようになったのは近年の傾向である）。図6.4を見てみよう。

　バイヤーは常に、サプライチェーンの流れの反対側、つまりサプライヤーの方向を見なければならない。価格、納期などの交渉をするためだ。しかし新しいタイプのバイヤーは、同時にサプライチェーンの流れと同じ方向をも視野に入れている。つまり、バイヤーにとっての顧客の方向を見ているのだ。新しいタイプのバイヤーは、サプライチェーン全体によい影響を与えるために、何をどのように買えばいいかを考える。新製品開発の速度を上げるためには、革新的な素材を購入したり、テストやパイロット製品開発の工程においてサプライヤーの積極的な支援を求めたりすることができる。製造コストを削減するためには、再加工の手間がかからない素材を購入することもできるし、生産量を高めるために、品質が高く、加工処理を速く行える素材を購入することもできる。製品価値を高めるためには、品質を上げ、より均一性を高めることができるような素材を購入することもできる。顧客満足度を高めるためには、欠陥が少なく、顧客が本当に製品に組み込まれることを望んでいる素材を購入することができる。

　これらを実践するのは簡単ではない。また、すべてのバイヤーがこのような

図6.4　新旧バイヤーのタイプと、それぞれのサプライチェーンに対する視点

古いタイプのバイヤー：価格と納期のことばかり気にしている…

> サプライヤー > 購買 > 研究開発 > 製造 > 販売 > 顧客 >

…価格と納期については　　新しいタイプのバイヤー：迅速なNPD（新製品開発）、
同じく注目している…　　　低い製造コスト、高い製品価値、顧客満足度にも注意を払う…

考えを持っているわけでもないし、すべてのサプライヤーがそれに応えられるわけでもない。しかし、サプライヤーのなかには、顧客のサプライチェーン全体によい影響を与える力を持っているものもいる。こうしたサプライヤーは、新しいタイプのバイヤーと同じ視点で積極的に話し合う。サプライヤーが、バイヤーと同じ意識を持っている限り、こうした話し合いは実り多いものになる。バイヤーが持つ大きな視点を共有できたとき、サプライヤーはそのバイヤーの意識が、よりサプライヤーと近いものであることに気づくだろう。そうなればバイヤーは、もはや価格だけに関心を持ち、バリューについては何の知識も持たない人間ではなくなる。

　バイヤーがサプライヤーと同じような視点を持つようになる原因については、二つの点が考えられる。まず、バイヤーが、自社のサプライチェーンに関連する様々な部門を、顧客と同様の存在として捉えるようになるということが挙げられる。研究開発部門、製造部門、物流部門、販売・マーケティング部門などを、ある種の顧客として扱うようになるのだ。

　次に、バイヤーの役割が、単にサプライヤーとの取引をするだけではなくなることも挙げられる。サプライチェーン全体をよりよくしていくという目的のなかで、バイヤーもチェーンにおける重要な役割を担う存在になる。サプライヤーと商談をまとめ、その後のことには関心を示さないという態度ではうまく機能しないのだ。

　ただし、これはあくまで理論である。グローバルな文脈においては、その

実践は困難を極める。物理的に離れた場所にいること、関わりを持つ組織の数が非常に多くなることなどがその要因だ。だが逆に、だからこそグローバル・サプライヤーには顧客を支援するための機会が与えられているのだ。バイヤーとその顧客がよりよい関係を築けるように、様々な手を打つことができる。

サプライヤーは、こうした機会を目の前にしてひるんでしまうことがある。バイヤーの求めていることを聞き違えてしまうことが多いのも、その原因になっている。つまり、バイヤーが関心を持っているのはコストなのに、それを価格の話だと取り違えてしまうのだ。前述したプリンターの例でも説明したとおり、価格とコストは大きく異なる。サプライチェーンを両方向から捉えている新しいタイプのバイヤーなら、この二つを混同することなどないはずだ。サプライヤーはこの新しい局面を大いに利用すべきだ（ただし、だからと言って価格交渉が常に簡単なものになるとは限らないのだが）。

サプライヤーを管理する（ポジショニング、合理化、主要／戦略的サプライヤー）

バイヤーが直面しているのは、売り手と同じ問題だ。それは「あまりにも多くの選択肢があり、それを選ぶための時間はあまりにも限られている」というものだ。選択肢とは顧客のことである。どの顧客に注目してもらうべきか――それが大きな問題だ。

90年代の後半は、あらゆる業界の企業の購買部門にとって、大きな変革が訪れた時代だった。企業は、その「供給ベース」を、ある明確な基準に基づいて優先づけすべきだという考え方が広まったのだ。当時、企業の多くが気づいたのは、購買部門がその8割以上の時間を費やしていたのは、大きなバリューを提供するにはほど遠いと思われる、あまり重要とは見なされないサプライヤーの管理だったという事実だった。重要度が高く、大きなバリューを提供してくれるサプライヤーに対しては、ごくわずかな時間しか費やしていなかったのである。

この考え方が表面化してきた背景には、次の三つの観点に基づいた研究成果があった。

- 供給ベースの合理化
- サプライヤーのポジショニング
- 主要／戦略的サプライヤーを管理

　企業がこうした望みを持つようになった背景には、有望なグローバル・サプライヤーに対して、より注目すべきだという考えがあった。優れたグローバル・サプライヤーの存在は、グローバル・バイヤーの戦略を実現するために、欠かすことができないものであるからだ。

●───供給ベースの合理化

　かつて、バイヤーがサプライヤーから、ある月に何をどれくらい購入したかを知るには、サプライヤーに情報を提供してもらう必要があった。しかし、今日では、マウスボタンを操作するだけで、グローバル・バイヤーは自らがその日の朝にサプライヤーからどこで何をどれだけ購入したかを知ることができる（そのためにサプライヤーの多くは、顧客から「なぜ場所によって価格が違うのか？」という耳にしたくない質問をされてしまうことになる）。

　このような情報を入手できるようになったバイヤーが、同じような製品やサービスを購入するために、あまりにも多くのサプライヤーを利用しているのではないかという疑問を感じたとしても不思議ではない。そして、それが供給ベースの合理化という発想につながるのだ。

　バイヤーは、取引先のサプライヤーの数を制限しようとする。その理由はいくつも考えられる。現在取引をしていないものを含めた取引先の一覧表を作り、代わりの取引先がいることを絶えずちらつかせることで、現行のサプライヤーにプレッシャーを与えることができる。また、その候補となったサプライヤーは、なんとか取引をしたいと努力をする。そして、バイヤーは少数のサプライヤーを相手にすることで、無駄な管理コストを減らすことができる。

　以前なら、サプライヤーの選択は、親近感や取引実績、個人的な好き嫌いなどで決められていたかもしれない。しかし現在では、この決定はデータに基づいて行われるようになってきている。たとえば、「スペンドマップ」という形式の分析手法が用いられている。

スペンドマップ

スペンドマップには、ある製品のサプライヤーのすべての情報を記載する。世界各国のサプライヤーを、その取引規模に応じてグラフ化するのだ。図6.5を参照していただきたい。

この分析結果を基に、バイヤーは長期的なサプライヤー管理戦略を開始する。3年間をかけてそれを実施する場合について検討してみよう。

1年目。「小物」との取引を停止し、サプライヤーをグローバルな4社（取引規模の大きな順番に、A、B、C、D）に絞り込む。これにより、取引コストを大幅に削減できる。それまで「小物」と行っていた取引は、サプライヤーCとDに移行させる。このとき、最も取引規模の大きな2社である、AとBにはそれらを移行させないように注意する。それには二つの理由がある。まず、サプライヤーCとDは、それぞれ3番手と4番手であり、まだまだ新たな取引の拡大に対してハングリーな精神を持っている。A社にとっては5％に過ぎない売上拡大も、D社にとっては25％の拡大を意味する。どちらのサプライヤーが、この新たな機会に際して値引きに意欲的になるかは考えるまでもないだろう。2番目の理由は、CとDを強化することによって、2年目の「入札」段階に備えるためだ。

2年目は、同等の取引規模を持ったサプライヤー4社による、対等な力関係を構築する年だ。バイヤーは、サプライヤーがそれぞれこの4社の内の1社であることを自覚させることに気を使わなくてはならない。サプライヤーと顔を合わせる度に、サプライヤーにそのことを認識してもらうように努める。バイヤーはこれを「サプライヤーの調整」と呼ぶ。サプライヤーは1年前には見られなかった努力をし始める。以前なら、1、2番手にいたサプライヤーはその地位に甘んじて意欲を失い、3、4番手にいたサプライヤーは努力をしても無駄だと最初からあきらめていた。しかし、今では4社それぞれが同等のチャンスを前にしている。もしこの状況でサプライヤーCが取引の一部を失い、A、B、Dのいずれかにその取引が流れてしまうかもしれないとなったら、Cは必死でそれを取り戻そうと、値引きをし、条件やサービスの向上に努めようとするだろう。

3年目はエキサイティングな年になる。グローバル・バイヤーは、サプライ

図6.5 バイヤーのスペンドマップ

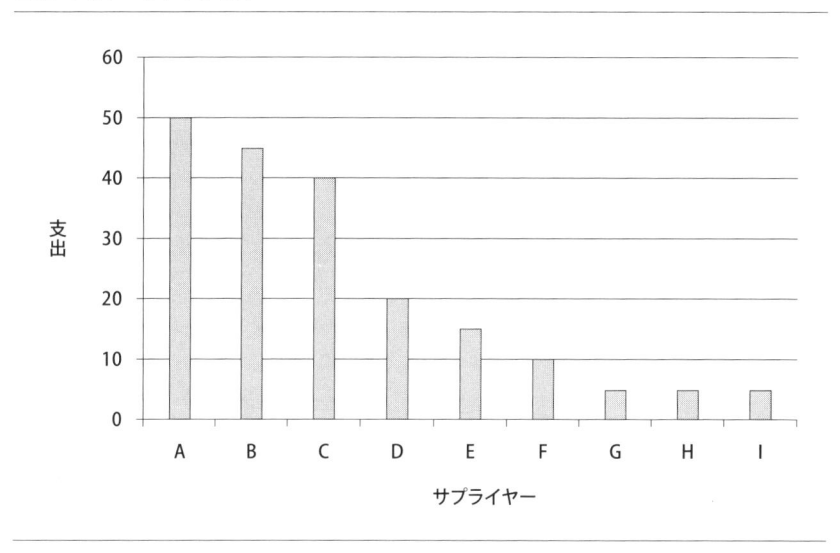

（縦軸：支出、横軸：サプライヤー）
A：50、B：45、C：40、D：20、E：15、F：10、G：5、H：5、I：5

ヤーの数をこれ以上減らしたくはないと思っている。たとえば、2社に減らしてしまえば、「たくさんの卵を少数のカゴに盛る」ことになってしまい、リスクが増大する。サプライヤーが2社しかなければ、グローバル展開において必要な、製品やサービスを受けることもできない。このような事態を避け、供給ベースを「公正な」状態に保つよい方法がある。それは、新たにサプライヤーGを取引先に加えることである。Gは、1年目にカットしたサプライヤーの中から選ぶ。Gは、当然のようにベストな価格、条件を提示して取引を拡大しようとする（2年間取引がなかった顧客との取引が復活したら、張り切るのは当然だ）。この年がエキサイティングな1年になるのは、ここからだ。バイヤーはサプライヤーAに近づき、こう切り出すのだ。「Gには、貴社と比較すれば10分の1の規模の取引しかしていない。だが、価格は安いし、納期も早い、そしてサービスもよい。これはどういうことだろう？ 率直に言うと、Gの社員の方が貴社よりもさわやかな笑顔を投げかけてくれる。だから、Gとはもっとたくさんの取引をしたいと考えているんだ。しかもかなりの量のね」

　もちろん、これはゲームだ。そしてこのゲームに勝つのはバイヤーと相場が決まっている。

このプロセスは循環する。合理化、再導入、さらなる合理化。目的はサプライヤーを「公正な」状態に保つことだ。効果はてきめんだ。さらにテクノロジーの発達がこれに輪をかける。以前は、サプライヤーの数が多くなればそれだけ管理コストも増大するので、バイヤーが情け容赦なく新しいサプライヤーを再導入する数にも制限が加えられていた。しかし、インターネットを利用した購買処理などのテクノロジーが向上したおかげで、バイヤーはより多くのサプライヤーにアプローチし、検討し、取引をし、そしてまた取引を停止することが、以前に比べて低いコストで行えるようになった。

しかし、もしこれがサプライヤーにとって勝ち目のないゲームなのであれば、どのようにすればバイヤーの餌食になることを避けられるのだろうか？ その謎を解く鍵は、次に検討する概念「サプライヤー・ポジショニング」の中に隠されている。

●──サプライヤー・ポジショニング

バイヤーが、サプライヤーの規模だけを考慮してその選別を行うのであれば、結果は悲惨なものになる。たとえば、前のセクションで説明した合理化戦略において、バイヤーがサプライヤーFとの取引を停止したとする。しかし、Fが特定のバリューがあるサービスを唯一提供するサプライヤーだったとしたらどうなるだろうか？ 同じように、取引を停止されたサプライヤーHには独自の長所があって、バイヤーはHとの取引停止により、それを失ってしまったとしたら（しかも、Hが競合との取引を開始してしまったとしたら）？ さらに、サプライヤーA、B、C、Dの4社は、規模は大きいものの、それに比例するかのように対応が鈍く、創造性が足りないとしたら？

このような理由により、現在では、バイヤーはサプライヤーのサイズを複数データのうちの単なる一つであると考える。代わりに、大手企業の購買部門では、次に示す図6.6のような表を使ってサプライヤーの分析を行っている。

この分析は別な用語を用いて行われる場合もあるし、軸とその向きが異なっている場合もある。しかし、分析の目的はどれも同じだ。それは、サプライヤーをバイヤーから見た優先度と管理手法に基づいてカテゴリー分けすることだ。

サプライヤーは二つの観点から分類される。水平方向の軸は、客観的で単純

な基準に基づいている。つまり、取引規模の大小だ。対象となるのは、バイヤーにとって、関連するすべてのサプライヤーでもあり、特定の製品タイプのみを扱うサプライヤーでもあり、さらに細かく、特定のプロジェクトや顧客向け製品のサプライヤーに区切ってカテゴリー分けを行う場合もある。対象を細かく区切るほど、企業規模としては小さなサプライヤーであっても、軸の右側に位置することが多くなる。このようなサプライヤーは、特定のプロジェクトや製品という枠組みの中では、取引規模が大きいと見なされるからだ。

縦軸には、より主観的な判断が含まれる。サプライヤーをその重要度に応じて配置するのだ。この判断には様々な要素がある。地理的な近さ、取引しているサプライヤーの数、サプライヤーを変更した場合にビジネスが軌道に乗るまでの予想期間、ブランドの価値、サプライヤーの資金的基盤の強弱、イノベーション能力、提供する様々な価値、などだ。バイヤーの視点では、重要性の高いサプライヤーは、同時にリスクの高いサプライヤーであるとも言える。たとえば、現状の取引が複雑なため、そのサプライヤーとの取引を停止して別のサプライヤーとの取引を始めようとすれば1年はかかりそうだと判断した場合、そのサプライヤーの重要性は高くなるが（このサプライヤーのパフォーマンスがよければ評価はポジティブなものになるが、悪ければネガティブなものになる）、同時にリスクも高まるからだ。

図6.6 サプライヤー・ポジショニング

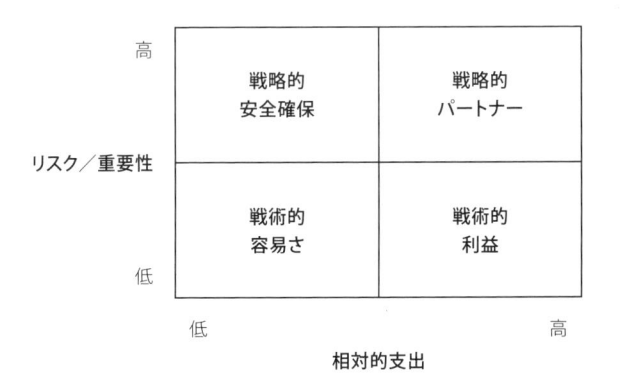

リスク／重要性	低 ← → 高	
高	戦略的安全確保	戦略的パートナー
低	戦術的容易さ	戦術的利益
	低	高
	相対的支出	

四つのマスにそれぞれ与えられた用語は、バイヤーがサプライヤーにどうアプローチすればよいかを表している。

左下——戦術的／容易さ

この位置に属するサプライヤーは「小物」であり、バイヤーのビジネスにとって大きな影響を与える存在とは見なされていない。にもかかわらず、バイヤーはこれらのサプライヤーの管理に80％以上もの時間を費やしている。バイヤーは、これらのサプライヤーとの取引を合理化することによって、この状況を改善しようと考える。場合によっては、この位置に属するサプライヤーを1社にまで絞り込むこともある。1社にまで合理化してしまえば、リスクは当然高まる。しかし、前述したようにこの位置に属するサプライヤーの重要性は低く、リスクは元々低いのである。

合理化と同様、購買処理そのものをアウトソースしたり、統合した購買グループに委譲したりする場合がある。グローバルな購買処理における皮肉な現象がある。この位置に属するグローバル・サプライヤーは、比較的小規模で重要性が低いと見なされているが、購買のグローバル化が進むにつれて企業はローカル・レベルでの購買を排除しようとするため、この位置にいるサプライヤーがそのまま存続する可能性も高まることである。

この位置にいるサプライヤーが生き残るためにとるべき方策は明確だ。それは、「顧客にとって容易な存在になること」だ。顧客にとってビジネスをしやすい相手になること。それは、時には顧客の代わりに購買処理を行うことも含まれる。

右下——戦術的／利益

この位置に属するのは取引規模の大きなサプライヤーだ。しかし、重要性という意味では低く見られている。一次産品や日用品を扱うサプライヤーはこの位置に属する場合が多い。また、バイヤーにとってシンプルで応用範囲の広い製品を扱うサプライヤーも、この位置に属することが多い。ここは、古いタイプのバイヤーが価格に対して強い執着を見せる領域でもある（サプライヤーにとっては、非情に厳しい状況に置かれる領域だ）。バイヤーに対する忠誠心よ

りも、5％の割引が優先される。「価格」が合言葉になる。このエリアでは、グローバル購買はビッグビジネスだ。一般的に、取引規模が大きくなればなるほど、それに応じた値引きが期待されるのもこの領域だ。

　この領域に属するサプライヤーが成功する秘訣も、他の領域と同じだ。つまり、自らの立場を知り、それに応じた行動をとることだ。この場合においては、それは値引きを意味する。値引きに応えられる能力があればあるほど、取引量を大きくすることができるようになるだろう。

　近年の購買戦略には、5-5-5 や、7-7-7 のような形式をとるものがある。この数字は、値引きのパーセンテージ、取引契約の年数、取引の回数をそれぞれ表すものだ。このような戦略は、この位置に属するサプライヤーに対して最も有効になる。

左上──戦略的／安全性

　この領域に位置するサプライヤーは、バイヤーにとって非常に重要な取引先であることを意味している。これらのサプライヤーは、独自性の高い製品やサービスを提供することで、バイヤーのサプライチェーンに付加価値を与える重要な役割を果たしている場合が多い。ただし、取引量は比較的少ない部類に属する。この領域でのバイヤーの合言葉は、「安全性」だ。

　読者が個人として家庭用品を購入するときのことを思い浮かべてほしい。どんな製品がこの領域に属することになるだろう。たとえば、トイレットペーパーはどうだろうか？　「在庫管理」の方法を考えてみる。1 日分の在庫があればいいのか、それとも 1 カ月分の在庫が必要なのか。当然だが、トイレットペーパーは、切らしてしまったらかなり面倒なことになる。このため、まずは在庫を十分に確保しておくことが必要になる。これが、「安全性」だ。さらに、個人や家庭で使用するトイレットペーパーには好みがあり、同じ銘柄をいつも購入している場合も多いだろう。たとえ 1 週間であっても、日ごろ使い慣れていない銘柄のトイレットペーパーを使うことは、気が進まないことに違いない。

　サプライヤーにとって、この状況は望ましいものである。バイヤーの合理化によって取引をカットされる危険性も低く、強引な値引きを要求される可能性も少ないだろう。ただし、それはあくまでもサプライヤーがこのポジショニング

において、適切な振る舞いを続けられた場合に限られる。つまり、決して顧客を裏切らないことだ。

取引は長期間になる場合が多い。ただし、顧客を常に満足させられるように、細心の注意が必要だ。

バイヤーの視点からは、この領域のサプライヤーは価格や納期よりも、パフォーマンスや信頼性が重視される。

右上──戦略的／パートナーシップ

バイヤーは、自らが持つ時間の8割以上をこの領域のサプライヤーに対して費やしたいと考えている。それは、単にこの領域に位置するサプライヤーが重要だからではない。積極的な管理を行うことで、これらのサプライヤーからさらなるメリットを得たいと考えているからだ。メリットは様々な形で得ることができる。値下げもそうだが、付加価値を高めることもとても大切だ。これらのサプライヤーは、必ずしもグローバルな存在である必要はない。ただし、グローバル・サプライヤーになる能力を持っているのであれば、実際にそうなる可能性が高い。バイヤーはこの領域のサプライヤーに対してより多くの時間をかける必要があり、同時にサプライヤーからも同様の時間的投資を得たいと考えている。

◉──サプライヤーの視点からみた結論

- ポジショニングに応じて、そこで求められている適切な行動をすること。
- 顧客のメッセージに反した行動をとれば、成功は遠ざかる。
- グローバル化はどの位置にいても可能だ。だが、その理由はポジショニングによって大きく異なっている。

　左下──バイヤーから見てアクセスしやすく、バイヤーが抱える「小さく複雑な取引」という問題を世界規模で解消できる存在になる（この実現は非常に難しいことではあるが）。

　右下──顧客の値引き要求に応える。

　左上──顧客にとって不可欠な存在になる。

　右上──顧客と広く深い関係を構築する。

- 自らが置かれている領域で指示されている行動のみに従うこと。その他の領域で指示されているものは、不適切な行動になってしまう。
- ステータスを向上させたければ（ポジショニング・マトリックス内で上の領域に進むこと）、現在の位置において適切な行動をとること。現在の位置で相応しい行動を取れたときに初めて、次の領域に進めるようになる。
- バイヤーは、サプライヤーを下の2領域に押しとどめたいと考える傾向がある。リスクの高いサプライヤーを多く持つことを嫌がるためだ。究極的には、ステータスを向上させることは、購買部門を越えた領域への働きかけが必要になる（第7章、第8章を参照）。
- サプライヤーが過剰な業界やマーケットでは、一般的にすべてのサプライヤーはマトリックスの下方に押しやられてしまう。しかし、グローバルな文脈でもそれは同じだろうか？ バイヤーの多くは、真にグローバルな能力を持ったサプライヤーを見つけることを難しく感じており、たとえ成功したとしても、意外にもそれらのサプライヤーはグローバルな振る舞いをしようとはしない場合が多い（本書で言及してきたような恐怖心によるところが大きい）。真にグローバルな存在になれるだけの能力を持ち、かつ真にグローバルであろうという強い意志を持っているサプライヤーは稀である。ここにサプライヤーのチャンスがある。グローバル化に力を入れることで、自らの地位を向上させる可能性が広がるのだ。

●──主要／戦略的グローバル・サプライヤー

　主要で戦略的な、ごく少数のグローバル・サプライヤーになることは、サプライヤーにとって望ましいことだろうか？ 主要／戦略的グローバル・サプライヤーが「ごくわずか」な存在であることは間違いない。ただし、本当にそうなるのは望ましいことなのか？ このようなサプライヤーは、バイヤーから様々な面で賞賛される。ビジネスの規模、アクセスの容易さ。しかし、同時にそれはサプライヤーにとって、責任の重みが増し、その責任を担う範囲も広がることを意味しているのではないだろうか。

　主要／戦略的グローバル・サプライヤーは、前述した図6.6のポジショニング・マトリックスの右上のみに属していると思うかもしれない。バイヤーが多くの

時間を費やしたいと考えているサプライヤーだ。しかし、右上以外に位置しているサプライヤーであっても、主要／戦略的グローバル・サプライヤーになることは可能だ。そのためには、それぞれの位置で求められている適切な行動をとらなくてはならない（ただし、下の二つの領域には「戦略的」という言葉は与えられていないが）。しかし、現実的には、主要／戦略的サプライヤーの多くは、マトリックスの右上に位置するサプライヤーである。

数はどれくらいか？

主要／戦略的グローバル・サプライヤーの数は、必然的にとても小さなものになる。グローバルなレベルになれば、さらにその傾向は顕著になる。これはバイヤーにとっても、サプライヤーにとっても傾向は同じである。主要顧客を獲得するためには、時間と労力が要る。対象を広げ、この時間と労力を薄めてしまえば、その見返りも少なくなってしまう。主要／戦略的サプライヤーについても同様で、時間と労力を投資しなければ獲得することはできない。主要／戦略的グローバル・サプライヤーは、バイヤーへの供給ベースのうち、わずか1％にも満たない場合が多い。

どのようにして選ばれるのか？

主要／戦略的グローバル・サプライヤーは何を基準にして選ばれるのだろうか？　場合によっては、単純に取引規模（ポジショニング・マトリックスの右半分に相当）が基準になる。それは、主要顧客がその規模で選ばれるのと同様だ。しかし、これは危険な方法だ。バリュー（ポジショニング・マトリックスの上半分に相当）を基準にして選ぶほうがより好ましく、さらにそれが定量的な方法に基づいていればなお望ましい。

管理方法は？

第8章では、ダイヤモンド・チームの構築（図8.4を参照）について検討する。これはバイヤーとサプライヤーが複数の部門と地理的位置で相互に結びつくというものだ。この概念は本来、サプライヤーがバイヤーを管理するために作られたものだが、バイヤーがサプライヤーを管理するために用いても同様の

効果を得られる（求めている結果が相互に作用するチームなので、それも当然だろう）。

　このようなチームは管理を必要とする。通常、それは特定の個人によって行われる。サプライヤーの場合、それはグローバル・アカウント・マネジャー（GAマネジャー）になる。ダイヤモンドの反対側に位置するのは、グローバル・サプライヤー・マネジャー（GSマネジャー）だ。GAMは通常、売り手のプロフェッショナルがなることが多い（それが適切なことかどうかは第10章で検討する）。同様に、GSマネジャーは買い手のプロフェッショナルである場合が多い。

　GSマネジャーの存在がバイヤー側に見当たらない場合、それはそのバイヤーが、真の意味において主要／戦略的グローバル・サプライヤーに対する管理をしていないということを示唆している（ただし、それは同時に自社がバイヤーから主要／戦略的グローバル・サプライヤーのうちの1社であると見なされていないことを意味しているかもしれないので、注意が必要だ）。もしGSマネジャーが本当に存在しないのであれば、ダイヤモンド・チームの構築には時間がかかるだろう。グローバル・サプライヤーは、GSマネジャーの制度を設置するよう、バイヤーを促すべきだ。

投資を保護する

　グローバルな取引が開始されたとき、次にサプライヤーが全力で取り組むべきなのは、いかにしてその取引を維持し続けるかということだ。これにはいくつかの方法が考えられる。サプライヤーは各国の支社から情報を収集し、取引が十分でない地域があればそれをバイヤーに報告し、取引をしてもらうように依頼する。ただし、こうした行為を好ましいと感じるバイヤーもいれば、そう感じないバイヤーもいるので、事前に了承を得ておくことが必要だ。ローカルレベルでは支出が膨らむが、長期的に見れば取引を確固としたものにするためには重要な行動だと言える。

　サプライヤーは、こうした行動が相手の確かな了承を得ているものかどうかを明確にしておかなければならない。バイヤーまたはサプライヤーのどちらかが契約書の内容を確かめなければならなくなったときには、すでに両者の関係

が終わりを迎えつつあるとも考えられる。大切なのは、両者の間でとるべき行動を予め明確にしておくことだ。あらゆる状況を想定し、その状況に応じてどのような行動を取るべきか、はっきりとした合意を形成しておくこと。グローバルな文脈においては状況がより複雑さを増す可能性を持っていることは、これまでに見てきた通りだ。

最後に──あるリアリストの視点

　私が非常に信頼を置いている、知り合いの購買部門の幹部にこの章の原稿を読んでもらった。彼の意見はこうだった。「反論すべき点はまったく見当たらないけど、君の主張は楽観的に過ぎるかもしれない」。彼の見方が正しいとするならば、この章で述べてきた、バリュー、パートナーシップ、主要／戦略的グローバル・サプライヤーについての検討は、理想的なものに過ぎなかったということなのだろうか？　鬼のようなシビアさを持つバイヤーが（この知り合いの部下にも「鬼」が数名いるらしい）、ひたすら値引きばかりを要求してきたらどうだろうか？　サプライヤーが提供するバリューや、戦略的重要性、関係性構築のための努力を無視して、値引きのみを主張してきたら？　ポジショニング・マトリックスの右下に位置するサプライヤーにとっては、これはむしろ歓迎すべき状況かもしれない。しかし、こうしたマトリックスの存在をまったく知らないような顧客が、サプライヤーの立場を微塵も考慮しようとせず、不当に値引きを要求してくるといった現実は考えられないだろうか？　この想定は、私が過去に相手をしたことのある、ある古いタイプのバイヤーのセリフを思い起こさせる。彼のやり方は不公平であると私が主張すると、彼はこう返したのだった。「不公平だって？　そんなことはない。私はすべてのサプライヤーを公平に、不当に扱っているのだから」と言った。

　このような事態に遭遇したとき、どう対処すればよいのか？　ポジショニング・マトリックスの上半分に位置するサプライヤーに対しては、次のようなアドバイスができる。この事態は、GAMチームがなすべきタスクに失敗していると言える。つまり、GAMチームは本来、顧客の上を行かなければならないはずなのだ。顧客の意思決定ユニット（DMU）に浸透し、バリューを売り込み、

バイヤーの意思決定プロセスに深く入り込むべきだ。つまり、購買部門だけを相手にした取引において、こうしたバイヤーが現れた場合、もはや成功の見込みはないのである。次の2つの章では、この問題について検討する。

第7章
顧客の意思決定プロセスを理解する

UNDERSTANDING THE CUSTOMER'S DECISION-MAKING PROCESS

　複数の拠点に分かれてビジネスを行うとき、意思決定のスピードが遅くなることを経験した人は多いだろう。たとえ同じビルのなかにいたとしても、別のフロアにいるだけで、決定の速度が失われてしまう。私がかつて働いていたオフィスには、敷地内を分割するように、1本の道路が走っていた。その道路は、製造工場と研究開発部門のオフィスの境目を通っていたのだが、そのために情報の伝達が相当に遅くなっていた。この道路を決定事項が越えていくのに、少なくとも1週間はかかっていると思えたものだった。

　グローバルなレベルで行われる決定、なかでもグローバル・サプライヤーに関するものも、このシンドロームの影響を受ける。しかも、その遅延の度合いは桁違いに大きくなる。それは、単に地理的に離れているという事実のみに起因するのではない。現地の事情に合わせた方法をやめ、一括購買に切り替えることには大きなリスクが伴うからだ。サプライヤーの数を絞り、グローバルに取引をしようとすることで、それらのサプライヤーへの依存度を高める顧客は、同時にリスクも増大させているのだ（第6章の図6.6のサプライヤー・ポジショニング・マトリックスを参照）。それでも顧客は、グローバルな購買によって、このリスクに十分見合うメリットが得られると判断したのだろう。しかし、それを現実のものにするためには、意思決定のプロセスのスピードと効率化が、さらに大きな意味を持つようになってきている。万能の力を持ったバイヤーがすべてを決定し、サプライヤーはそれに従うだけ──このような単純な決定の

プロセスは、遠い過去の話になりつつある。

　グローバル・サプライヤーが売り込みをしなければならないのは、DMU（ディシジョン・メイキング・ユニット）に対してだ。DMU は、とてもわかりやすい形で存在する場合がある。たとえば、それはプロジェクト・チーム、調達部門、入札委員会などだったりする。しかし、DMU は必ずしもこうした具体的な組織形態をとるわけではない。目に見えない「影響力」のようなものとして存在し、決定に大きな影響を与えることもあるのだ。つまり、お互いに顔を見合わせて頷きあったり、眉毛を動かして目配せしたりするだけで、事実上の意思決定がなされることもあるのだ。

●── DMUのタイプ

　意思決定のスタイルは、企業や国によって大きく異なる（第15章ではこの文化的な相違について詳説する）。しかし、その原理は「権威型」「同意型」「調整型」の三つに大別できる。

●── 権威型DMU

　権威型のアプローチでは、決定はトップによって下される。周囲への相談はほとんどなされない。いったん下された決定は、有無を言わさずに効力があるものと見なされる。サプライヤーにとっては、このタイプの DMU は対処しやすいと言える。トップに対してのみアプローチすればよいからだ。それ以外の相手を気にする必要はない。しかし、この「容易さ」にはネガティブな側面がある。それは顧客もトップとだけコンタクトを持って、トップダウンで意思決定したいと願うが、しかしそんな権威主義的なやり方はほとんど通らない場合が多い。そのためグローバル・ビジネスでは、いつも苛立つ要因があり、本社から遠く離れれば離れるほど、そのいらいらの傾向が強くなる。こうしたローカルな問題を視野に入れずにアプローチしようとしているグローバル・サプライヤーは、落馬するのがわかっていながら馬に乗ろうとしているようなものだ。グローバル・サプライヤーは、権威型の本社の決定に従いながらも、各地の支社とも良い関係を維持しなければならないような狭い道を歩かなければならない。もしローカル・ビジネスに失敗したら、必ず彼らに反抗する機運が高まる。

●――同意型DMU

　同意型のアプローチでは、関連部門の同意を得てから決定が下される。完全な同意を取りつけることができなくても、少なくとも大多数がその決定に反対をしていない状態になったときに、意思決定が行われる。これはサプライヤーにとっては大変な労力を要する状況だ。取引をするためには、顧客企業の多くの組織や部門の同意を取りつけなければならないし、それらは各国に点在しているからだ。

●――調整型DMU

　調整型のアプローチでは、その役割に選ばれた個人が、関連部門と相談し、調整した後に決定を下す。サプライヤーにとっては、最も厳しいシチュエーションかもしれない。しかし、これは現実的には最も遭遇する可能性の高い形態だとも言える。サプライヤーがやるべきことは多い。意思決定者が誰かを調べ、彼らの思惑と動機を探り、彼らが誰に相談を持ちかけ、相談者の考えに対してどう反応するかを知らなくてはならないからだ。

DMUタイプと顧客の文化的志向を一致させる

　第15章では、文化的志向を測定するための様々なツールを紹介する。これらのツールは、顧客の行動を理解するために役立つものだ。ヒエラルキーの重要性を分析するツールもある。文化によっては、トップがすべてを決定することを好むものもあれば（権威型）、社員と相談して物事を決めることを好むものもある（同意型または調整型）。また、グローバルな組織には、必ずと言っていいほど、企業文化（3タイプのいずれの場合もある）とそれが位置する世界各国の文化（同じく3タイプのいずれの場合もある）の間に衝突があることを留意しなければならない。この衝突をうまく処理できる企業は、自身がビジネスの成功を収めることができるだけではなく、意思決定を効果的かつ効率的に行うことで、取引相手であるグローバル・サプライヤーをも成功に導く。逆に、この衝突をうまく扱えない企業は、サプライヤーも一緒に泥沼に引きずり込んでしまう。このため、こうした企業を相手にするときには注意が必要だ。

DMU分析——ツールキット

DMUのタイプやアプローチにかかわらず（強いて言えば調整型に最も当てはまるが）、サプライヤーは分析ツールを使って、顧客企業内の複雑な関係性を理解し、その後でアクション・ツールを使って、顧客に対して取るべき行動が何かを検討する（第8章を参照）。この章では、次の分析ツールを個別に紹介していく。

- 組織図
- 意思決定スネイル
- ステージゲート・プロセス
- バイヤーの関心度と関与度
- ユーザー／条件指定／経済的／スポンサー分析
- 受容的／不満足／権力分析
- 適応タイプ
- マネジメント・レベル

――組織図

顧客企業の組織図を眺めることは、手始めとしては悪くない。ただし、組織図は作成と同時に古びてしまうような性質を持っていることに注意しよう。しかし、組織図の欠点は、こうした現実とのズレを内包しているということではない。問題は、そこに描かれたヒエラルキーが、必ずしも意思決定のプロセスで必要とされるヒエラルキーと同じものではないということだ（ただし、第15章で紹介するように、地域によっては組織図のヒエラルキーとほぼ同等のヒエラルキーによって意思決定がなされる場合もある）。

分析の実施

ルーペを手にした探偵になったつもりで、組織図をじっと眺め、顧客を分析してみよう。

❶組織図の変遷を調べてみよう。顧客の組織はどれくらいの頻度、スピードで変化しているのだろうか。
❷顧客は、グローバル化の方向に向かっているのか。それとも、ローカルな組織の集合体に過ぎないのか。
❸各部門はどのように連携しているだろうか。サプライヤーから見て、購買部門のみを相手にすればよいと思える組織形態だろうか。
❹組織図から顧客の意思決定プロセスの仕組みを読み取ったら、そのプロセスにどうアプローチすればよいだろうか？

──意思決定スネイル

サプライヤーに求められているのは、顧客の内部に存在し、その意思決定に影響を与え、支配している「ライン」を探ることだ。ラインは部門間に、地域間に、時にはヒエラルキーの構造のなかに存在する。このラインを具体的に把握するためには、それを図解して理解することが役立つ。そこで用いることのできるツールが、図7.1に例を示す、意思決定スネイルだ。

このスネイル（カタツムリ）は、複雑な現実を単純化したものに過ぎないが、サプライヤーにとって取り組むべき課題の本質を明らかにしてくれる。サプライヤーは、顧客が下す、すべての決定に関心がある。買うべきか買わざるべきか、新製品を開発すべきかどうか、プロジェクトXかYのどちらに取り組むべきか、ローカルな存在を維持すべきかグローバル化を推進すべきか、取引対象のサプライヤーは1社に絞るべきかそれとも複数にすべきか、などだ。その他にもたくさんの決定事項がある。これらの決定はすべて、どこかに開始点がある。スネイル・モデルでは、この開始点を探り、それが顧客企業内のどのような道筋をたどって決定に至るかを追跡する。顧客によってこのプロセスは異なるため、当然スネイルもそれを反映したものになる。図7.1では、ある典型的な日用消費財（FMCG：Fast Consumer Goods）メーカーを例に、想定される意思決定の流れを単純化して示している。図を見ると、このメーカーの新製品開発において、その発端となるのはマーケティング部門だということがわかる。つまり、サプライヤーにとっての機会も、ここで発生する。購買部門は、意思決定の中心からははずれた位置にいる。これは決して珍しいことではないが、サプライ

図 7.1　意思決定スネイル

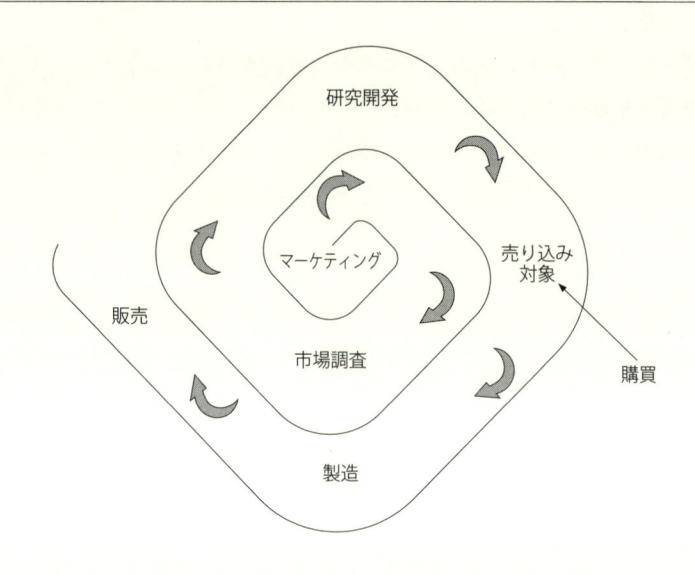

```
         研究開発
      ┌─────────┐
      │ マーケティング │
販売   │  市場調査   │ 売り込み対象
      │           │
      │    製造    │ 購買
      └─────────┘
```

ヤーに、ある疑問を抱かせる。「我々は正しい相手に向けてアピールをしているのだろうか？」「必要な段階から、話を聞くことができているのだろうか？

競合他社は、我々よりも先に意思決定のプロセスに関わっているのではないか？」（これらの問題については、第 8 章でスネイルを再び使ってグローバルなタッチポイントをどう扱えばよいかについて説明する際に再検討する）

スネイルの中心を探り当てる

スネイルの中心がどこにあるのかを明らかにすることは、一筋縄ではいかない作業だ。GA マネジャーのなかには、何のてらいもなく、購買部門が中心だと、うそぶく者もいる。こういう場合、私はこう尋ねるようにしている。「誰が彼らに購買を依頼しているのか？」この質問こそ、中心を探り当てるためにサプライヤーが何度も繰り返し自問しなくてはならないものだ。そして、間違った場所にたどり着いてしまわないように気をつけなければならない。そこがゴールだと信じて斜面を登っていき、頂上に着いたとたん、また別のゴールが見えてしまうような迷路にはまり込んでしまう可能性があるからだ。

グローバル・スネイル

これは、顧客が一国にのみ存在する場合でも大変な作業だ。グローバルな企業を相手にした場合、その大変さはさらに輪をかけたものになる。スネイルが一つだけである場合など、ごく稀にしかない。通常は、複数のスネイルが重なり合っている。グローバルレベル、リージョナルレベル、ローカルレベルの意思決定プロセスがあり、さらにそれらのスネイルは互いに影響し合っているのだ。GAM チームは、複数のスネイルの関係を明らかにし、関係性の輪のなかで迷子にならないようにしながら、中心を特定しなければならない。この中心を知ることは、グローバル・サプライヤーにとって非常に重要だ。重要な決定事項は本社で行われているのか、それともローカルレベルで行われているのか。顧客はグローバルな存在なのか、それとも単にインターナショナルな存在なのか。

図 7.1 に示した FMCC 企業の例を使って、新製品の開発・販売における意思決定のプロセスを考えてみよう。新製品を販売する際、テストの意味合いを込めて、ある特定の国や地域で先行販売を行うことは、頻繁に用いられる戦略の一つだ。この場合、グローバル・サプライヤーにとって、直接的な影響を受けるのはとりあえずローカルなレベルのものでしかない。しかし、これを単純にローカルな問題として片付けることはできない。その他の国は、自分たちも販売に踏み切るかどうか、鵜の目鷹の目でテスト市場の結果に注目している。グローバル・サプライヤーは、何をすべきなのだろうか？ サプライヤーは、テスト市場への新製品投入の一部始終に密着し顧客を支援しながら、同時に意思決定のプロセス（スネイルの中心がどこか）にも注目することが求められる。これに成功したサプライヤーは、顧客にとって価値のある存在になることができる。購買部門の担当者の後ろをついていくだけのサプライヤーは、競争力をつける機会をみすみす失ってしまうのである。

前後を見る

購買部門による購買処理が行われる前に、スネイルのなかに重要な意思決定の開始点があることがわかっていただけたと思う。しかし、重要な側面は、購買処理の「後」にも残っている。それは、顧客が繰り返し注文をしてくれるか、

それとも他のサプライヤーに依頼しようとするかの分かれ目になる。顧客がどれだけサプライヤーの製品やサービスに満足したか？　どのようなバリューをそこに見出したのか？　また、こうした顧客の声はサプライヤーに届けられているか？

中央の力が特に強いとされるグローバル企業でさえ、サプライヤーのバリューを知るためにはローカルなスネイルが重要な機能を果たすことを知っている。決定は本社で下されるが、サプライヤーの提供物が実際に届けられるのは各支社に対してだからだ。

こうした状況に GAM チームがどう対処していくかということは非常に大切な問題だが、それについては第 8 章で解説することにする。次のセクションでは、顧客がこの意思決定のスネイルを進む際に用いる、ステージゲートと呼ばれるプロセスを紹介する。

●──ステージゲート・プロセス

複雑なビジネス環境では、異なったアイデアやプロジェクトが周囲の注目と支援を集めようとひしめき合っている。こうした状況に秩序を与えるため、何らかの手段が必要になる。多くの企業では、図 7.2 に示すような、ステージゲート・プロセスと呼ばれる手段を用いている。新製品の開発・販売の典型例を見てみよう。

決定は、公式な評価に基づいて下される。各ゲートにおいて、次のゲートに進むことを許可されるか、不許可となるか、あるいはアイデア自体が破棄されてしまうかが判断される。このプロセスのメリットは、不適切なアイデアの初期段階での検出、計画的なプロジェクト進行、製品化段階における過剰な負荷の回避、関連するすべての部門に対する進捗の明示などだ。デメリットとは、プロセスの実施がお役所仕事的なものになることでプロジェクトの進行が遅くなったり、シンプルなアイデアを実現するために必要以上の審査を繰り返さなければならなかったりする点だ。このため、どのようにプロセスを進めるかがとても重要だ。うまく処理できれば、ステージゲート・プロセスは NPD（新製品開発）を加速させることができる。計画の不適切な部分を省き、優先度の高い部分に焦点を当て、不必要なエラーをなくすことができるからだ。

図7.2 ステージゲート・プロセス

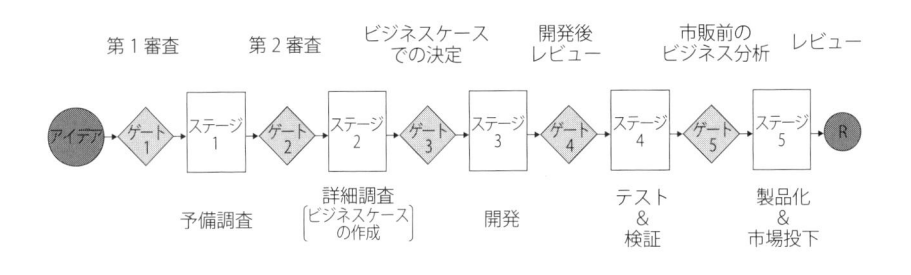

```
第1審査  第2審査  ビジネスケース  開発後    市販前の      レビュー
                 での決定       レビュー   ビジネス分析

アイデア─ゲート1─ステージ1─ゲート2─ステージ2─ゲート3─ステージ3─ゲート4─ステージ4─ゲート5─ステージ5─R

         予備調査  詳細調査           開発    テスト      製品化
                 [ビジネスケース            &          &
                  の作成]                検証        市場投入
```

　サプライヤーにとっては、このプロセスを正しく認識し、各ゲートで誰が決定権を持っているかを知ることが重要になる。それを知るためには、顧客に直接、尋ねてみるとよい。たいていの場合、ステージゲート・プロセスの詳細について教えてくれるはずだ。こうした相手企業の内部事情を知らなければ、サプライヤーは自社の製品を購入してもらえるかどうか、首を長くしてただ結果を待っていなければならない。顧客の内部で何が起きているかを正しく把握し、時にはその決定プロセスに関与することで、意思決定のプロセスによい影響を与えることができるようになる。

●──バイヤーの関心度と関与度

　スネイルとステージゲートのモデルは、意思決定のプロセスに、実に多くの購買部門以外の人たちが関わっていることを実感させてくれるものだった。しかし、現実的には、サプライヤーにとってまず直接的な関わりを持つ相手は、購買部門の担当者だ。この購買部門の担当者の役割とサプライヤーとの関わり合いについて考察してみよう。

　図7.3のマトリックスには、バイヤーの四つのモードが示されている。これは、サプライヤーの提供物に対するバイヤーの関与度と関心度によって分類されたものだ。関与度とは、バイヤーがサプライヤーに対してどれだけの時間や労力を費やしているかを示している。たとえば、サプライヤーとの会議に毎回出席したりすることなどだ。関心度とは、バイヤーがどれだけサプライヤーの提供物に興味を持ち、重要だと感じているかを示している。四つのバイヤーの

モードを見ていこう。

指導的役割型バイヤー

このタイプのバイヤーは、サプライヤーに対する関心度も関与度も高い。開発のプロセスにサプライヤーを関与させようとしてくれるだけでなく、購買処理の前後において、スネイルの他の場所に位置する他の部門に紹介してくれることもある。このタイプのバイヤーは、購買を行う前にすでに何らかの形でプロジェクトに関わっている場合が多い。サプライヤーは、こうしたバイヤーがもたらす機会を逃さないようにしなくてはならない。

ゲートキーパー型バイヤー

指導的役割型の対極に位置するのが、このゲートキーパー型のバイヤーだ。関心度も関与度も低い。サプライヤーにとっては最もやっかいなバイヤーだ。よい点があるとしたら、このバイヤーはサプライヤーに対する関心が低いので、サプライヤーには他の部門に積極的に働きかける道が開かれているかもしれない点だ。サプライヤーにとって肝要なのは、忍耐力を持つことだ。GAMチームは、顧客と接点を持つ機会がバイヤー以外のところにないか、目を光らせておくことが重要になる。

サービス型バイヤー

サービス型のバイヤーは、サプライヤーを相手にすることに、あまり積極的ではない。「これは私の仕事だから、行わなくてはならない。しかし、実はあまり気が進まない」といった具合だ。彼らは、誰かから依頼され、誰かの利益になる仕事を代行しているという意識でいる。こうした状況は気分を重くする。サプライヤーは、こうしたバイヤーの負荷を少しでも減らすことを考えるべきだ。このタイプのバイヤーは、社内の他部門が、バリューなど価格以外のことについて興味を持っている状況で、価格についての話をしてしまう傾向がある。価格だけに注目することの方が、バイヤーにとっては楽だからだ。サプライヤーは、こうしたバイヤーの関心を、価格以外にも向けさせるように努力しなければならない。しかし、逆にそのことがバイヤーにとっての新たな負荷になって

図7.3 バイヤーの関心度と関与度

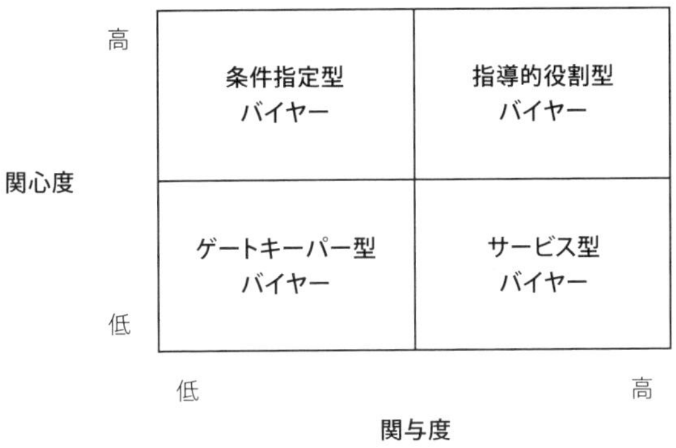

	関与度 低	関与度 高
関心度 高	条件指定型バイヤー	指導的役割型バイヤー
関心度 低	ゲートキーパー型バイヤー	サービス型バイヤー

はいけない。バイヤーはすでに関心度の低い相手に対して大きな負荷のかかる仕事をしているのである。たとえば、サプライヤーの提案が、エンドユーザーの詳細な評価を必要とするものだったとしよう。その場合、サプライヤーはこの評価を代行することで、バイヤーの負荷を少しでも減らすことが可能だろう。このタイプのバイヤーに接する際には、極力シンプルな方法をとるよう心がけるべきだ。

条件指定型バイヤー

条件指定型バイヤーは、サプライヤーにとってよい存在だと考えることができる。このタイプのバイヤーは、サプライヤーに高い関心を示していながら、自らが積極的に関わろうとするのではなく、サプライヤーに他部門と接触することを求めるからだ。これは、サプライヤーにとって、スネイルの購買部門以外と関わりを持つための、よい機会となる。この機会をうまく活かすことができれば、サプライヤーが得られるメリットは計り知れない。ただし、その際にはサプライヤーについての正確な情報を他部門に伝えてもらうよう、このバイヤーに依頼しておかなくてはならない。

分析を行う

このマトリックスを使って、次の大きな二つの質問への答えを考えてみよう。

❶サプライヤーは、購買部門を越えて他部門に関わり合いを持つべきか。
❷その場合、他部門は、サプライヤーを支援してくれるだろうか？

購買以外の部門が意思決定のプロセスに関与するには、複雑な理由がある。図7.4に示した分析は、この理由を四つに分類するものである（この四つの理由は、部門だけではなく個人のなかにも存在する）。分析の目的は、異なった関心を持って意思決定に関わろうとする各部門や個人に対するアプローチ方法と、その順番を明らかにすることだ。これによって、意思決定のスネイルを実際に活用するための道筋を開くことができる。

経済型の興味

このタイプの一番の関心事は経済、つまりお金だ。購買部門もお金に一番の関心を示すことが多い。経理部門、あるいはCFO（最高財務責任者）なども、このタイプであることが考えられる。サプライヤーにとって、これらの人たちは最も重要だと思える。財布の紐を握っているのは、紛れもなく彼らだからだ。しかし、彼らに近づこうとする前に、DMUのその他の部門にも注意を向けておいたほうがいい。お金以外のバリューを周囲に認めてもらう前に、お金に一番興味がある人と話をしてしまうと、彼らに値引き交渉をされたときに打つ手がないからだ。

条件指定型の興味

条件指定とは、サプライヤーの提案に細かく注文をつけるタイプのことだ。彼らは、意思決定の早い段階からプロジェクトに関わっている場合が多い。そして経済に関心があるタイプと同様、あまり早い段階からこのタイプと接すると危険なことがある。未定な事項が多いにもかかわらず、製品の色は黒地に緑色の丸にするべきだとか、2×3メートルのサイズにするべきだとか、そういった要求をしてくる。しかし、それが本当に正しいかどうかは、その段階ではわ

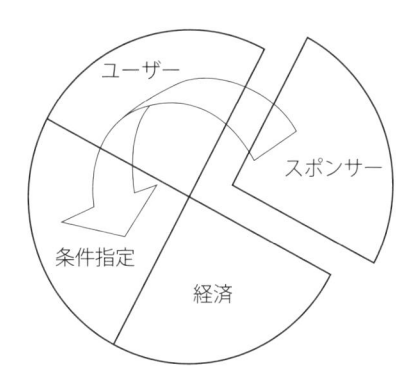

図 7.4　ユーザー／条件指定／経済／スポンサー分析

からないこともあるのだ。

ユーザー型の興味

ユーザーとは、実際にサプライヤーの製品を使ったり、サプライヤーの提供物によって直接的な影響を受けたりする部門や人である。このタイプは、サプライヤーにとって非常に重要な存在だ。彼らこそが、サプライヤーのバリューを真に認める立場にあるからだ。彼らはまた、サプライヤーが知らなくてはならない「ニーズ」を教えてくれる存在でもある。あなたの提案を調整し、利益を計算するにあたって、条件指定タイプや経済的な利益に興味がある人に会う前にユーザーと会っておくと非常に役立つ。

スポンサー型の興味

スポンサー型とは、様々な理由によってサプライヤーのことを好意的に捉え、その成功を支援してくれるタイプの部門や人のことを指す。残念ながら、スポンサー型は常に存在するとは限らない。このため、図 7.4 ではスポンサー型を円から少しだけ切り離した形にしている。ただし、彼らは直接的な意思決定の権限を握ってはいない（役職が低すぎたり、高すぎたり、意思決定が行われる場所とは地理的に離れた所に勤務している、などの理由による）。彼らはサプ

ライヤーを励まし、相手をすべき人物が誰か、その理由がなぜかを教えてくれる。図7.4の円がどのような構成になっているのかを彼らに尋ねてみるとよい。ユーザーは誰か、条件指定者は誰か、経済型の関心を持つ者は誰か。彼らが経済型から攻めるべきだと忠告してくれたのなら、本書のことは忘れて、彼らの意見に従った方が賢明だと言える。スポンサーとは、それだけの力とバリューを持っているものなのである。

完璧なスポンサーとは──ローカルかグローバルか

スポンサーは、顧客組織のどこからでも現れる。しかし、相手がグローバル顧客の場合、スポンサーが中央の組織に存在するほうが、ローカルな組織に存在することよりも望ましいものなのだろうか。実際のところ、スポンサーはその存在自体が貴重なものなので、組織のどこに位置していようとも、歓迎すべきではある。ただし、彼らの位置には一長一短があるということを知っておいて損はないだろう。中央をベースとするスポンサーは、より多くのことをサプライヤーのためにしてくれる力を持っている。しかし、彼らはローカルな視点でサプライヤーを捉えるという点に関しては、十分ではない。ローカルなスポンサーは、ここしばらくの間にサプライヤーの提供物によってとても満足させられた経験を持っている場合が多い。彼らは、サプライヤーのバリューを非常によくわかっている。しかし、ここで問題となるのは、本社は一般的に「外国にいる」ローカルレベルのスポンサーの熱心な意見に対してあまり聞く耳を持っていないということだ。グローバル・ビジネスでは、ホームとアウェイという考え方をとるのは好ましくない。しかし、人間の本質はなかなか変えることはできない。企業も、全社レベルでグローバル化のフェーズに突入した後も、それまでのドメスティックな考え方をなかなか捨てることができないのである。ローカルレベルのスポンサーがどれだけ親身になってくれたとしても、実際に大きな行動に出る前には慎重な判断が必要だ。ある特定の支社の意見だけを判断材料にすべきではない。

私が運営するコンサルティング会社の業績は、アジア・パシフィック地域で

非常に好調だった。しかし、我々は不満だった。これらの地域の支社が欧州の本社にいくら我々のよい評判を伝えても、本社は暖簾に腕押しといった反応しか示さなかったからだ。ただし、サプライヤーとしては、これは我々のミスでもあった。アジア・パシフィック地域でいくら効果があるにしても、欧州で効果がなければ意味がない——顧客がそう考えていることを、十分に認識していなかったのだ（これは「ここで生み出されたものではない（NIH＝ノット・インベンテッド・ヒア」シンドロームと呼ばれることもある）。最近では、我々はこうした「海外のスポンサー」の力を、どうすればより効果的に使うことができるかを考え、より繊細で、グローバルレベルで一貫性のあるサービスを提供するように努めている。

分析を行う

この分析を用いて、以下の三つの重要な問いに対する答えを検討してみよう。

❶**グローバルな構造のなかで、これらの関心はどこに位置しているか？**

経済的、条件指定的関心を持つ実体は本社にある場合が多い。逆に、ユーザーは支社に位置していることが多い。GAMチームはこれらの関心がどこに位置するかを把握し、それらにしっかりと密着することが大切だ。スポンサーはグローバルな構造のどの位置からも現れる。その位置がどこであっても喜ばしい存在ではあるが、前述した弱点も考慮しておかなくてはならない。

❷**これら四つの関心には、図7.4で示されている通りの順番でアプローチしなければならないのだろうか？**

答えは、理論的にはYESである。しかし、顧客が意思決定を下す順番と同じものであるとは限らない。いつも条件指定型がユーザーの意見を聞き、経済型が条件指定型の意見を聞いて、決定が下されるわけではないのだ。経済型の都合で予算がまず組まれ、それに応じて条件指定型が仕様を決め、最後にユーザーがその枠組みのなかで意見を述べるということ

もあり得る。私は通常、この円の順番に沿ってプロセスを進めようとする。しかし、たとえば、何事もまず「予算ありきの文化」を持つ企業に対しては、その企業の意思決定のプロセスに従う方が賢明だと言えるだろう。

❸経済的な関心とあえて正面から向き合う必要はあるだろうか？

スポンサー、ユーザー、条件指定者とよい関係を維持することができれば、経済的な興味の対象としてのみ扱われる必要はなくなり、あなたのための仕事をするのに、顧客内部の説得に任せておける。サプライヤーの代わりに、こうしたその他の関心者が経済的な関心者を説得してくれるからである。これはサプライヤーにとっては魅力的な話であり、現実的に十分起こり得ることだ。サプライヤーは、この内部的説得が行われるようなシナリオを描くべきだ（彼らに説得のために必要な情報を提供することも大切だ）。しかし、特にグローバルなケースにおいては、この説得にすべてを期待するわけにもいかない。

●―――「受容的／不満足／権力」分析―――変化を管理する

前述した四つの関心事は、個人の職種と密接に結びつく性質のものだった。ユーザー型の関心を持つ者は、実際にユーザーの立場にいることがほとんどだろうし、経理部門に属する者は経済型の関心を持つことになるだろう。図7.5は、DMU内の各個人における様々な動機をさらに細かく観察したものである。

彼らがプロセスに関与しているのは、サプライヤーの提供物やアイデアを受け入れたからなのか、現状に不満を抱いているからなのか、それとも結果（あるいは結果から導かれるもの）に対して自らの権力を行使したいからなのか。

このツールの目的は、「変化を管理すること」だ。相手が個別に何を求めているのかを知ることで、サプライヤーは有利な立場に立つことができる。

受容型

このタイプの人たちは、サプライヤーのこと（少なくともサプライヤーのアイデア）を好意的に捉えている。そしてサプライヤーの力を借りることによって、そのサプライヤーの提供物の良さをさらに周囲に広げたいと考えている。

図7.5　受容的／不満足／権力分析

- 新しいアイデアに**受容的な**者
- 現在の状況に**不満足な**者
- ソリューションの実施において**権力を行使したい**と考えている者

図7.6　変化の方程式

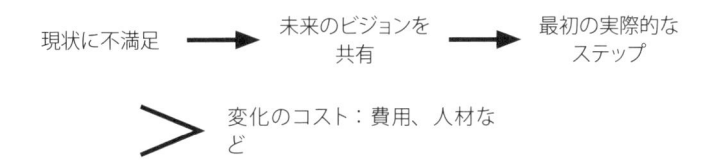

現状に不満足　→　未来のビジョンを共有　→　最初の実際的なステップ

＞　変化のコスト：費用、人材など

サプライヤーは必要な情報を提供し、彼らを支援する。時には、彼らが社内向けに使うプレゼンテーションの資料を代わりに作成することもある。彼らはたいていの場合とても意欲的で、積極的にプロジェクトに関わろうとする。ただし、彼らを待ち受けているものは一筋縄ではいかない作業だ。サプライヤーには、このタイプの人たちに認識してもらうべきことがある。プロジェクトを推進していくためには、これから二つのタイプの人たちを説得していかなければならない、ということだ。それは、現状に不満を抱いているタイプ、そしてソリューションに対して権力を発揮したいと考えているタイプの人たちだ。

変化の方程式

　受容型の人たちが変化を起こそうとしているとしよう（サプライヤーにとっては、同じチームの仲間と感じることもあるかもしれない）。変化を起こすために理解しておくべき方程式がある。受容型の人たちとサプライヤーがこの方程式の理解を共有しておくことは有益だ。

人が変化を受け入れるのは（あるいは変化をもたらすであろう決定を下すのは）、図7.6に示した方程式に、具体的な内容が書き込まれたときである。まず、現状に対する不満が何かを明確にしなければならない。次に、どのような変化が必要かという明確なビジョンを持たなくてはならない（ビジョンを提供するのはサプライヤーの役目である場合が多い）。そして、大きな混乱をもたらすことなく、ビジョンの実現のための最初の具体的なステップに移行できなければならない。この変化に伴うコストが大き過ぎるようであれば、実行は難しくなる。コストは、費用、時間などの側面から計測する。心理的な側面を考慮することも大切だ。変化が地位や「面子」（アジアの国においてはとても重要な場合がある。第15章を参照）に与える影響を無視することはできない。

不満型

前述した変化の方程式は、このタイプの人たちがいかに重要な存在であるかを物語っている。「不満を感じることが、進歩するための始めの第一歩になる」とエジソンも語るように、不満を知ることが、変化の基礎になる。このタイプの人たちの意見こそ、サプライヤーが理解しなければならないものだ。そこにはソリューションを生み出すためのヒントが隠されている。ただし、この段階では完全な解決策の青写真を描くことはできない。あくまでも、全体的な変化のビジョンを浮かべるにとどめる。そして、それを実現するための最初の一歩を踏み出すことが大切だ。

権力型（ソリューションに対する権力と支配を求める）

このタイプには、彼らが必要としているものを与えることが必要だ。サプライヤーが提供するソリューションによって、彼らの権力が弱まるかもしれないと見なされたとき、チャンスは激減すると考えたほうがよい。彼らが望む変化の最初のステップは、彼ら自身がコントロールできるものでなくてはならない。また、変化に伴うコストを削減することも求められる（サプライヤーは常にコストを削減するための提案をすべきではあるが）。

分析の実施

この分析によって、以下が可能になる。

❶顧客の組織内変化を把握する。
❷顧客についての理解を深める。そのためには、受容型の人たちとの対話が有効的だ（意思決定の肝の部分がどこにあるかを尋ねてみよう。通常、それは不満型の人たちのところにある）。
❸現状に不満を持っている人たちから直接話を聞く。望まれているソリューションが何かを考えるためにとても重要なプロセスだ。
❹サプライヤーのソリューションが、最も効果的だと思われる人、部門、地域が何かを探る。不満の解消、効率的な実施方法の提案、変化に要するコストの削減など、ソリューションは様々だ。
❺自らの真のバリューを知り、それに相応しい報酬がどの程度なのかを把握する。
❻結果に対して支配的な立場をとりたがる人間が、実際にそれができる立場にあるのかどうかを確認する。

◉——アダプタータイプ

図7.7は、マーケティングの教科書によく出てくる「アダプタータイプ」の図である。この図を使って、組織内で決定が下されるプロセスをより深く理解することができる。サプライヤーは、決定を迅速にするための手助けができるようになる。

新しいアイデアは異なる考えを持った人たちに様々な形で受け止められ、徐々に受容されていく。変化の場合も同じだ。ある種の人たちは、とにかく新しいものに興味を示す。「イノベーター」と呼ばれる人たちだ。逆に、変化に対して最後まで反応を示さないタイプは「ラガード（のろま）」と呼ばれる。この両極端の間には、中間の反応を見せるタイプが配置される。エベレット・ロジャーによれば、どの集団を対象にしても、これらのタイプは同じ割合に分類できる。

変化をもたらす決定が受け入れられるのは、まずはこの尺度の左側からだと

図 7.7　アダプタータイプ

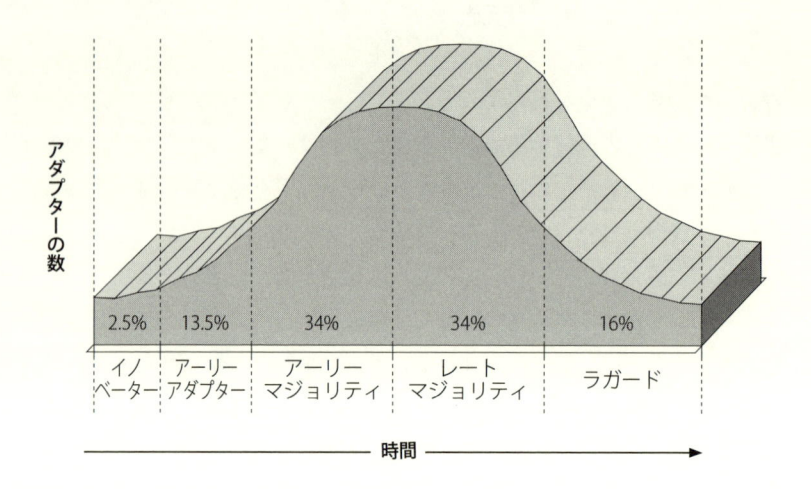

```
アダプターの数

2.5%    13.5%   34%     34%     16%
イノ    アーリー アーリー レート   ラガード
ベーター アダプター マジョリティ マジョリティ

         ────────── 時間 ──────────▶
```

出典：Everett Rogers, *Diffusion of Innovations*（New York: Free Press, 1962）。

考えることができるだろう。右側に移動するにつれて、変化を受容する際の障壁が高くなっていく。組織内では、この両端は左端の「積極的な」本社と、右端の「消極的な」支社の関係として現れるかもしれない（ただし、逆のパターンも考えられる）。結果として、片方にはどうやっても動かすことのできない物が出現し、片方からはそれを何としてでも動かせという指示が出される、というような不条理な事態が生じるのである。次に紹介するのは、その典型例だ。ここでは、サプライヤー自身の意思決定プロセスも関連する。

　　グローバル化を目指すサプライヤー企業が、聡明で熱意のある女性を、GAMチームを新しく立ち上げるための役職に任命した。既存のローカル組織をまとめ、グローバル化を推進し、企業に変化をもたらすことが彼女の役割だった。彼女は各支部のマネジャーを集結させ、会議を開いた。プロジェクトの計画を明らかにし、同意を得るためだった。この企業は問題を抱えていた。それは、既存のグローバル企業からの不満だった。グローバル企業各社は、このサプラ

イヤー企業がグローバルな要求に応えられないことに対して、苛立ちを募らせていたのだった。結果として、ビジネスの機会は失われ、競合にシェアを奪われつつあった。周囲の目には、このサプライヤー企業が何か手を打たなければならないことは明らかだった。

彼女は主張した。打たなければならない手は、革命的な変化を起こすことではなく、派手な組織変更をすることでもなかった。複数のGAマネジャーを任命し、各支社に手厚い支援を与えながら、顧客の要望に応えようとすることこそが、必要だったのだ。

このように、顧客が不満足な状態にあり、何を求めているかは明らかであったし、サプライヤーが行うべきことも明確だと思われた。にもかかわらず、それは実現されなかった。なぜなら、各支社の幹部がそれに反対したからである。彼らは複数のGAマネジャーを設置することで、自分たちの既存の権力が弱まってしまうことを危惧した。また、自分たちがそれまでに何もできなかったことに対して罪悪感も感じていた。しかし、彼らはラガードと見なされたくはなかった。そこで、妥協案として、GAマネジャーを1名ずつ任命することになった。そしてこのマネジャーに、グローバル顧客に関する問題をすべて任せてしまおうとした。そうすれば、自分たちは今までと同じようにローカルな顧客とのみの付き合いを続けることができる。グローバル顧客へのサービスという頭の痛い問題を考えなくても済む。

当然の結果かもしれないが、その聡明で熱意のある女性は、サプライヤー企業を退職してしまった。そして彼女は今、グローバル企業に転職して、さらなる聡明さと熱意を発揮している。このグローバル企業では、ラガードの意見が変化を遅らせることはなかった。

尺度の右側に位置する人たち（レイトマジョリティとラガード）を説得するには、より多くの労力と、その説得内容を裏づけるための証拠が必要だ。ただし、右端に位置するラガードは、見せられた証拠が何であれ、頑なに動こうとしないことがある。自らが最後の1人になるまでは、動こうとはしない。これに対して、尺度の左端に位置するイノベーターは、変化を好み、新しい物を

貪欲に受け入れようとする。それに続くアーリーアダプター、アーリーマジョリティは、妥当な説明がされた場合、それを受け入れる素地を持っている。

前述した例では、聡明な女性は、地域のマネジャーを集めて行った彼女の計画を公表するためのプレゼンテーションにおいて、ある過ちを犯していた。彼女自身がイノベーターであるために、「イノベーターの言葉」でプレゼンテーションを行ってしまったのだ。「チャレンジングなアイデア」「トップに立つ」「限界を超える」「企業家精神を持って」「チャンスを逃さない」などといった言葉だ。しかし、聴衆の多くはラガードだった。このため、彼女はまず「確かな足取りで」「確認と見直し」などの言葉を用い、他の成功例を引き合いに出して、聴衆を安心させることが必要だったのだ。

あるいは、尺度のより左側に位置するマネジャーを選び、自分の考えを理解してもらうことで、そのマネジャーを味方につけるという作戦を取ることもできたかもしれない。そうした「仕込み」をしていないマネジャーは、群集のなかに紛れ込むと、やはり1人のラガードとして振舞ってしまうものなのである。

彼女がこの経験から学んだことは、メッセージは適切な層に向けて伝えなければならないということだ。あるいは、支援者を育て、味方を増やすことも勢いをつけるためには大切だということも感じたかもしれない。また、彼女を任命した幹部も、教訓を得ただろう。つまり、イノベーターは、必ずしもその役割をこなすのに適任であるとは限らなかったのだ。最初は勢いで上手くいくかもしれない。だが、長い目でみれば、成功する可能性は低くなる。イノベーターが、自らの考えや言葉をそのまま伝えたとしても、尺度の右側にはうまく届かないことがあるからだ。

分析の実施

この分析を用いることで、以下が可能になる。

❶ 企業全体としての意思決定のスタイルを理解する。その企業の意思決定のポイントは、尺度のどの位置にあるのか。変化に対してどのような反応を見せるのか。

❷ 尺度の中心から左側に位置する人の数によって、意思決定のプロセスがど

のような抵抗を受けるのかを検討する。

❸尺度の中心から右側に位置する人の数によって、意思決定のプロセスがどのような勢いを得るかを検討する。

❹意思決定のプロセスに最も大きなインパクトを与えるためには、どこに狙いを定めればよいかを考える。

❺尺度の左に位置する人たちの支援を得ることで、意思決定プロセスに勢いを持たせる。

❻ DMU に浸透するための、適切な順序を検討する。

❼正しいメッセージを、適切な言葉とスタイルを用いて伝えているかを確認する。尺度の異なった地点にいる人たちを相手にするときに、とても重要になる。

❽それぞれのタイプが持つ弱点を把握し、特定タイプの特徴に凝り固まらないよう、適切に振る舞う（特に自分が左に位置している場合は）。

──マネジメント・レベル

サプライヤーがいくら手ごたえを感じていたとしても、相手の担当者の役職が低く、決定を下すだけの権限を持っていないのではないかと不安になることもあるだろう。こうした場合に、その担当者以上の役職の人に話をつけ、さらに担当者に居心地の悪い思いをさせることがないようにするにはどうすればよいのだろうか？

こうしたつらい立場を回避するために使っていただきたいツールが、図 7.8 に紹介する「マネジメント・レベル」だ。この図には、典型的な三つのマネジメント・レベルが、ピラミッド状に描かれている。

サプライヤーにとって、ジュニアマネジメント・レベルの担当者と会う機会を得ることは、それほど難しいことではない。特に、すでに顧客と何らかの関係を築いている場合はなおさらだ。ジュニアマネジメント・レベルの担当者の仕事は、期待に応え、適合性を管理すること——つまり、現状を不備なく維持することだ。

ミドルマネジメント・レベルの担当者と付き合うことは、可能ではある。しかし、そのために特別な飛躍が必要になるわけではない。このレベルの担当者

図7.8　マネジメント・レベル

```
         シニアマネジメント
         コミットメントをする
         将来をマネージする

       ミドルマネジメント
       能力を発揮する
       関係性をマネージする

    ジュニアマネジメント
    期待に応える
    適合性を管理する
```

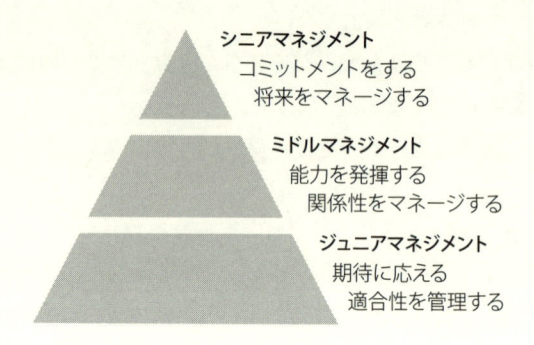

の仕事は関係性を扱うことであり（その対象となるのは、ほとんどが既存のサプライヤーだ）、自社の能力を発揮させることだ。つまり、それらはすでに決定した事項に基づいて行われるのだ。

　本当の変化とコミットメントが必要であれば、相手にすべきなのは、企業のトップに位置するシニアマネジメント・レベルの人間だ。しかし、ジュニアのレベルを相手にしているサプライヤーが、どうやってトップの人間と接触する機会を持てばよいのだろう？

　この問いに対しては、「初めからジュニアなど相手にせず、いきなりトップと会えばいい」という回答もあり得るだろう。冗談抜きで、場合によってはこれがベストなアドバイスになることもある。しかし、現実的には最初に会う担当者が、必ずしも望み通りの決定権を持っているとは限らない。一つの方法としては、自社のトップを会合の場に連れて行くことで、相手のトップに会う約束を取りつけるというものがある。ただし、このときには自社のトップにも、適切な内容の話をしてもらうように情報を提供しておくことが大切だ。企業のトップ同士は、将来についての大きな話をする。去年のリベート支払いの残りについての細かな話をしたりはしないのだ。

分析の実施

この分析を使って、以下のことを行える。

1. 自らの出発点がどこかを把握する。
2. どの立場の人間に会えばよいかを知る。
3. 必要な相手に会うために自社のどの人間の力を借りればよいかを考える。

◉──**実際のツール使用**

　本章で紹介したツールを、すべて使う必要はない。状況に応じて、適宜最も効果的と思われるツールを選べばよいだろう。それぞれのツールには特長がある。同じチーム内でも、メンバーによっては好みのツールが異なるだろう。しかし、DMU分析はチームワークであることを忘れてはならない。他のGAMチームのメンバーが選んだ方法とその結果を尊重し、様々な結果のなかから、一つの結論を導き出していくことが大切だ。そしてその結論から、とるべき行動を決定する。第8章では、これらのツールを用いて実際の計画を分析し、どのように顧客と接すればよいかを検討する。この一連の流れのことを、本書では「グローバル・タッチポイント」と呼んでいる。

第8章
グローバル・タッチポイントを管理する

MANAGING THE GLOBAL TOUCH POINTS

　私は「タッチポイント（接点）」というフレーズをとても気に入っている。それは、この語が単なる「連絡先」や「窓口」以上の概念を表しているからだ。顧客の誰と自社の誰が接しているかを把握し、管理することは、GAMにおいて非常に重要な要素だ。しかし、タッチポイントはこれよりもさらに深く大きな概念を包括している。それはサプライヤーと顧客の間のすべての相互作用を、場所、時間、方法を問わず含んでいる。ここで重要なのは、物理的な接点のみが対象になるのではないということだ。物理的な接点とは、システム、物流、業務全般、日々の電子メールや電話での顧客とのやりとりを指す。これらの相互作用は、客観的な観察と記録が可能だ。しかし、観察したり、記録したりすることができない相互作用もある。サプライヤーにとってその発生を知ることができない類のものだ。たとえば、顧客がサプライヤーのことを頭のなかで思い浮かべたときはどうだろう（「あのサプライヤーはよい、あるいはよくない」など）。あるいは、顧客内部の会議の席で、サプライヤーが話題になることもある（よい評価を得られているのか、それとも？）。つまり、タッチポイントは、物理的な接点だけではなく、こうした「サプライヤーが知ることのできない」顧客との相互作用をも包括する概念なのだ。タッチポイントは、それが見えるものであれ見えないものであれ、サプライヤーにとって顧客と良好な関係を築いているかどうかを知るための重要な関心事となる。タッチポイントは、「真実の瞬間」と見なされることがある。そして、この真実の瞬間の総体こそ、

顧客がサプライヤーをどう評価しているかを正確に表すものだ。ただし、この無数の相互作用のうちたった一つのネガティブな経験だけで、顧客との関係はもろくも崩れ去ってしまうことさえある。

タッチポイントは三つに大別できる。GAMチームは、それぞれに対処することが必要だ。

❶顧客への影響戦略の一部として機能するもの。個人ベースのやりとりが主となる。定型的なものではなく、ダイナミックなアプローチが求められる。このマネジメントの支援となるツールを、三つ挙げることができる。ダイヤモンド・チーム、コンタクト・マトリックスとGROWだ。

❷サービスの提供戦略として機能するもの。システム処理や、一般業務など、サービス提供のための日常的な顧客とのやりとりを指す。定型的で、一貫性のあるアプローチが求められる。

❸不可視の相互作用として機能するもの。サプライヤーの物理的な介在がなく、顧客内で発生する。このタッチポイントを管理するには、より繊細なアプローチが求められる。サプライヤーは現在、具体的に顧客に何を提供しているかよりも、これまでに顧客に対して何を提供してきたかについて関心を向ける必要がある。

顧客への影響戦略

成功している企業とは、いい製品とサービスを市場に提供している企業のことだ。しかし、こうした企業が競合他社と比べ、必ずしも質や価格の面で特別に優れているとは限らない。それにもかかわらず、成功している企業とそうでない企業があるのはなぜだろうか。顧客の誰に対してアプローチしているかが一つの大きな要因になる。私が運営する会社を例にとってみても、商談に失敗するケースではたいていアプローチする相手が適切でなかったときだ。グローバルな市場では、重要な人物との接触はさらに難しくなる。相手は、数千キロも離れた場所にいるかもしれないのだ。このため、グローバル・チームを活用して相手の重要ポイントと接触していくことがとても大切になる。第7章で

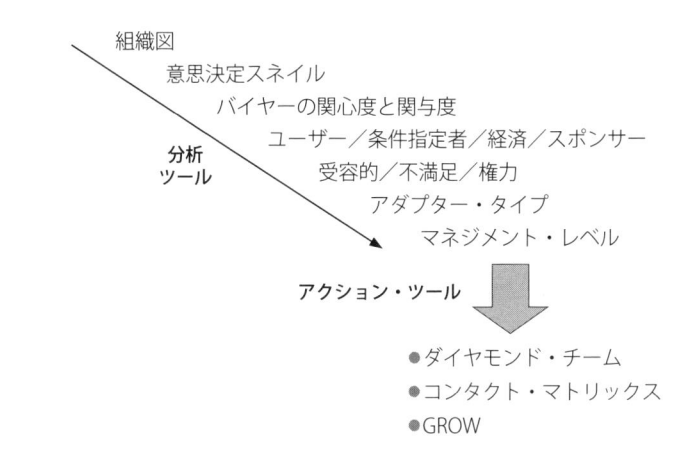

図8.1　DMUツールキット──分析ツールとアクション・ツール

分析ツール
組織図
意思決定スネイル
バイヤーの関心度と関与度
ユーザー／条件指定者／経済／スポンサー
受容的／不満足／権力
アダプター・タイプ
マネジメント・レベル

アクション・ツール
- ダイヤモンド・チーム
- コンタクト・マトリックス
- GROW

は、顧客の意思決定プロセスを分析するための様々な分析ツールを紹介し、ターゲットとすべきポイントの特定と、アプローチ方法について考察した。この章では、この分析に基づいた行動をとるためのアクション・ツールを三つ紹介する（図8.1を参照）。

ダイヤモンド・チーム・モデルと、それに付随するコンタクト・マトリックスおよびGROWによって、意思決定のスネイル（7章の図7.1を参照）で特定した相手の各部門に対して、効果的なアプローチをとることができる。

●───スネイルの見直し

図8.2は、スネイルへの典型的な「浅い」浸透度を示している。このサプライヤーは、従来型の営業主導型の対顧客戦略をとっている。「従来型」と言ったのは、これが文字通り過去数十年にわたって、企業とその営業部門の多くが採用してきた戦略であるからだ。これは、顧客と単純な1対1の関係性を持つもので、その形からボウタイ（蝶ネクタイ）型の関係と呼ばれる。図8.3に、このボウタイ型の関係性を示す。この関係は、両者に様々なメリットをもたらすものではあるが、GAMの実践に挑むサプライヤーと、グローバル・サプライヤーを求めている顧客にとっては、大きな障害となる可能性がある。

図 8.2 「従来式の」1対1のボウタイ型の営業アプローチ

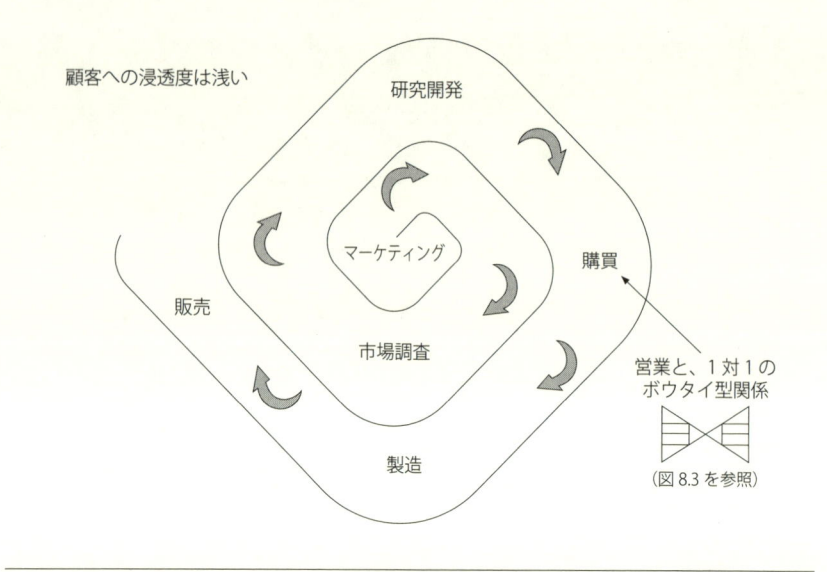

顧客への浸透度は浅い

研究開発

マーケティング

販売

市場調査

購買

製造

営業と、1対1の
ボウタイ型関係

(図 8.3 を参照)

　ボウタイ型の長所は、その単純さと管理のしやすさにある。この関係では意外性のある出来事は少なく、売り手側も買い手側も取引がどう行われているかをよく理解している。何かニュースがあったら、それはおそらくあまりよくない出来事が起きたということだ。スネイルに対する浸透度は低い。顧客の意思決定プロセスに対するサプライヤーの理解は低く、付加価値の高いソリューションの提供も難しい状況だ。2社の関係は、たった2人の個人に委ねられているため、競合は参入しやすい。さらに、この関係においてグローバルな供給を行うことは限界があり、それを求めている顧客にとっては非常にもどかしい状態であると言える。

　長期間にわたって効果的に機能している仕組みを、より野心的な試みのためにやめてしまうのは得策なのだろうか？　しかし、顧客側で新しい製品が開発されることになり、サプライヤーにとっての新しい機会が生まれた場合はどうだろう？　新製品開発の話を開発部門から聞かされた時点で、すでにサプライヤーは大きな遅れをとってしまう（購買部門が物事を最初に知ることは少ない

図 8.3　ボウタイ型関係

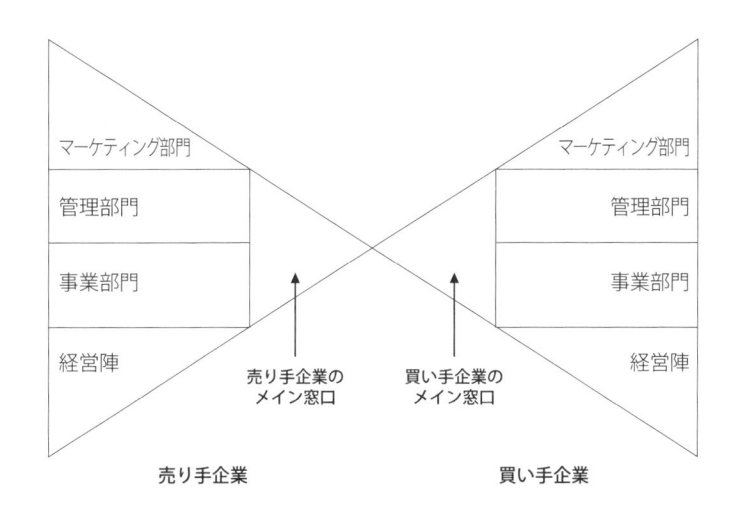

```
マーケティング部門                    マーケティング部門
管理部門                              管理部門
事業部門                              事業部門
経営陣         売り手企業の  買い手企業の   経営陣
              メイン窓口    メイン窓口

   売り手企業                          買い手企業
```

出典：From McDonald, M, Miliman, AF, and Rogers, B (1996)
Key Account Management: Learning from supplier and customer perspectives, Cranfield University School of Management, Bedford

のだ）。サプライヤーが反応すべき時間はわずかしかない。競合は、すでに新製品に対応する製品・サービスの提供の準備を始めているかもしれない（顧客への影響戦略をより効果的に行っている競合なら、十分に考えられる事態だ）。重要な決定の多くはすでに下されており、購買部門は価格のことしか頭にない。こうした状況でバリューを相手に売り込もうとすることは至難の業になる。

　このような事態を避けるためにも、サプライヤーが顧客の意思決定のスネイルに浸透しなければならないことは明らかだ。しかし、現実的にはいくつもの障害がある。

- 購買部門はサプライヤーがスネイルに浸透することを好ましく思っていない。彼らはゲートキーパー型として振る舞おうとする（サプライヤーが他部門と関わり様々な情報を入手することで、購買部門の交渉が難しくなると考える）。
- サプライヤーの営業部門がスネイルに浸透しようとする自社の戦略に乗り

気ではない。購買部門以外を相手にすることを「自分たちの仕事ではない」と考える。
- スネイルの他の場所に位置する人、部門、部署などが、複数の国に点在している（しかも、これらの国に移動するための交通費は予算に含まれていない）。
- 顧客の研究開発部門の人間は、サプライヤーの営業担当と話をしたいと思っていない。
- 仮に顧客の研究開発部門の人間との接触に成功したとしても、サプライヤーの営業担当が彼らからうまく話を引き出すことができない。

これらを鑑みると、サプライヤーの営業部門が従来の方法にしがみつこうとするのも頷ける。問題の解決策は、顧客の購買部門以外を相手にするときは、営業部門が自分たちの力ですべてを行おうとするのをやめ、自社の各部門の力を借りることだ。顧客の研究開発部門の相手をするのに一番相応しいのは誰か？

相手が口にする専門用語の意味がわからずに四苦八苦し、慣れ親しんだ購買部門とのやりとりの現場に戻りたがっている営業担当者なのか、それとも技術的な知識を持ち、相手のテーマに強い関心を持っている技術畑の人間なのか。

求められているのは、複数の部門から集められたメンバーで構成される顧客対応チームなのだ。専門分野には専門分野で、特殊技術には特殊技術で応え、観察し、学び、結論を導き、影響を与えていく。しかし、この実現には時間と細心の注意が必要だ。なぜなら、以下のような問題が考えられるからだ。

- 数打てばどれかは当たるというような方法で顧客に人材をやたらにあてがっても、うまくいく可能性は低いし、顧客から喜ばれることもない。
- 許可なく他部門に接触しようとすると、購買部門の怒りを買う可能性が高い。
- あまりにも意図的に担当者を顧客に送り込もうとすると、様々な問題を引き起こしてしまうことがある。
- 一定の成果を上げると、それ以上先に踏み込もうとしなくなる──コンフォート・ゾーン問題。

コンフォート・ゾーン

スネイルの先には、まだ進むべき道が残っている。それにもかかわらず、そこから先に進むのを簡単にあきらめてしまうサプライヤーは驚くほど多い。こうした傾向を、コンフォート・ゾーン・シンドロームと呼ぼう。たとえば、研究開発部門の担当者とよい関係を築くことに成功したとする。そこに到達するまでに大変な時間を要したし、この関係によって取引もよりよいものになった。以前よりも多くのことを、早く知ることができるようになった。サプライヤーの多くは、ここで満足してしまう。しかし、実は研究開発部門は真の意思決定者ではなく、ユーザーのニーズに応えるために必要な全体像を描く立場でもない。彼らが担当しているプロジェクトは、他の部署から流れてきたものに違いないのだ。

●──ダイヤモンド・チームを構築する

浸透のプロセスでは、大量の調査をし、辛抱強く耐え、楽観的な気持ちを維持することが必要になる。しかし、最も大切なのは、チームワークだ。

スネイルは、現実を単純化したものだ。それ自体は、文字通り「殻」に過ぎない。この殻に肉付けをしていくのが、チームの仕事だ。スネイルの各地点は、チームが議論を深めていくための目印として必要だ。重要なタッチポイントを作成することにも利用できる。そしてこうした作業を実際に行うのがダイヤモンド・チームなのだ。「ダイヤモンド」という名前の由来は、図8.4を見ていただければ一目瞭然だろう。

図8.4に示したのは、一例に過ぎない。ダイヤモンド・チームの構成は、様々な形をとる（この例は、製造業における典型的なB2Bの関係を示している）。チームを構成する人数も実にバラエティに富んでいる。私は、わずか3名で構成されたグローバルなダイヤモンド・チームを知っている。逆に、メンバーが100人を超えることもある。

このパートナーシップ関係は、簡単に構築できる類のものではない。時間をかけてじっくりと作り上げられるべきものだ。急造のチームでは、相手に被害を与えてしまいかねない。

図8.4 ダイヤモンド・チーム――パートナーシップ関係

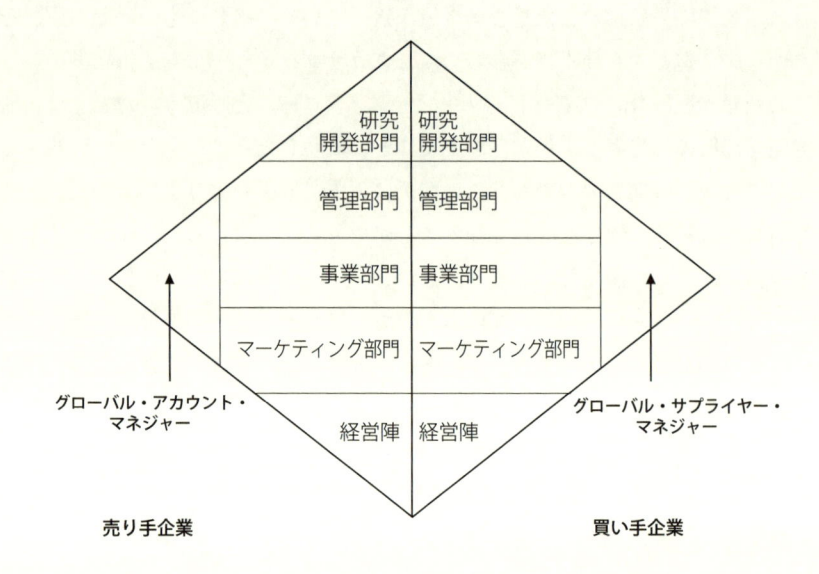

```
                    研究        研究
                  開発部門    開発部門
                  管理部門    管理部門
                  事業部門    事業部門
              マーケティング部門  マーケティング部門
                   経営陣      経営陣
```

グローバル・アカウント・マネジャー　　　　　　　　　　　　　　　グローバル・サプライヤー・マネジャー

売り手企業　　　　　　　　　　　　　　　　　　　　　　　　買い手企業

出典：From McDnald, M, Miliman, AF, and Rogers, B (1996) *Key Account Management: Learning from supplier and customer perspectives*, Cranfield University School of Management, Bedford

落とし穴

図8.4をもう一度見て、不適切に構成され、管理されたダイヤモンド・チームがどれだけの問題を引き起こす可能性があるかを考えてみよう。

- 自らに何を期待されているかを理解していないチームメンバーがいた場合、まず間違いなく大きな問題を引き起こす。
- 顧客は、サプライヤーから送り込まれてきた「カモ」を逃さない。相手に隙があれば、うまく出し抜いてやろうと考える。
- 顧客の相手をする担当者の役職が高ければ高いほど、失敗をした場合の後始末が大変になる。
- 顧客は、無邪気なサプライヤーの担当者があれこれと意見を述べたり好きに振る舞ったりするのを最初は面白おかしく相手にしているが、次第に自分たちのすぐ近くで彼らが騒々しくしているのを疎ましく感じるようにな

る。そして、結果的には、ダイヤモンド・チームに撤退を要求する。
- 顧客から撤退を要求されないとしても、サプライヤーの営業部門は、ダイヤモンド・チームを撤退させたくなってしまう。顧客の相手をすることに慣れていない専門的職種のメンバーたちは、顧客に好き勝手な行動をされることに、耐えられなくなるのだ。独りよがりの、存在しない病を治癒するためのプロジェクトが立ち上げられ、文化大革命のような盛り上がりを見せたりする。こうした事態は、多大な被害をもたらす。

利点

ダイヤモンド・チームがもたらすメリットはとてつもなく大きい。しかしそれが実現されるようになるまでには時間を要する。チームの構築は、投資的な意味合いがあることを忘れてはならない。

- 顧客の意思決定のスネイルに浸透することができる。顧客が本当に求めていることは何かを知り、それに合わせて自らの能力を高め、顧客の意思決定に影響を与えられる。
- 自らの立場を確実なものにできる。ダイヤモンド型の関係は、二つ1組の強力なストラップのようなものだ。長期にわたって構築された関係は、簡単には引き離すことのできないものになる。
- サプライヤーの存在が、顧客の業務の一部となる。顧客の業務に食い込むことを「ロック・イン」という（後述するサービス提供戦略の項を参照）。
- サプライヤーは、主要／戦略的グローバル・サプライヤーの地位を獲得することができる。
- チームによって形成される関係は、信頼と相互の将来的希望に基づいたパートナーシップになる。
- 情報が共有され、担当者へのアクセスが容易になり、システムが統合され、価格は安定し、利益率が向上する。これ以上何を求めればよいのだろうか？

ダイヤモンド・チームを管理する

うまく管理されたダイヤモンド・チームは、GAM戦略の中核を成す存在と

図 8.5 複数ボウタイ型ダイヤモンド――避けるべき事態

グローバル・アカウント・マネジャー　　　　　　　　　　　グローバル・サプライヤー・マネジャー

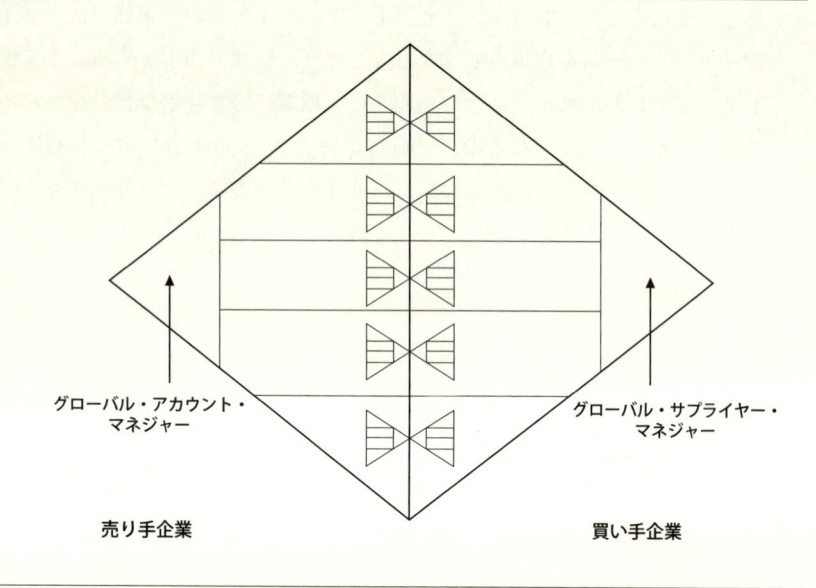

売り手企業　　　　　　　　　　　　　　　　　　買い手企業

なる。サプライヤーに多くのメリットをもたらし、障害を乗り越える手段となる。チームをうまく管理するための最大の条件の一つは、メンバー同士が適切にコミュニケーションをとり、チームとして行動しようとすることだ。ダイヤモンド・チームの実体が、それぞれが孤立した小さなボウタイ型の複合物のようなものになってしまったら（図 8.5 を参照）、単純な関係を維持できていた図 8.3 のようなボウタイ型の関係よりも、むしろ後退してしまうことになる。

　現実的には、「見せかけだけの」ダイヤモンド・チームは図 8.5 と同じような性質を持っている。チームは、異なった方向性を持った個人の集合であり、自らの目的に合うのであればチームが目指すものとは別な方向に走り出してしまうメンバーで構成されている。サプライヤーは自分たちが顧客との間にダイヤモンド型の関係を構築していると思っている。しかし現実はそうではない。これはとても危険な状況だ。各自がそれぞれ自己満足に浸っている間に、様々な悲劇が迫っているのだ。おそらく、唯一の利点は、不満に耐え切れなくなった顧客が、サプライヤーのチームワークの欠如を指摘してくれるかもしれないということだろう。顧客は、次のような矛盾に満ちた要求をすることもある。「担

図8.6 コンタクト・マトリックス

アカウント・マネジャー	サプライヤーのチームメンバー	サプライヤーのチームメンバー	サプライヤーのチームメンバー	サプライヤーのチームメンバー	サプライヤーのチームメンバー	サプライヤーのチームメンバー
購買部門のディレクター	XXX					
顧客のチームメンバー	XX					XX
顧客のチームメンバー					X	
顧客のチームメンバー	X			XXX		X
顧客のチームメンバー			XXX			
顧客のチームメンバー	X					XXX

ケン・レイリー ─ ジョン・スミス
G ─ …のための確実なグローバル契約
R ─ ソリューションの提供
O ─ 短期間の地域チーム結成
W ─ ロンドン。7月3日

当者は1人で十分だ」。しかし、この場合に顧客が以前のようなボウタイ型の関係に戻りたいと考えていることは稀だ。顧客は、無数の小さなボウタイ関係がもたらす混乱を束ねてくれる人物を求めているのだ。

このように、ダイヤモンド・チームは時に危険な存在になり得るが、GAM戦略を成功させるためには必要不可欠である。このチームをうまく連携させ、顧客から見て扱いやすい存在にするための、二つのシンプルな管理ツールを紹介しよう。このツールによって、客先で問題を起こしてしまったり、顧客の足手まといになったりすることを防げる。二つのツールとは、コンタクト・マトリックスと GROW だ。

◉── **コンタクト・マトリックス**

図8.6に示したコンタクト・マトリックスは、単純な表のなかに「誰が誰の相手をしているか」という詳細な情報を記載するためのものだ。同じ情報は、すでに他の形式で存在している場合が多い。CRM（カスタマー・リレーション

シップ・マネジメント）や顧客訪問記録、あるいは各人の頭のなかに記録されているのだ。しかし、このコンタクト・マトリックスを使うことで、誰もが一目で全体像を把握できるようになる。これはとても大きなバリューをもたらしてくれる。複数の担当者を相手にするときの混乱を避けることができるし、対応がおざなりになっている相手担当者を見つけ出すことができる（誰かが相手をしているだろう、とチーム全員が漠然と思っていることが多い）。また、チームとして考えたときに、どのメンバーが顧客企業の誰を相手にすべきかということも明確になる。コンタクト・マトリックスは、長期的な顧客への影響戦略においても有効だし、短期的なキャンペーン（新製品開発・販売プロジェクトなど）にも利用できる。客先でのミーティングの予定などを書き込むことも可能だ。つまり、複雑な対顧客戦略を単純化するためにとても有用なツールだと言える。

コンタクト・マトリックスは、数あるGAMツールのなかでも、最も効果の高いものである。何が変わり、誰がいなくなり、誰が新しく加わったか。誰の相手をすることが必要であり、それに相応しいメンバーは誰か。定期的に見直しをして（GAMチームの会議がある場合は毎回）、常に最新情報にアップデートしておくことが大切だ。

●── GROW

コンタクト・マトリックスは、GAMチームの特定の個人が顧客企業のどの担当者を相手にするかを明らかにする。GROWでは、この組み合わせに対し、さらに細かい情報を付け加える。GROWは、以下の4項目の頭文字を表している。

G：goal（目的）
R：role（役割）
O：obligation（義務）
W：work plan（計画）

GAMチームのメンバーはすべて、それぞれのGROWを持つ。チームに所

属し、顧客の特定の個人を担当する理由は何か（目的）。担当者にどのような立場で接するべきか（役割）。チームの他のメンバー、あるいは顧客に対して果たすべきことは何か、行うべきこと、行ってはいけないことは何か（義務）。具体的な行動予定は何か（計画）。単純な仕組みだが、これによって GA マネジャーは世界各地に点在するメンバーで構成される複雑な GAM チームを管理しやすくなる。

なかでも、義務はとても重要だ。GAM チームのメンバーには、チームのために、あるいは GA マネジャーのために働こうという意識が希薄である。彼ら自身の目標を定め、そのために行動しようとする。こうした規律がなければ、メンバーは果たすべき義務があることを十分に自覚しないだろう。

GA マネジャーは、メンバー各人に GROW の作成と提出を要求してみるとよい。これは、マネジャー自身が GROW を作成し、それを各メンバーに与えるよりもいくつかの面で効果的だ。まず、メンバーはマネジャーよりも自らの立場をよく理解していることが多い。また、メンバーの献身とモチベーションを高めるためにも、メンバー自身に GROW を作成してもらうほうがより建設的だ。ただし、文化的に、上から指示を与えられたほうがより効果的に行動する傾向のある場合もあるので（第 15 章を参照）注意が必要だ。

マイクロソフトのエクセルを使っているのであれば、コメント機能を用いて GROW を書き込んでみるとよい（図 8.6 を参照）。

コンタクト・マトリックスと同様、GROW も定期的な見直しと、チーム会議の前の更新が必要だ。

「コア」チームと「サラウンド」チーム

プロジェクトがうまく進行している場合、チームメンバーが「目的を達成した」状態になることもあるだろう。このとき、マネジャーは何をすべきなのだろうか？　新しい目的を与えればよいのだろうか。確かに、それが必要な場合もあるだろう。しかし、新しい目的が特に必要ないと思われる状況もある。必要なことはすでになされ、担当プロジェクトは完了した。このメンバーは、チームからいったん離れることができるはずだ。次に新しい目標が発生した場合に、再びチームに参加すればよい。この考え方はとても重要だ。GAM チームを

いたずらに肥大化させてはならない。アクティブな状態ではなくなったメンバーを、そのままチームにとどまらせておくべきではない。チームの肥大化は、すぐに機能不全につながってしまう。

うまくチームを管理するためには、比較的少数のメンバーで構成されたチームを作ることが望ましい。こうしたチームのことをコア・チームと呼ぶ。メンバーの選定は状況次第だが、通常は、プロジェクトに最も長い間関わる必要のある者、最も大きな貢献が求められている者で構成する。コア・チームはできる限り頻繁にミーティングを開き、絶えず連絡をとり合う関係を維持することが大切だ。コア・チームの周りには、必要なときにのみチームに参加すべき人間が多数存在する。これらの人々を含めたチームを、サラウンド・チームと呼ぶことができる。サラウンド・チームのメンバーを毎回会議に召集したり、情報を常に共有しようとすることは、チームにとっての負荷となってしまう。

●──ボウタイからダイヤモンドへ

図8.3では、顧客とサプライヤーの典型的な1対1のボウタイ型の関係を紹介した。真のGAM実践のためには、この関係を改めなくてはならない。しかし、ボウタイ型からダイヤモンド型への移行は、具体的にどう行えばよいのだろうか。それを実現するためには革命的、あるいは根源的な変化が必要になる。不用意に設置したダイヤモンド・チームがもたらす弊害の大きさについては、すでに見てきた通りだ。

ボウタイ型からダイヤモンド型のチームへの移行を成功させるためには、五つの重要な要因がある。

❶マネジメント・ツール──コンタクト・マトリックスとGROW
❷顧客のモチベーション──バリューの提供
❸相互の意図と信用の実現性──戦略的提携
❹コーチング・スキル
❺作業量過多の回避

1.についてはすでに説明してある。2.以降について見ていこう。

図8.7　関係開発モデル

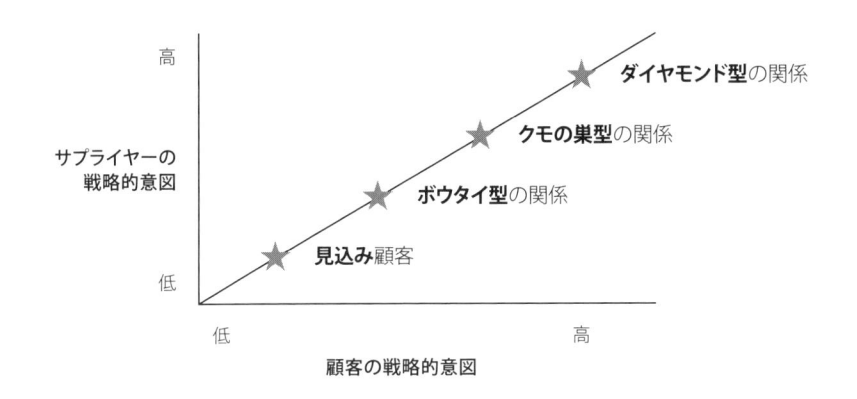

```
高
│                                    ★ ダイヤモンド型の関係
サプライヤーの
戦略的意図              ★ クモの巣型の関係
              ★ ボウタイ型の関係
       ★ 見込み顧客
低
   低                              高
       顧客の戦略的意図
```

出典：Adapted from McDnald, M, Miliman, AF, and Rogers, B (1996), *Key Account Management: Learning from supplier and customer perspectives*, Cranfield University School of Management, Bedford

顧客のモチベーション——バリューの提供

サプライヤーはボウタイ型の関係を脱却し、ダイヤモンド型に移行したいと考えている。情報収集の強化、顧客への密着、影響度の増大、バリューの誇示などがその理由だ。これを戦略的意図と呼ぶことができる。図8.7に、顧客とサプライヤーの戦略的意図の等価な関係を示す。

顧客がボウタイ型の関係しか望んでいなければ、サプライヤーはダイヤモンド・チームを無理やり導入することはできない。導入を試みたところで、あちこちで不満が生じて、失敗するのがおちである。最悪なのは、顧客を怒らせてしまうことだ。ボウタイ型からダイヤモンド型への移行は、サプライヤーだけでなく顧客にも同じだけの変化が要求される。顧客は、現状のボウタイ型関係の状態を維持することのほうが、居心地がいいと感じるかもしれない。ボウタイ型関係では、顧客は強い権限を持っている。サプライヤーは購買部門以外に接触をするのに、大変な労力を必要とする。顧客の戦略的意図は、タッチポイントの増加によってバリューがもたらされることが明確になった時点で、初めて変化する。バリューがなければ、タッチポイントの拡大もない。

サプライヤーにとって、この移行の契機となるのは、問題が発生した場合で

図 8.8　ボウタイ型からの脱却

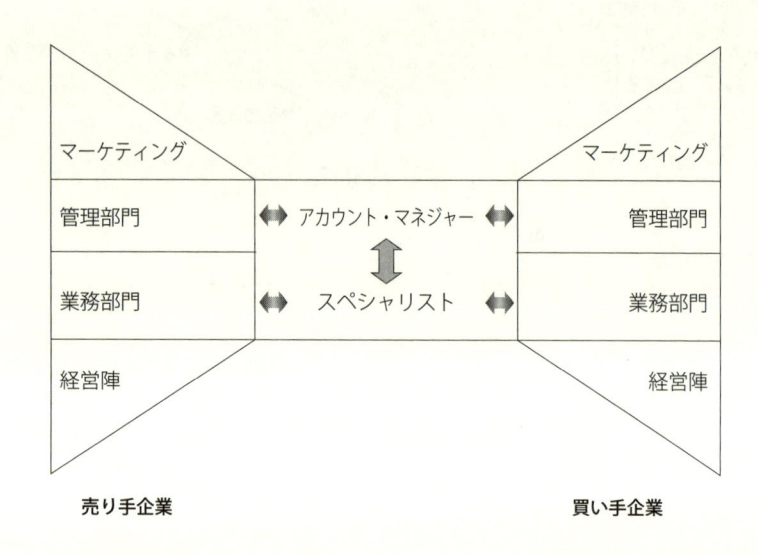

```
売り手企業                              買い手企業

マーケティング                          マーケティング

管理部門    ⇔ アカウント・マネジャー ⇔   管理部門
                    ⇕
業務部門    ⇔ スペシャリスト      ⇔   業務部門

経営陣                                  経営陣
```

あることが多い。顧客が何か問題を抱えており、その解消のために、サプライヤー側の営業担当以外の人間（スペシャリスト）が対応する。図 8.8 に示すように、顧客との関係は、ボウタイ型を拡大したものに変わる。

　問題が解決された後も、サプライヤーはこの新しい関係を維持しようとする。そのメンバーがコア・チームにいようとサラウンド・チームにいようと、顧客との関係をそのまま継続することを目指す。そして、他にも新しい関係を構築できるチャンスはないかと目を光らせるのだ。ただし、焦ってはいけない。事を急いでは、顧客によくない印象を与えてしまいかねない。強引に前に進もうとすることで、逆に後退してしまうこともある。

相互の意図と信頼——戦略的提携

　ボウタイ型からの拡張を継続し、ダイヤモンド型への移行を目指すサプライヤーと顧客は、互いに目指すところを共有すべきである。長期的な戦略はこうした野心の共有（あるいは少なくとも話し合い）から始まり、提携のためのプロセスや行動が進められていくのである。ここで重要になる要素が、信頼

だ。顧客は、大きな信頼を置くことなくサプライヤーと取引をすることが可能だ。それは、顧客にとってそのサプライヤーが重要でなかったり、思い通りに操れると考えたりしているからだ。しかし、サプライヤーに自らの懐に入り込むことを許し、ダイヤモンド／パートナーシップ型の関係を構築しようとするときは、サプライヤーに対する信頼が不可欠となる。サプライヤーにとっても同じだ。顧客のことを信頼できずに、どうして莫大な時間と労力を投資してまで、新しく大掛かりな関係を構築しようなどと思えるだろうか。

信頼とタッチポイントは、並行して拡大していくべき要素だ。しかし、ここにはジレンマがある。顧客との接点が増えるにつれ、顧客を失望させてしまうような機会も増えてしまうかもしれないからだ。そうなれば当然、信頼には傷がつく。私の顧客に、ボウタイ型の関係の長所は、顧客を失望させるのが一度で済むことだ、と言った者がいた。私はこれを冗談だと受け止めたいし、タッチポイントの拡大が信頼感を損なうことにならないように、その顧客には様々なアドバイスをするつもりだ。前述したコンタクト・マトリックスとGROWは、こうした事態を避けるために用いることのできる、とてもよいツールだ。

提携関係がうまく構築されつつあるか、あるいは少なくとも顧客が真剣にグローバル・サプライヤーを求める戦略的意図の下に行動しているかを知るためのよい指標がある。それは、顧客がグローバル・サプライヤー・マネジャー（GSM）の役職を設置しているかどうかだ。図8.4のダイヤモンドでは、サプライヤー企業のグローバル・アカウント・マネジャーに相当する位置に、顧客企業のグローバル・サプライヤー・マネジャーが位置していることがわかる。もし顧客側にGSMが存在しなければ、サプライヤーには注意が必要だ。ダイヤモンド型への移行に際して、GSMが果たすべき役割はとても大きいからだ。では、GSMにはどのような人材が登用されるのか。サプライヤー企業において、GAマネジャーが営業担当者である必要がないように、顧客企業におけるグローバル・サプライヤー・マネジャーも、購買部門の担当者である必要はない。GSMが存在しない場合には、次のような理由が考えられる。

❶対象となるサプライヤーが、わざわざGSMを設置するほど重要だと捉えられていない。

❷顧客が真にグローバルな企業ではない。少なくとも、対サプライヤー戦略という意味においては。顧客は、これから真にグローバルな存在になろうとしている過渡期にあると考えることもできる（第1章を参照）。この場合、顧客はグローバル・サプライヤーを相手にしたいと考えているのだが、それに対応するだけのインフラがまだ整っていないのだ。購買部門にグローバルな能力が十分に備わっていないと言える。

❸GSMを設置しないのが、その顧客の流儀である。

1番目と2番目の理由の場合、サプライヤーはなんらかの手を打つことが考えられる（提案を改善する。顧客の担当者にGSMの役割をしてもらうように依頼する）。しかし、3番目の場合、おそらく顧客の方法に合わせるしか道はない。もしくは、本書を顧客にプレゼントするという手もあるかもしれない……。

コーチング

コンタクト・マトリックスとGROWはダイヤモンド・チームの管理にとても有効だ。また、顧客が動機づけされており、提携の領域が拡大していくことも、ダイヤモンド型への移行にとって重要だ。しかし、実際にこの移行を動かしているのは個々の人間だ。GAMの実現のためには、様々なシステムやプロセスが導入される。しかし、最も大切なのはそれに関わる人間の意識なのだ。GAマネジャーはGAMチームの個々のメンバーの能力を引き上げるために、コーチングやトレーニングを用いる（GROWのO、すなわち義務に相当する）。1対1のコーチングは、特に重要だ（これはR、すなわち役割に関わる）。GAマネジャーの能力と求められる仕事内容については、第10章で詳しく解説する。

作業量過多の回避

顧客との関係の構築が進んでいくと、それは図8.9に示すような状態になることがある。

ボウタイ型の関係から見れば進歩しているが、これはサプライヤーが真に望んでいる関係の状態ではない。接点は確かに拡大している。しかし、あまりにも多くの接点が発生したために、GAマネジャーの下を通過するコミュニケー

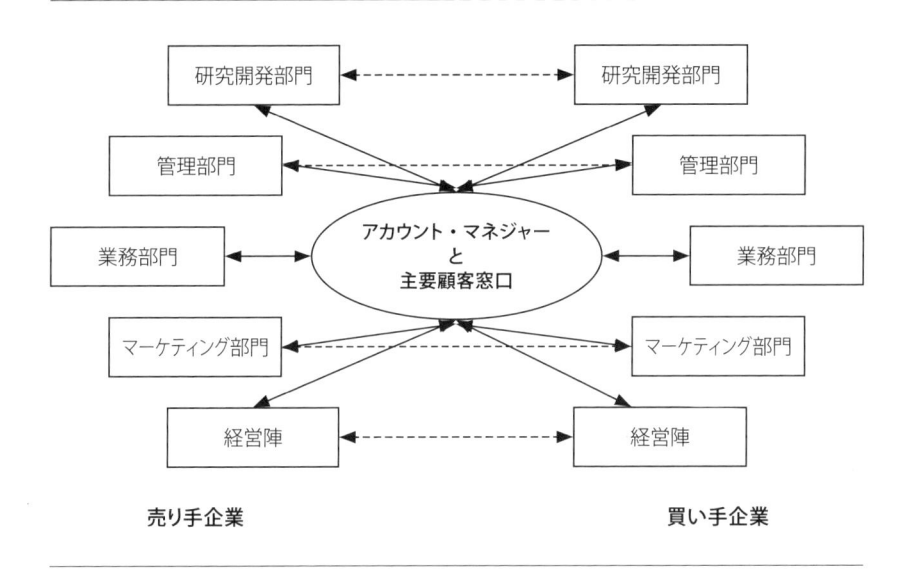

図8.9 作業量過多——クモの巣型関係

```
       研究開発部門 ←------→ 研究開発部門
       管理部門   ←------→ 管理部門
                ＼      ／
                 ｜アカウント・マネジャー｜
       業務部門  ←―  と        ―→ 業務部門
                 ｜主要顧客窓口    ｜
                ／      ＼
       マーケティング部門 ←------→ マーケティング部門
       経営陣    ←------→ 経営陣

       売り手企業              買い手企業
```

ション量が膨大に膨れ上がっている（許可や管理のために）。これは、作業量過多という危険な状態である。この段階では、移行期間のなかでも最もコストが膨れ上がる。人件費は急速にかさんでいくが、それに見合うリターンがあるかどうかは疑わしい。この段階をうまく切り抜けて、ダイヤモンド型に完全移行することはとても重要だ。

◉──真のダイヤモンド・チームへ

　真のダイヤモンド・チームを構築できたかどうか（悟りの境地、とまでは言わなくても、GAMの達成のためには、それに近い重要さを持っている）は、どのようにして確認すればよいのだろうか？
　以下がそのチェックリストである。

- チームのメンバー全員が、自分たちの目的を明確に把握している（チームメンバーとしての、および顧客に対しての）
- チームのメンバー全員が、自分たちの役割を明確に把握している

- チームのメンバー全員が、顧客と他のチームメンバーへの自分たちの義務を明確に把握している
- チームのメンバー全員が、自分たちのワークプランを明確に把握している
- 顧客のチームメンバーに対して、主張すべき点や意見を十分に述べることができている

　ここでは、確認のためにGROWの概念を使っている。そして、5番目のチェック項目には、とても重要なポイントが込められている。このリストは、顧客から見ても同じようにダイヤモンド・チームの構築の確認に使えるものだ。互いの望みを共有している真のパートナーシップとは、これらの条件を満たすものだ。ただし、5番目については絶対条件と考えなくてもよい。現実的には、難しい側面もあるからだ。

◉――不信、懸念から自信、明確さへ

　GROWは、GAMにおける好循環を推進するための大きな動機となる。その名の通り、成長（GROW）を促進するツールだと言える。しかし、その前に、なぜボウタイ型の段階が長期的に継続する傾向にあるのか、その理由を考えてみよう。

❶ 営業担当者が、同僚の顧客と接する能力を十分に信頼していない（用心深くなることが正しい場合も多い）。
❷ GAMチームへの参加が予定されている者（特に、通常顧客と接する機会のない者）の多くが、顧客と接することに恐れを抱いている。このようなメンバーは、何かを売ることがまるで魔術を使って行われているようだと考えていることもある（また、営業担当者もそれを助長するかのような言動をとる傾向がある）。

　こうした状況は、あまり好ましいものとは言えない。しかし、だからといって簡単に否定できるものではない。多くのGAMチームにとって、メンバーの間に横たわる不信感こそが、すべての始まりとなる。この不信感を少しでも解

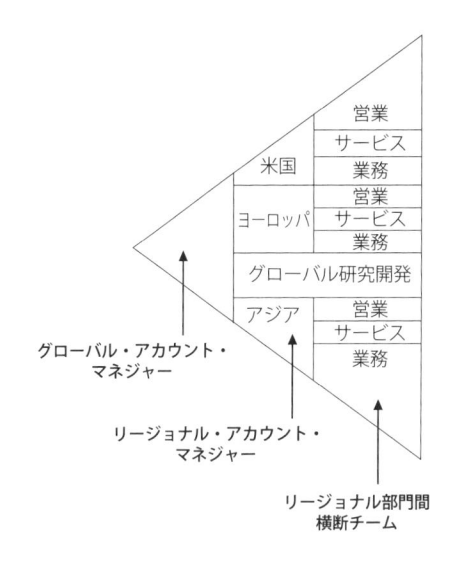

図 8.10　グローバル・ダイヤモンド・チームの例

```
                    営業
              米国   サービス
                    業務
                    営業
           ヨーロッパ サービス       ※もちろん、これは顧客の
                    業務           グローバル構造に依存する
          グローバル研究開発
                    営業
           アジア    サービス
                    業務
```

グローバル・アカウント・マネジャー
リージョナル・アカウント・マネジャー
リージョナル部門間横断チーム

消するために用いるのが、GROW である。シンプルな規律によって、メンバーに明確な目標を与え、自らに何が求められているかを明らかにし、自信を植えつける。この規律は、チーム全体に自信を与えてくれる。チームの立ち上げの段階で、うまくいかないことがたくさんあるときでも、目標や役割、義務や計画が明確であれば、それはとても強い支えになる。

　自信と明快さから、真の能力は生まれる。GROW は、何度でも書き直される。目標が大きくなり、求められるものが変わるにつれて、GROW も変化する。GAM マネジャーのチームに対する信頼は、メンバーの献身の度合いと能力が高まるにつれて、大きくなる。信頼が高まれば、メンバーの裁量権も大きくなる。GA マネジャーが、絶えず監視をしていなくてもチームを自律的にうまく機能させていけると確信したとき、チームは真のダイヤモンド・チームに近づいている。

◉──グローバル・ダイヤモンド・チーム

ダイヤモンド・チームをグローバルな規模で構築するとき、それは図8.4の例よりもはるかに複雑なものになる。顧客の意思決定プロセスがグローバルな規模で複雑化するのと同じことだ。

図8.10に、グローバル・ダイヤモンド・チームの例を示す。ただし、これはあくまで一例にすぎない。チームの構成は、それぞれの顧客のグローバルな構造に大きく依存するからだ。テンプレートを作ったとしても、顧客によってあまりにも構成が異なるので、意味をなさない。さらに、顧客のグローバルな組織構造は、絶えず変化する傾向がある（そうでない顧客の方が少ないはずだ）。このため、ダイヤモンド・チームの構成も、固定的なものにはならないのだ。

この例では、地域別のチーム構成が明らかになっている。各地域のGAマネジャーが、部門横断のチームを率いている。ただし研究開発部門のみは、グローバルなチームが形成されている。

各地域には営業担当がいることがわかる。この例の顧客は、中央でサプライヤーと購買方針が決定されているが、購買処理そのものは各地域の購買部門によって行われているからだ。

会議

GAMチームはどれくらいの頻度で会議を開くべきなのだろうか？　絶対的な答えはないが、いくつかのアドバイスを挙げることはできる。

- 前述のコア・チームを結成し、定期的な会議を持つ。
- 一般論としては、会議を開く頻度は、ダイヤモンド・チームを構築する初期の段階のほうが多くなり、チームが成熟するにつれて少なくなる。
- 会議のための会議、にはならないようにする。
- 会議を開く際は、明確なアジェンダを作る。三つの必須事項がある。それは、コンタクト・マトリックスの見直し、GROWの見直し、そしてグローバル・アカウント・プランの見直しだ（14章）。
- 会議を開く際は、社交的な側面にも気を配る。文化的な多様性を強化することにも役立つだろう。

- コア・チームは、顧客とも定期的な会議を開くようにする（四半期に1回程度？）。
- 次回の会議が開催されるまでの間、コア・チームは様々な手段を使ってコミュニケーションを絶やさないようにする。
- コア・チームとサラウンド・チームが一堂に会する年次の会合を開くことが望ましい。

　会議の開催には費用がかかる。その予算を管理しているのがGAマネジャーだ。成熟したチームは、たとえばテレビ会議システムを使った遠隔地での会議開催が可能だ。しかし、特にチーム構築の初期段階においては、直接チームのメンバーと顔を合わせることがとても大切になる。GAM戦略を推進していくことと、会議のための交通費を削減することは、両立しない概念であると言える。

留意しておきたいこと──内側ではなく、外側を見る

　グローバルなダイヤモンド・チームを構築し、管理し、鼓舞することの大変さを考えたとき、マネジャーがチームの内側に意識を向けてしまいがちになるのも無理はない。チームに必要なのはどのような人材か、チームに参加できるのは誰か、どうすれば参加させられるか。しかし、チームの目的は何かを考えれば、大切なことは何かがすぐにわかるはずだ。マネジャーは、チームの内側に目を向けるのではなく、顧客指向のチームを構築しなければならないのだ。チームの存在によって、顧客をよりよく知ることができ（第5章と第6章）、顧客に影響を与えることができ、細やかなサービスを提供することができる。これらを効果的に行うために、サプライヤーのチームは、顧客の組織や業務の実態に合わせたものにすべきだ。このような顧客への説得と、顧客に対する影響は、顧客の意思決定プロセスの分析に基づくべきであり（第7章）、サプライヤー独自の考えによるものであってはならない。

◉──グローバル・クロスビジネス・タッチポイント

　問題の複雑さを考察してみるために、第2章と第4章で紹介したサプライヤー企業のタッチポイントを管理する場合を考えてみよう。このサプライヤー

は、食品業界、家庭用品、洗面用品、化粧品業界などに製品を提供しており、複数事業をまたがる GAM 戦略を構築する必要があった。このサプライヤーは、それぞれの事業において異なった儲けの仕組みを持っている。複数の事業を展開する企業がグローバル・タッチポイントを扱う際に、どのようにそのバリューを維持することができるのだろうか？

> ある顧客に対して、このサプライヤーでは五つのビジネス・ユニットが製品を提供している。各ユニットの提供物はとても異なっているので、顧客への影響戦略の観点から、顧客への対応部門もそれぞれに異なっている。
> - 食品素材＝購買部門（および製造部門）
> - 食品添加物＝購買部門および規制当局担当部門
> - 香味料＝研究開発部門および製造部門（および購買部門）
> - 香料＝研究開発部門およびマーケティング部門（および購買部門）
> - 高級香料＝香水部門とマーケティング（意思決定ユニット）
>
> DMU は、各ビジネスによって完全に分離されて、異なっている。しかし、顧客はグローバルな購買部門によってそれらをまとめたいと考えている。ここで、とても重要なことがリスクにさらされている。サプライヤーの提供物の多様性と、顧客の意思決定の多様性は、サプライヤーを顧客にとっての特別な存在に押し上げ、高いバリューの提案が可能な状態になっていた。この関係をグローバル化することで、サプライヤーは低価格を競い合うような他のサプライヤーと同列に扱われることになってしまわないだろうか？　このグローバル化は、食品素材を扱うビジネス・ユニットにとっては歓迎すべき変化ではなかった。また高級香料を扱うビジネス・ユニットのアカウント・マネジャーは客先の購買部門との会議に参加しなくなった。
>
> DMU を実体として扱い、さらに顧客が求める通常の役割をタッチポイントで果たしていくことは、とてもデリケートな作業であり、チーム内での細やかな調整が必要になる。ここでも GROW が大きな効果を発揮する。特に O（義務）が重要だ。この段階では、チーム内に、チームの方向性とは異なる動きを勝手にとる者があってはならない。

サービス提供戦略

　GAM チームの顧客への影響戦略は、ダイナミックなものでなくてはならない。絶えず変化する状況に合わせて、チーム内の人の入れ替わりも多くなる。これは、戦略が具体的な形をとり始めると（たいていは偶発的な要素を含みながら）より顕著になる。

　これと対極的なのが、サービス提供戦略だ。ここでは、変化ではなく安定が重要になる。担当者は、頻繁に替わるものとは見なされない。この領域では、サービス提供における長期的な一貫性こそが、何よりも重視される。偶発的な要素はごくわずかしかない。

　優れたサービスを提供するには、細部へのこだわりが欠かせない。サービス提供戦略におけるタッチポイントの核になるのは、人であると同時に、システムであり、業務プロセスである。顧客が優れたサービスを受けていると感じるときは、サプライヤーの担当者と何度も会わなくてもよいときであり、サービスを受けていること自体を強く意識しなくてもよい状態のときである。

　すでに引用したセリフだが、ここでもあるサプライヤーによる GAM の定義が、事の本質をよく言い当てていると思う。「GAM とは、顧客とサプライヤーとのやりとりのうち、営業担当者が関わらない部分すべてのことだ」

　顧客がサービス提供の背後にいる人間の存在には気づかないにしても、GAM チームの重要性が低くなることはない。また、GAM チームはサービス提供の重要さをより強く認識しなければならない。顧客への影響戦略のセクションで紹介した GROW は、ここでも非常に大きな意味を持つ。顧客にサービスを提供する仕事に従事している者は、GROW を十分に実践すべきだ。

　担当者が何か特別な行動をとらなければならないのは、問題が発生したときだ。まずは、問題を解決しなければならない。解決したら、顧客は問題が二度と起こらないことを望む。このとき、日ごろの信頼関係が大切になる。サプライヤーは、この問題から何かを学んだことを顧客に示さなくてはならない。そして、問題の再発を防ぐために、継続的な改良を実践するなど、何らかの行動をとらなくてはならない。問題が発生して喜ぶ顧客などいないが、適切な対応をするサプライヤーは顧客に感謝されるだけでなく、信頼を勝ち取ることが

できる。それは、優れたタッチポイントの管理の結果によって得られたものなのである。

●──ロック・イン

　サービス提供における、ダイヤモンド型関係の効果とは、顧客との多くの接点ができることである。接点はサプライヤーを顧客の下に繋ぎとめる「錨」となる。錨は別の錨を生みながら、顧客との関係をより密接なものにしていく。顧客の業務をサプライヤーが代行するようになることも珍しくない。アウトソーシングによって、サプライヤーの顧客への「ロック・イン」はますます強くなる。ロック・インとは、サプライヤーに多くを依存する顧客が、サプライヤーを必要不可欠の存在と見なすようになることを指す。サプライヤーは顧客の業務の一部と化す。サプライヤーとの取引をやめることは、ある部門を閉鎖するに等しい。あるいは、外注できる仕事をわざわざ自前で行わなければならない無駄だと考える。ロック・インに成功したサプライヤーは、第6章の図6.6で紹介したサプライヤー・ポジショニング・マトリックスの上方に位置することができると言えるだろう。

　ロック・インを目指すことはとても重要な戦略だと考えられるが、注意点もある。大きくは二つだ。まず、あまりにもサプライヤーとの関係が大きくなり過ぎると、顧客はサプライヤーへの依存度を増していくことに不安を覚える。そして、そうならないための道を模索し始める。代替のサプライヤーを探したり、関係を少しずつ薄くしようとしたりする。2番目に、長年、多くのサービスを提供し続けることによって、サプライヤーの業務が肥大化してしまう（グローバルなレベルであれば、なおさら）。またその多くの業務は、次第にその重要性が低下していく。顧客側ではそれほど大切なものではなくなっていく場合があるからだ。しかし、サービスを提供するのはサプライヤーだ。顧客は自らリスクをとる必要がないため、そのままサービスの提供を受け続ける。結果的に、サプライヤーの負担は大きくなり、利益が薄く、顧客から重要だとも思われない業務を大量にこなさなくてはならなくなる。ロック・インの状態を目指すサプライヤーは、絶えず自らの業務を確認し、その重要性とコストの妥当性を把握して、その業務を続ける価値がないと判断したときには、撤退する勇

気を持つことが大切だ。

見えない相互作用

　残念なことに、顧客はめったに本音を漏らしてくれない。サプライヤーについて、本当のところはどのように考えているのかは、秘密のままだ。顧客満足度調査は、真実を知るための大きな手掛かりになる。しかし、それはあくまでも漠然とした情報に過ぎない。この種の調査における問題点とは、判断が恣意的なものになる可能性があるということだ。結果には、こうであったらいい、というような希望的観測が含まれることもある。デイヴィッド・オグルヴィ（広告と市場調査のグル）の言葉を借りるならば、この種の調査は酔っ払いが街灯に灯りを求めるのではなく、自分の体を支えるためにそれにもたれかかるのに似ているのだ。

　見えない相互作用とは、事実よりもむしろ顧客の心にある印象が基になっている。サプライヤーの提供する製品やサービスがいくらよいものであったとしても、顧客がつまらないと思えばそれはつまらないものになってしまう。この概念は、サプライヤーの多くにとって受け入れがたいものだろう。特に、よい製品やサービスを提供するために日夜骨身を削って働いている者にとっては。しかし、これは事実なのだ。

　皮肉なことに、サプライヤーが多くを提供すればするほど、顧客はそのサプライヤーのことを重要視しなくなる場合もある。特に、「望まれないクリスマス・プレゼント」を顧客に届けるために必死になっているときはこれが当てはまる。図8.11にこの症状についての説明を示す。この表は、四つの項目が使われている。

❶サプライヤーが得意なこと
❷サプライヤーが得意ではないこと
❸顧客がサプライヤーにしてほしいこと
❹顧客がサプライヤーにしてほしいとは思っていないこと

図8.11 望まれないクリスマス・プレゼント

	サプライヤーが 得意なこと	サプライヤーが 得意ではないこと
顧客が サプライヤーに してほしいこと	成功への道 ✓	失敗への道 ✗
顧客が サプライヤーに してほしいとは 思っていないこと	望まれない クリスマス・プレゼント	問題は何だ？

　ビジネスに成功するためには、顧客が望んでいることをいち早く知ることにおいて優れていなければならない。逆に、顧客が望んでいることが不得手なら、ビジネスは失敗への道を一直線に進んでいくだろう。不用意にコストを上げ、顧客が持つ印象を傷つけてしまうのが、望まれていないことを、それが得意だという理由だけで顧客に押しつけ続けることである。欲しいと思っていない物をクリスマスにプレゼントされたとき、人はどのような反応を示すだろうか？
　「この人は私のことをわかっていない。気を使ってくれていない。ただ形だけのプレゼントをくれただけだ」。これに心当たりのあるサプライヤーは、すぐにそれをやめることだ。

　数年前、私は小売業の企業に勤めていた。その企業は、自社の配達サービスの能力を計測することを業界に先駆けて行うことにした。それはOTIF（オン・タイム・アンド・イン・フル）と呼ばれ、配達が時間通りに不備なく行われた比率を表すものだった。初めての結果を見て驚いた。基準を満たす配達は、わずか35％しかなかったからだ。何らかの手を打たなければならない。私たちが選んだ方法は、天才的なものだった（私が自分で言っているだけだが）。2年間の必死の努力により、パフォーマンスは35％から95％にまで上昇した。KU（最

小在庫管理単位）は倍増した。私たちは誇らしい気持ちを持って、顧客に「よいニュース」を伝えに行った。OTIF の話を顧客にするのは初めてだったこともあって、顧客からは手放しの賞賛をもらえるものだとばかり思っていた。ところが、私たちは驚き、消沈した。顧客の反応は「私たちも貴社には 95%くらいの能力があると思っていましたよ。で、なぜ 100%でないのですか？」

　天才的だと思っていたアイデアは、悲劇を招くものになってしまった。競争力を高める武器になると考えていたものが、私たち自身を打つための鞭に変わってしまった。（顧客のストア・マネジャーには、私たちの配達パフォーマンスを計測するようにとの指示が出され、100%に達することが期待されるようになった。このビジネスに携わったことのある人なら、それがほとんど不可能に近い要求だということがわかるだろう。もし無理やり達成しようとして努力したとしても、それは恐ろしく費用がかかる。しかし、店舗レベルではマネジャーが厳しく目を光らせている――時間通りに配達したことを喜んでくれるのではなく――これはすべて私たちが情報を顧客に提示したことがきっかけだったのだ）。

　ここで私たちが学んだ大きな教訓とは、私たちは配達成功率が 35%のときに、その改善案とともにそれを顧客に伝えるべきだったということだ。成功率が上がっていくにつれ、それを顧客に報告する。「よいニュースです。今回、50%を達成しました」。「今度は、75%を突破しました。お祝いしましょう！」という風に。そうしていたとしたら、顧客企業の多くの人たちは「よいニュース」を耳にしていたことだろう。そして、店舗レベルにおける顧客の私たちに対する見えない相互作用も、きっといい方向に働いてくれていたに違いない。

第9章
トップを巻き込む

GETTING THE BOARD ON BOARD

　ここ数年間で、私も随分と強気になった。GAM 担当のセールスチームに研修を行うよう顧客から依頼された際に、ただ YES としか言えなかった時期もあった。しかし強気に（それに賢くも）なった今では、一定のルールを持っている。そのルールとは、顧客の求めに応じるのは、初期段階で顧客企業のトップや上層部と打ち合わせできる場合に限定するというものだ。GAM が企業内の上層部から十分な理解と支持を得ていて、またこの先どんな事態になろうとも、彼らの理解と支持を引き続き得られると確信できない限り、セールスチームを対象に研修セミナーを開いても意味がないからである。セミナーがどうなるかは目に見えている。初日の午後2時半頃には次のような言葉が聞かれることになる。「私たちとしては、あなたのおっしゃることは理解していますし GAM を導入したいと考えております。しかし、トップはちゃんと理解して、本気で私たちに GAM を導入させてくれるつもりなのでしょうか？」こうした質問に対して、YES、それも全面的に YES と答えたいものだ。

　GAM を導入する過程において、企業の上層部には三つの役割がある。

❶ GAM の概念を十分理解し、GAM 導入のプロセスを推進すると同時にその遂行に必要な能力を十分身につけている。
❷ GAM 実現チームを鼓舞するリーダーであり、コーチでもある。
❸ GAM チームの一員でもある。

GAMの推進者と実現者

●──推進者

　GAMチームが歩む道には多くの障害が待ち受けている。「絶対にGAMを実現させるのだ」という上層部からの明確なメッセージがなければ、進みかけたプロセスは支えを失う恐れから、徐々に機能しなくなることもあるだろう。上層部がはっきりと道筋を示すだけでなく、お墨付きを与える必要がある。第11章で解説する考えであるが、上層部がGAマネジャーたちのメンターとしての役割を果たす方法もあっていい。上層部の者たちからなるこのチーム（一部では「お助け部隊」と呼ばれている）は「お墨付き」を既成事実として宣言する効果的な手段となる。

●──実現者

組織

　何らかの形で組織変革（第11章を参照）を行う場合、トップダウンで行うことが必要だ。GAMが失敗に終わるとしたら、その原因は間違いなく内紛である。これは議論が尽くされていないため生じる。解決策が組織構造内では見出されず、第11章で「説得するプロセス」と呼ぶものを必要とする場合には、上層部の者たちからなるチームがそうした難所を乗り切るタスクフォースとなる。組織変革であろうと「説得するプロセス」であろうと、GAMが確実にビジネス横断的、機能横断的、そして地域横断的な活動となるようにタスクフォースが活躍するのだ。

システム

　新たなシステム（第13章を参照）が必要になった際には、トップによる投資の認可が不可欠となる。そのようなシステムとしては、まず重要顧客の収益性を査定するための手段や、グローバルな重要顧客の周辺を行き交うデータや知識を管理するための手段、さらにグローバルなコミュニケーションをマネージする手段が必要であろう。上層部の責務は投資を許可して署名するだけにとどまらない。新たに採用したシステムのユーザーである社員が、適切な判断や

規律をしっかり身につけた上で、システムを運営しているかをチェックするのもまた上層部の務めである。これは極めて難しいだけに、おろそかにされがちである。

プロセス

根幹となるプロセスを確立する必要があり、その中には強制的なものもある。最優先して確立すべきものが、グローバル顧客を選別するプロセス（すぐ後で説明する）、グローバル顧客のパフォーマンスを計測するプロセス（第12章を参照）、そしてグローバル顧客のプランニングプロセス（第14章を参照）であることは間違いないだろう。

ツールとスキル

本書では、分析だけでなくアクションにも焦点を置いたツールを幅広く取り上げている。上層部からなるチームのタスクは、その中から自分たちが直面している状況に最適のツールを選択することだ。そして、選択した結果を企業全体に「GAMツールボックス」として提供するのである。

人材の新規採用、本格的な訓練、あるいはコーチングを通して幅広いスキルを開発し、高度なものにする必要性が出てくるであろう。本書の随所で述べられているGAM遂行のための個々のスキルに加えて、これまでの経験から特に重要なものを以下に列挙する。

- チーム・リーダーシップとチームワーク
- 財務認識
- 戦略的影響力
- 問題解決および創造的思考

●──グローバルな重要顧客の特定と選別

この決定は販売部門だけに任せるのには荷が重すぎ、かと言って各地域や現地の支部が自力でコンセンサスにいたるだろうと期待するには複雑すぎる。トップレベルでのみ決定可能な事案である。ただし、必要な情報は下から上へ

と吸い上げられるべきであることは言うまでもない。

　販売部門に決定を任せればいいではないか？　顧客については上層部より詳しいはずでは？　そうかもしれない。しかし、販売部門に顧客の選別を頼んでみたらどうなるか。タイプA、タイプB、タイプC、あるいは戦略的か重要か、さらにローカルかグローバルかという具合に。これまでの経験から言うと、このような選別では公正で信頼のおける選別であるという保証は得られなかった。想像してみてほしい。ある企業が明確な意思を持ってキー・アカウント・マネジメント（重要顧客管理）戦略を推進しつつあるとしよう。一方で重要顧客とは言えない業者がその企業の販売代理店になってしまったとする。その場合、自分たちの上得意こそが重要顧客だとケチをつけない販売部門があるだろうか？　誰でも我が身の不利は避けたがるものだ。ところが、グローバルな企業においては、もっと奇妙なことが起きることもある。

　　あるグローバルな石油会社が顧客選別システムを立ち上げた。顧客をプラチナ、ダイヤモンド、ゴールド、そしてシルバーに分類するのである。シルバーはあくまでも地元の案件なのに対し、プラチナは正真正銘のグローバルな案件となり得るもの。一方、ダイヤモンドとゴールドの顧客はグレーゾーンと見なしていた。各地域の販売担当責任者が顧客の格付けを行い、結果を本部に提出するように指示された。
　　ある地域から提出された報告書には、プラチナに分類される顧客は「なし」と記されていた。その地域を統括する責任者が驚いて販売担当者を呼びつけたが、たちまち両者は意見の一致を見た。販売担当者はこう答えたのだ。「考えてもみてください。うちにプラチナ顧客がいると報告すれば、本部から我も我もと人が来て口出ししますよ」

グローバル顧客の選別プロセス

　図9.1は第1章の図1.2に少し手を加えたものだ。図1.2では、サプライヤー側のグローバルな対応能力と、顧客のグローバルな実態とのバランスを理解す

図9.1　グローバルな大口顧客の分類と選別

	インターナショナル	「将来的には」グローバル	グローバル
顧客の魅力（未来）高い	ローカルな主要顧客	初期的グローバル顧客	完全なグローバル顧客
低い	ローカルな持続的顧客	傍聴依頼的顧客	中位グローバル顧客

顧客のグローバルな位置

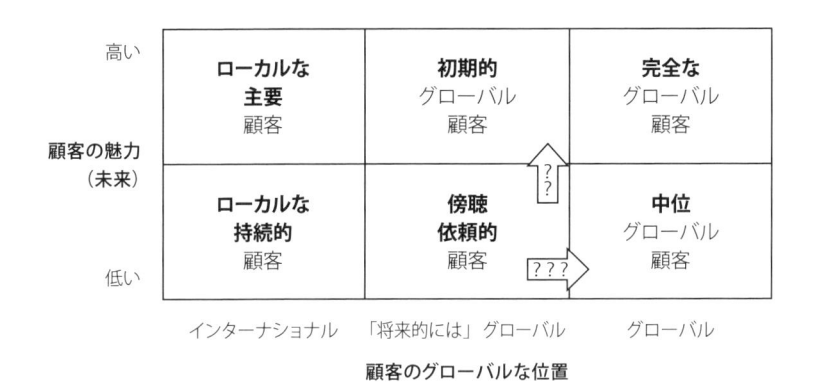

るために示した。図 9.1 は、GAM の概念に当てはめて顧客を認識するプロセスを示している。横軸は「インターナショナル」「将来的にはインターナショナル」「グローバル」という図 1.2 と同様の顧客の方向性を表している（言うまでもなく「真にローカルな顧客」は扱われていない）。

　縦軸が示しているのは顧客の重要性、言い換えれば魅力である。個人的には「魅力」を使いたい。理由は単純で、「重要性」は現在の状況に力点が置かれる懸念がある。たとえば、「もし Acme Rubber 社がなかったら、我々は現在どうなっているだろうか？」という感じだ。一方、「魅力」には未来を志向するニュアンスがある。「Acme Rubber 社は我々をどこに連れて行ってくれるだろうか？」という具合に、企業を選別するプロセスにおいては未来に力点が置かれる。

　ここで、グローバル顧客を選別するプロセスを以下に列挙してみよう。

❶少数の上層部の者たちから成る選別タスク専門チームを組織し、選別プロセスをマネージする責任を担わせる。

❷「インターナショナル」「将来的にインターナショナル」「グローバル」を定義する。教科書の定義をそのまま採用するのであってはならない。サプ

ライヤー側であるあなたの企業の市場、そしてあなたの顧客の市場に当てはまる定義を模索すべきだ。手始めに（それ以上は期待しないでほしい）、第 1 章で取り上げた質問を再び次に挙げてみる。

- その企業は、複数の国において「一貫性を保つこと」を求められているか？　そのために、グローバルスタンダードに基づいた、一貫性のある解決策を必要としているか？
- その企業は、特定の機能においてグローバルな構造を持っているか？　サプライヤーの多くにとって、これは重要顧客がグローバルな購買を行っていることを意味する。ただし、サプライヤーとその重要顧客との関わり方次第で、重要顧客の研究開発、製造、経営、財務、営業、マーケティングその他の各部門も、同じくグローバルなものとなる。
- その企業は、グローバルな意思決定を行うことができるか？　また、それを実施する能力を持っているか（それを証明しているか）？

❸顧客を評価し、図 9.1 の左から右のどの段階に位置するかを判断する。

❹縦軸の尺度に沿って顧客を評価し、尺度のどこに位置するかを判断する際に用いる一連の基準を決定する。基準の項目数は 6 か 7 以上にならないようにするのが賢明である。項目が多すぎると分析の効果が薄れる。また、この基準はあらゆる顧客の評価に利用できるものであるべきだ（ただし、これは複数の事業体を持つ企業においては困難な場合が想定される。その場合には、各事業体が少なくとも手始めに自前の基準を用いてそれぞれのグローバルな重要顧客を評価する必要がある）。この基準に含まれるであろう項目を以下に挙げる。

- 潜在的な成長力
- 収益性
- 戦略的適合性
- 地理的適合性
- 能力的適合性

- アクセスの容易性
- 市場における地位
- 財務の健全性

❺項目間の重要度を調整する。つまり、それぞれの基準の重要性にばらつきがないか検討する。

❻以上述べた基準に沿って顧客リストにある各企業を評価し、図9.1の縦軸における位置を決定する。この作業に、現地支社や現地の販売責任者からの情報が必要となることは、ほぼ確実である。ただし、評価を任せる際には注意しなければならない（前に述べた石油会社のケースを思い出してほしい！）。常に、意見ではなくデータを求めるほうが賢明である。

❼各企業の図9.1における位置を評価する。見た目で判断した場合、「適切」であるという印象を抱くことができるだろうか？　「適切」かどうかは、上部右端のボックスに入っている顧客の数を見ればわかる。現実問題として、どれくらいの数の「完全な」グローバル顧客を相手にすることができるのか？　その数は多すぎることもあれば、ゼロということもある。ゼロの場合には、もっと的確な基準を採用すれば得られたはずの影響力や進展が得られないからであろう。「最適」な顧客数はいくつか、に答えることは不可能だ。これまで膨大な数のケースを目にしてきた私の個人的な経験から言うと、現実的な顧客数は常に1桁であった。

❽決断を下したら、その結果をGAMの実現に不可欠な人たちに報告する。この段階にいたると、上層部の者たちから成るGAMの推進者チームはようやく胸を撫で下ろすだろう。信頼できるプロセスを活用した結果が出たのであり、勘や星座の位置で決めたわけではない、顧客の魅力を測るために飽き飽きするほど多くの基準に頭を悩ましたわけではなかったからだ。基準は少なければ少ないほど、プレゼンテーションは強力かつ相手の記憶に残るものになる。是非とも肝に銘じてほしいことがある。顧客企業の

評価と位置づけを報告することによって複数の人間を動かし、あることを実行に移すよう促す。これがあなたの悲願なのだ。

顧客の分類

以下に述べる顧客の各タイプの定義ととるべきアクションは、単なる一般論であり提案であるに過ぎない。こと細かに設定されたテンプレートが、あなたの置かれた状況にぴったり当てはまるとは限らないことを念頭に置いて読んでほしい。

- 「完全な」グローバル顧客――完全装備のGAMパッケージサービスを提供できる顧客。特にビジネス横断的、地域横断的、そして機能横断的なGAMチームを適用できる。

- 「中位の」グローバル顧客――GAMパッケージサービスを部分的に提供すべきであり、GAMチームもかなり小規模なもので足りると予想される顧客。これまでに述べてきた顧客に対する分析をどの程度まで行うかは、この顧客のために費やせる時間次第であり、「完全に」グローバルな顧客に対するよりは短い時間となる。これは投資とリターンの問題だ。魅力という尺度から見ると、このタイプの顧客は「完全に」グローバルな顧客ほど重要ではないため投資を控えるべきである。

- 「初期的」グローバル顧客――GAM導入の準備ができていないため、完全装備のGAMパッケージサービスを提供するには時期尚早と考えられる顧客。真の意味でのグローバル化の方向に顧客が進む手助けとなる、最も必要なサービスを部分的に提供すべきである（「初期的」とは、グローバル化への道筋において顧客がごく初期の段階に位置しながらも、グローバル化を志向している兆候が見られるという意味）。

- 「傍聴依頼的」顧客――評価の仕方次第で、図9.1の右あるいは上に移動する可能性を潜在的に持つ顧客。このタイプの顧客は継続的に観察する必要があり、「完全な」および「初期的」グローバル顧客に対して行っている投資は見合わせるべきだ。

- 「ローカルな主要」顧客――グローバルなスケールではない投資を行うバ

リューを十分に備えた顧客。
- 「ローカルな持続的」顧客——他のタイプの顧客よりも低コストで販売・サービス活動を展開しながらメンテナンスを行うべき顧客。このタイプの顧客のマネジメントは現地のスタッフが担当する。

──グローバル・アカウント・マネジャーの資質を探る

　トップクラスのGAマネジャーに要求される様々な資質と能力については第10章で検討するが、自分たちのビジネスを成功に導くために欠かせないこれらの資質と能力を持つGAマネジャーを選ぶことは、トップレベルのマネジメント・チームの責任である。

　次のタスクは仕事に応じた適任者を探し出すことだ。販売部門の人材だけに目を向けて選択の幅を狭めてはならない。この問題については第10章でかなりのページを割いて論じるが、今のところは事業がうまくいくかどうかはGAMが関わっている職能の内容よりも、むしろ採用する人材の能力次第であると言うだけで十分だろう。

　上層部からGAマネジャーを起用するケースがままあることは経験上、承知している。特に、顧客に対し複数のビジネスアプローチが実施されている現場に多い。そうした傾向がある場合には、GAマネジャーが受け持つ仕事の境界線をはっきりと認識しておくよう留意したほうがいい。つまり、GAマネジャーに求められていることだけでなく、求められていないことも明確に決めておくべきである。複数の仕事が存在する現場では、何もGAマネジャーに販売の仕事を引き受けてもらうことはない。その種のタスクを専門に行う販売担当者がGAMチーム内に起用されるべきである。

グローバルな顧客へのメンター

　口を酸っぱくして何度も言わなければならない、そしてこれから先もずっと覚えていてほしいからこそ言っておかなければならないことがある。経営陣にとってGAマネジャーの任務をきちんと遂行する時間を作ることが大仕事なのだが、上層部の者はある特定のグローバル顧客を相手にする際のメンターの役割を果たすように求められるべきだ。あらゆる専門分野や職能から選ばれた

経営陣の各人がグローバル顧客のうちの1社について、今述べたようなメンターとしての役目を担うケースを何度も見てきた。社内の内紛が原因でGAMが失敗するのを防ぐのに、これほど効果的な方法はない。GAM実現のために本気になろうではないか（私利私欲に取り憑かれた輩ほど説得しにくい相手はいないのだから）。

リーダーシップ、エンパワーメント、コーチング

●──リーダーシップ

GAM導入は試練に満ちた環境となる。多様な懸案事項や問題に対処する高度のリーダーシップが要求される。以下に例を挙げてみよう。

- 自分たちは正しい方向に進んでいるのか？
- 自分たちのアクションは的を射ているか？
- 顧客の事業はうまくいっているか？
- 自分たちはキー・サプライヤーたりえているか？
- 自分たちには競合他社と比べてどんな違いがあるか？
- 自分たちはふさわしい利益を得ているか？

図9.2はリーダーの直面する問題がどのように分布しているかを示している。この図を見ると、バリューの創造を通して事業を成功に導くという顧客の大きな目標に、GAMがいかに効果的に貢献できるかがわかる。

GAMを実現するためには、リーダーは変化を促し管理する能力を備えていなければならない。第7章（図7.6）で紹介した「変化の方程式」がここで必要とされる出発点となるだろう。また、変化のスピードが速い環境における人間の行動がどのような性質を持つのかを、リーダーは理解する必要がある。さらに「グローバルな」リーダーとして、文化的多様性という大きな問題にも精通していなければならない。

リーダーは未来を管理する能力も備えている必要がある。解決すべき問題としては比較的「単純」であるため、第1章（図1.3）でも三角形を用いて図式

図9.2　リーダーが直面する問題

```
              ┌──────────────┐
              │  戦略と      │
              │ リーダーシップ │
              └──────────────┘

        自分たちは正しい方向に進んでいるのか？
        自分たちのアクションは的を射ているか？

                    ▲
                   ╱ ╲
                  ╱   ╲
                 ╱バリューの╲
                ╱ 創造……  ╲
               ╱            ╲
              ╱  ……事業を    ╲
             ╱  成功に導く     ╲
            ╱_____╲

  顧客の事業はうまくいっているか？     自分たちには競合他社と比べてどんな違いがあるか？
  自分たちはキー・サプライヤーたりえているか？   自分たちはふさわしい利益を得ているか？

  ┌──────────────────┐              ┌──────────────┐
  │ グローバル・アカウント・│              │   バリューの  │
  │   マネジメント    │              │     提案     │
  └──────────────────┘              └──────────────┘
```

化しておいたので、そこを参照してほしい。図1.3の三角形は未来の管理という問題の性質を矮小化し、皿回しに例えているわけではない。「ビジネスのリソース」が皿に、そして「市場の機会」が皿を回す棒の数にあたる一方、「ビジネスの目的」は、うまく皿を回すために最適な棒の数を得ることに相当する。

◉──エンパワーメント（権限の委譲）

言うまでもなく、GAマネジャーには多大な権限が委譲されていることが必要だ。その点ではGAMチームのメンバーもまったく同じである。しかし、「自由にやっていいんだよ」と言われるだけで済むのなら、そんな楽なことはない。真の意味で権限の委譲を受けた者なら、アクションを起こす自由を与えられた後に、自分が効果的にアクションを起こすのに必要な能力を得るために上からの支援を要請する。自由裁量権を行使するだけに甘んじているチームには責任

感が欠如している。

●──コーチング

経営陣は人にあれこれ指示することに非常に長けているのが普通である。多くの場合、事を進めるにはそれだけで十分だ。しかしGAMに特有の問題に直面すると、たとえどんなに熱弁を振るっても「指示」するだけでは仕事をこなせない。

コーチングは指示することよりずっと骨が折れるが、長い目で見ると遥かによい結果をもたらしてくれる。コーチングとは、人と一緒に何かをしながらその人の潜在能力を自覚させる手助けをし、自分の力でその能力を開花させるようにしむけるスキルである。この得がたいスキルについては第10章で詳しく述べることにして、さしあたってはリーダーと呼ばれる人に対し勧めておきたいことがある。GAMチームの部下と会話する際に一言、こう質問してみてはどうか。「もっといい仕事をするために、自分に必要なのは何だと思う？」

GAMの一員となる

経営陣の1人が、おそらくは上層部の者たちからなる支援チームに所属しながらGAMチームの一員となる。これが実現すれば、GAMチームだけでなく顧客にとっても計り知れない利益をもたらす。第1に、自分たちが本気で取り組んでいるというメッセージが関係者全員に伝わる。第2に、GAマネジャーが通常接することのない顧客企業内部の人員と人間関係を築ける。第3に、社内にあるGAM実現の障害物を現場にいながら直接取り除き、GAM実現の途上で起きる、お決まりの言い争いの調停ができる。

GAMチームの一員となることにより、当然のことながら経営陣は自らGROW（第8章を参照）を準備し、自らの義務には特に留意すべきである。経営陣がGAMチームに対し、極めて厳しい義務を負うよう細心の注意を払わなければならないことを、以下のケーススタディを例に示してみる。

ある製造業のコングロマリットのCEOが、パキスタンにある自社の事業部門と取引しているグローバルな販売業者の本社を訪問していた。その事業部門は高級仕様のガラスを販売していたが、CEOはその分野に関する経験はほとんどない（彼はコングロマリットの化学畑出身だった）。だが、今回の訪問はどちらかと言えば儀礼的なものであり、経験の有無はまったく問題にはならなかった。その事業部門が供給しているガラスは、4面をガラス張りの壁で囲んだスカッシュのコート用に生産されていた。言うまでもなく、スカッシュはパキスタンでは非常にポピュラーなスポーツである。

　ディナーの最中に、販売業者のマネージング・ディレクターがある提案をした。自分たちの会社の敷地内に壁面に高級ガラスを使用した本物のスカッシュのコートを設置すれば、セールス効果抜群となるだろう。現在使用しているガラスの見本やパンフレットに比べれば、宣伝効果は絶大だ。無料でコートを1面、提供していただけないだろうか？　ディナーは素晴らしく（ワインリストもパキスタンでお目にかかるとは思いもしなかった豪勢なもの）、CEOは迷うことなく要求を受け入れた。翌日、彼は自社事業部のGAマネージャーにメモを送り、コート建設の手配を依頼した。

　スカッシュのコートが販売業者への無償提供になることは間違いない。しかし、不幸なことにコングロマリットのCEOは二つの事実を知らなかった。

　一つ目は、費用が10万ポンド近くにのぼるということ（しかも、この種のコートを建設するのに莫大な費用がかかるのは今に始まったことではない）。

　二つ目は、例の販売業者はまったく同じ要求を何カ月も前から繰り返し突きつけてきていて、そのたびにコングロマリットのGAマネージャーから次のような返事をもらっていたことだった。「御社が弊社からの請求書への支払を遅滞なく行い、弊社の全製品の在庫を常に確保し、販売目標を達成し、販売担当者を新たに2人雇い入れていただけるなら、喜んでスカッシュのコート建設に要する材料費の折半に応じましょう」

　CEOはGAマネージャーが意図していた計画を台無しにするという罪を犯してしまったのだ。コートの建設費を相手のために全額支払い、その見返りは1銭も手にすることができなかった。この責任は誰にあるのか？　もちろん、CEO

が迂闊だったことは確かだ。しかし、実際問題として、事前に CEO を相手に事情説明をきちんと行わなかった GA マネジャーも同罪ではないだろうか？
結局のところ、GA マネジャーが組織の上から下までが顧客とのタッチポイント（連絡経路）の管理にあたって当然なのである。

　誰が悪かったのかを追及するより、そもそもこの大失態を回避する手立てがなかったのかを問題にすべきではないか？　解決策は GROW の準備で事足りたのだ。とりわけ、G―Goal（目標）、R―Role（役割）、O―Obligation（義務）、W―Work plan（作業計画）のうちの「O―Obligation（義務）」に注意を払っておけばよかったのである。では、CEO に対してどんな助言が可能だったか？

　たとえば、次のようにも言えただろう。「スカッシュのコートを無料で提供してくれと相手側は要求してくるでしょう。向こうが支払の期限を守り、当社の製品の在庫を完備し、双方で決めた販売目標を達成し、販売担当者を 2 人増員する。その場合には、コート建設費のうち、材料費の半額を我が社が負担するとおっしゃってもよろしいかと思いますが……」。これなら、見返りをまったく得ることなくスカッシュのコートを相手にくれてやるよりはましだ。しかし、私としてはこれでもまだ気に入らない。GA マネジャーの思惑がご破算になったことに変わりはないというのが最大の理由で、しかも極めてまずいやり方で GAM チームの仕事を奪ってしまったからだ。

　次の言い方なら、もっとよいだろう。「スカッシュのコートを無料で提供してくれと相手側は要求してくるでしょう。その場合には、私はこう返事をしていただきたいと思っています。『それは興味深いお話ですね。でも、その種の案件に同意する権限は私にはないのです。弊社の GA マネジャーと相談なさってはいかがでしょうか……』」

第10章
グローバル・アカウント・マネジャー

THE GLOBAL ACCOUNT MANAGER – RAREST OF BREEDS?

　どうすればグローバル・アカウント・マネジャーを見分けることができるだろうか？　航空会社系のゴールドカードが詰まって分厚くなった財布を持った人物か？　家にいない時間が多いから、配偶者との結婚も破綻するから、必然的に独身者だろうか？　何ヵ国語も自由に操り、スペイン語から中国語にすぐに切り換えることができる語学の天才か？　そんな人物が飛行機に頻繁に乗っている（もちろん、ゴールドカードにアップグレードされているから座席はビジネスクラス）。何週間も家を空けることになるが心配事は何もない。客室乗務員からどの新聞を手渡されてもすらすらと読む。

　優秀な（つまり、きちんと仕事をこなす）GAマネジャーが顧客と接する時間は、「せいぜい」勤務時間全体の25％にしか過ぎない。こう聞いたら、あなたは驚くだろうか？　GAマネジャーは、たまたま全世界を担当している超優秀な販売担当者ではないのである。そもそもGAマネジャーは販売担当者（過去にそうした実務経験を積んだという意味）である必要があるか？　この章では、こうした問題を提起する。

　GAマネジャーは、他人への権限委譲、モチベーション、コーチング、そして何にも増してリーダーシップの点で秀でた人間でなければならない。自己流でGAMというタスクを遂行しようと企てる者は、出だしから途方に暮れるだろう。大半が会社内部に関わるタスクなのである。以下に、タスクを列挙してみよう。GAM実現への障害物を取り除くこと。システムとプロセス関連の

インフラを使用可能なものにする。部下を引き連れた貴族（第3章を参照）を説得すること。ツールやソリューションを開発すること。

タスクに要求されるスキル

図10.1は2種類のスキルのリストを示している。一つは従来の1対1販売のタスクに要求されるスキルであり、二つ目はGAMのタスクに要求されるスキル（少なくとも一部のスキル）である。

一つ目のリストにあるスキルのすべてを備えたトップクラスの販売担当者を見つけることは可能である。そうした人物の場合には個人プレーに走る傾向があったとしても、欠点というより長所として大目に見られる。GAMのタスクに要求されるスキルのリストを見てほしい。そこに並べられたスキルのすべて（さらに、一つ目のリストのうちのほとんど）を身につけた人物が見つかると

図10.1　GAMのタスクに必要なスキルの例

1対1販売のタスクに要求されるスキル	GAMのタスクに要求されるスキル
● 製品知識	● 戦略的計画性
● 対人関係のスキル	● ビジネス・マネジメント
● プレゼンテーションのスキル	● プロジェクト・マネジメント
● 交渉のスキル	● チーム・リーダーシップ
● 自己管理	● 戦略的影響力
● 時間管理	● ポリティカルな企業家精神
● 担当地区販売管理	● 多様性の管理
● 自立性	● コーディネーション
以上すべてのスキルがトップクラスの販売担当者に要求される	トップクラスのGAマネジャーでさえ、これらすべてのスキルを身につけているだろうか？

以上すべてのスキルがよく組織化されたGAMチームには必要

思うだろうか？　仮に見つかったとしたら、その人物を雇い続けるだけの報酬を払えると思うだろうか？

　もちろん、上で述べたスキルを全部備えた優秀な人材は少数ながら実際にいる。あなたがそのうちの1人かもしれない。しかし人材発掘という問題の解決策は、人事部門を組織してこの希少で素晴らしい人材を探し出すよりも実際にはずっと簡単なのだ。リストにある必要なスキルのすべてをGAMチームに揃えればいいのだ。すべてを備えた1人の人間にこだわることはない。当然のことながら、何でも屋のGAマネジャーにだけは来てほしくない。ありとあらゆることに首を突っ込む（しかもおせっかいを焼く）のがオチだ。

●──得がたいスキル？

　優秀なGAマネジャーなら誰でも身につけているに違いない、一連の極めて重要なスキルというものがあるのだろうか？　これもまた明確に答えられない問題である。二つだけ例を挙げよう。第1のケースは、発足以来そこそこの期間を経たGAMチームで、長い付き合いのあるグローバル顧客を担当している。GAMの「成熟した」段階とでも呼んでいいケースだ。第2のケースは、立ち上げて間もないために十分に組織化されていないチームで、まだ広く認知されていないグローバル顧客をマークしている最中である。GAMの「スタート・アップ」段階と名付けてもいいだろう。

「成熟した」段階のGAM

　この段階にあるチームの必要条件として際立っている能力を、次に挙げよう。戦略的な思考能力、複雑なチームを統率する能力、高い位置から影響力を及ぼす能力、そしてプロジェクトをマネージする能力である。「次の案件は何か」という問いが常に頭の中になければならない。現時点の案件が形をなす前からすでに次を考えているのだ。こうした先を見る能力を備えるためには、顧客について十分理解している必要がある。たとえば、顧客がどのような事業を行っているか、何を原動力とし、何を目指しているか、どのような能力があるか、そして顧客が事業を展開している市場の力学である。それだけではない。GAMチームが自らについても同じくらい理解している必要がある。チームの

事業、原動力、目標など……。その結果として、両者の間で絶妙なマッチングが構築可能となる。その後に続くプロジェクトは、ビジネスの世界において他に例のないほど複雑なものとなるだろう。そうした状況となるのは両者のグローバル性が原因である。GAMチーム自身の組織と顧客の組織を活用してプロジェクトの進路を定め「うまく処理する」能力が不可欠となる。また、説得、影響力の行使、そしてプロジェクト・マネジメントという三つのスキルを組み合わせる必要もある。

「スタート・アップ」段階のGAM

この段階ではインフラがほとんど存在しないので、チームの組織も依然として現地のみに力を注いでいるだろう。本格的なプロジェクトには時期尚早かもしれない。対象とするグローバル顧客からコンセンサスを勝ちとることが優先すべきタスクであることは間違いない。数あるスキルや特性の中で一際目を引くのが第4章で紹介した「ポリティカルな企業家精神」と呼ばれるものだ。

●──ポリティカルな企業家精神

「ポリティカルな企業家精神」は、おそらく必要なスキルを定義する語としては最も的確であるとは言えないが、GAMもまた数あるタスクを表すために最も的確なものであるとは言えない。GAM実現にどんな障害物があるか？　障害物を取り除くには何が必要か？　そんなことは誰にもわからない。ポリティカルな企業家精神とはプロセスの変革なのか？　態度の変革なのか？　構造の変革なのか、あるいはスキルの変革なのか？　耳を傾けること、あるいは何かを語り伝えることに関することなのか？　部下たちに影響を与えることなのか、それとも上司に影響を与えることなのか？　ポリティカルな企業家精神とは、そもそも先に述べた問いが極めて重要なものだと知っていて、GAM実現の前途に広がっているであろう荒海の水先案内人となれる能力を持つものなのだ。

それでは、ある人物がポリティカルな企業家精神の持ち主であるかどうかは、どうすればわかるのか？　その人物がどんな実績を上げてきたかを見ればいい。他人を傷つけることに喜びを感じるような人間なのか、それとも問題が起きた際に事態をうまく収拾する名人なのか？　肩書きを笠に着て威圧する方法は自

分の属する事業体の内部でなら有効であろう。だが、もっと広い世界ではまったく通用しない。

ある人物がいる。その人物は単なる販売のプロか、それとも戦略的説得家か？

販売担当者が説得することもあるだろう。もちろん説得という手段を用いるが、閉鎖的な環境の中だけで、しかも短期間に集中して説得するだけだ。それに対し、戦略的説得家は広大な環境に終始目を向けている。まるでスピード違反車を取り締まる警察のレーダーのように長期間忍耐強く見張っている。この「ポリティカルなスキル」とは広い視野で対象を観察する際に発揮される。差し当たり、どうなる可能性があるのか、いつ妥協をすべきか、いつ手を引くべきか……をわかっているのだ。

ある人物がいる。その人物は自分に権力が与えられることにこだわっているか？　それとも、権力とは自らの行動と関係者全員と協議する能力を通して創造するものだと認識しているか？　本当の企業家は鼻歌を歌いながら事業の詳細な内容を他人に書かせたりはしない。

ある人物がいる。その人物には次のことがわかっているか？　人間が十人十色であるように文化にも多様性がある。性急に万事を大雑把に色分けすることなく、それぞれの多様性を認めることこそが文化を自分の味方につける近道である。

ある人物がポリティカルな企業家精神の持ち主であるかどうかを見分ける方法はまだある。組織がどう動くかを理解しているか？　国家や民族に固有の文化があるように、組織にも文化がある。こうしたことに関心を抱かないGAマネジャーが近い将来に挫折することは目に見えている。

イエスマンあるいはイエスウーマンか、それとも我が道を行くタイプかも、ポリティカルな企業家精神が備わっているかどうかの尺度になる。今述べた「我が道を行くタイプ」はおそらく見分けにくいだろう。何か事が起きた場合に、この種の人物はややもすると周りから一致した支持を得るのが難しい。しかし、イエスマンあるいはイエスウーマンは、YESと言ったためにたちまち事態を深刻化させることがよくある。グローバルな組織で部下に対してもYESを振りまいている上司ははいて捨てるほどいる。「卵を割らずにオムレツは作れない」、つまり犠牲なしに目標は実現しないという意味のことわざがある。GAM

はオムレツのようなもの。ときには卵を割る必要がある。GAマネジャーがポリティカルなスキルと企業家的スキルを兼ね備えているかが最も厳しく試されるのは、このような事態に直面したときであろう。

●──チームを管理する

チームを組めばチームそのものが次から次へと問題となる。しかし、チームという形態が、問題を解決し、プロジェクトを進め、グローバル顧客と一緒に仕事をするために最良のものであることは変わらない。GAMチームは数あるチームの中でも強力な存在である。GAMチームに特有の四つの問題をGAマネジャーの目から考えてみよう。

❶ GAマネジャーに協力的なメンバーがいるにはいるが数が少ない。
❷ なかにはGAマネジャーより年長のメンバーもいる。
❸ 専門的知識では、全メンバーがそれぞれ得意分野を持っているためGAマネジャーより詳しい。
❹ メンバーのほとんどが世界のどこかに出張しているか赴任中である。

GAMチームを1カ所に集合させることでさえ大仕事になる。移動中にもかかる人件費、旅費、そして宿泊費を考えるとばかにならない金額を要する。いつ召集するかを決めるためのスケジュールの調整も大問題だ。

その他の問題

チームという形態で作業を遂行する際の阻害要因を以下に挙げてみよう。

- リーダーシップ不足、あるいは不適切（独断的か、逆に優柔不断）
- チーム管理のプロセスがうまくいっていない（時間の無駄が多い、規律の欠如、欠勤が多い）
- スケジュールの立て方が悪い（緻密すぎる、暇すぎる、一貫性がない）
- メンバーの数が適切でない（多すぎる、少なすぎる）
- チームの目的が不明確で曖昧（いったい何をするためのチームなのか？）

- チーム全体としての目標よりメンバー各人の目標が優先されている（現地が抱える問題対グローバルな問題）
- 各人の価値観の衝突（宗教や道徳に関して潔癖な人と無頓着な人）
- 勢力争い（サル山の抗争を見たことがあるだろうか？）
- 責任のなすり合いの常態化（「悪いと知っていてやったんでしょう？」）

──形成期、波乱期、定着期、達成期

　図10.2はチームの発展段階としてよく知られているモデルを用いて作成した。チームの発展段階を時計のように表している。

　あらゆるチームが一連の段階を経て進化していく。目標を達成しようと努力しているチームもあれば、第1段階に留まっているだけのチームもある。後者の場合、ほとんど間違いなく結果は失敗に終わるだろう。すでにGAMチームを立ち上げているのなら、現在の自分たちが時計の何時にいるか、そして6カ月後には何時にいたいかを考えてみてほしい。

形成期（フォーミング）

　組織として形を成しつつある段階では、表では礼儀正しさが漂い、裏では疑心と警戒が渦巻いている。「なぜ、自分たちはこのチームにいるのか？　なぜ、私は他の部署でちゃんとした仕事をやらせてもらえないのか？」。GAMチームにいる限り避けて通れない疑問も生じてくる。とりわけ不可解に思われるのは、グローバルな立場からの利害と現地の利害との対立に関するものだ。

波乱期（ストーミング）

　ごたごたした日々を経験したい人はいないだろう。誰が争いを望むだろうか？　しかし、前に進むためには波乱に富んだ時期が必要なのである。恐れることはない。だからといって、この時期を必要以上に延長してはならない。残念なことにチームの大半が立ち往生するのは、この段階なのだ。内部抗争が次第に収まってくるにつれて、チームが燃え尽きてしまうのである。

図 10.2 「時計」状のチームの発展段階

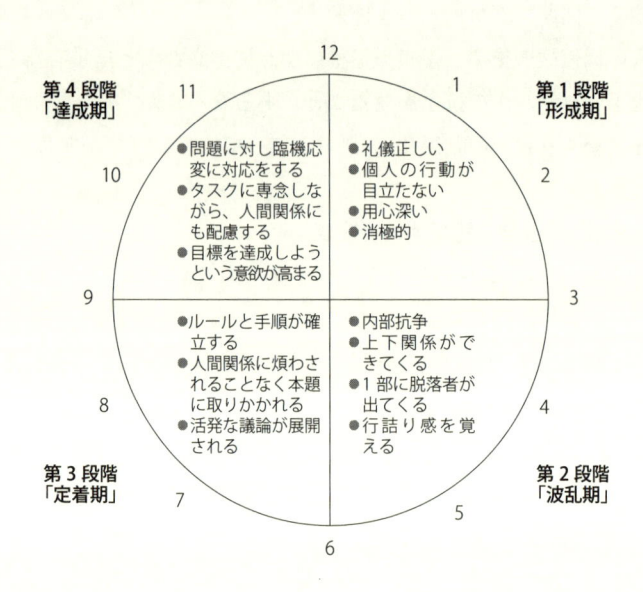

```
                        12
  第4段階      11                    1     第1段階
  「達成期」                                  「形成期」
                ●問題に対し臨機応  ●礼儀正しい
     10         変に対応をする    ●個人の行動が        2
                ●タスクに専念しな   目立たない
                 がら、人間関係に  ●用心深い
                 も配慮する      ●消極的
                ●目標を達成しよう
                 という意欲が高まる
      9                                           3
                ●ルールと手順が確  ●内部抗争
                 立する         ●上下関係がで
                ●人間関係に煩わさ   きてくる
                 れることなく本題  ●1部に脱落者が
       8         に取りかかれる     出てくる         4
                ●活発な議論が展開  ●行詰り感を覚
                 される          える
  第3段階                                    第2段階
  「定着期」      7                            「波乱期」
                         5
                        6
```

定着期（ノーミング）

ここにいたってようやく物事が動き始めたと実感できる段階だ。ルールと手順についてのコンセンサスも確立し、本題に取りかかれるという希望がさす。しかし、ここで立ち止まってはいけない。ルールや手順は目的を達成するための手段なのである。

達成期（パフォーミング）

この最後の段階に到達できるのは、ほんの一握りのチームしかない。ここまでくれば真の意味で目標を達成したと言える。チームリーダーとチーム・ワーキングの権威の1人がこう語るのを耳にしたことがある。「チームはさぞかし最高の気分だろうなあ。この私でさえ、ここまできた経験がないんだから」。だから、まだ道のりは遠くても、あまり弱気にならないように。

時計の針を回す

　自分たちのチームが四つの段階を一刻一刻と着実に進んでいるかを確かめるためには、どうすればいいか？

❶チームの全員が形成期、波乱期、定着期、達成期という考え方を理解するように徹底する。まず、今日自分たちのチームは何時にいるかを判断させる。次に、6カ月後には何時にいたいかを話してもらう。これを何度も繰り返す。つまり、6カ月ごとに延々と続く儀式になる。

❷チームがなかなか前に進めないでいるとしたら、何が問題なのか。これをはっきりさせる（前に挙げた阻害要因のリストは単なる目安として利用してほしい。おそらく、もっとたくさんの問題点があるだろう）。問題点が明確になったら、それを克服するための計画を練る。

❸ルールと手順の確立に着手する。ただし、あの時計でまだ6時に達していない場合には、チームのメンバーにルールを押し付けないように注意したほうがいい。ルールが気に入らないメンバーは、ここであっさりとドロップアウトしてしまうだろう。

❹タスクとチームの直面している問題点に的を絞り、全力を挙げて取り組む。ただし、人間関係をめぐる問題に触れてはいけない。誰のせいでこうなったのか、などと詮索することは禁物。これからどうするかをめぐる議論（必要であれば時には口喧嘩もいいだろう）なら、どしどしやるべきだ。

❺チームとは単なる異なった分野の専門家の集まりではないことを理解する。各人のチームへの貢献は次の二つに分類することが可能であり、またそうすべきなのだ。一つは「コンテンツ」への貢献であり、二つ目はチームのプロセスへの貢献である。ここでいう「コンテンツ」とは各人がチームにもたらす職能上の知識と能力を意味する。一方、「プロセス」とは各人が力を合わせてチームを動かしていく手順を表す。

●──ベルビン・チーム・ロール

　チームがどのように機能するかを理解する手立てになるのがベルビン・チーム・ロールである。図10.3はメレディス・ベルビン博士が提唱する九つのチームの役割を示している。

　それぞれの役割は他の役割とはっきり区別される（もっとも、チームの各人が二つか三つの役割を同時に演じていることもあるし、また将来そうなる場合もある）。チーム全体をうまく機能させるために、それぞれの役割がかけがえのない貢献をしている。「理想的な」チームには九つすべての役割が備わっているとも言えるかもしれない。あらゆるチームが九つの役割を完備する必要があるという意味ではない。各人が一つ以上の役割を演じることもある。

　なぜ、複数の異なった役割が存在しなければならないのか？　「統計学的な分析が大好きだという共通した属性を持つ完璧なクローン人間」ばかりが集まれば仲よしチームができるだろう。しかし、彼らが何らかのタスクを成し遂げることはできないに違いない。同様に、「目標を達成しようと闘志を燃やしている外向型の人間」が部屋いっぱいにあふれていたら、それなりに活発な議論が展開されることであろう。しかし、これで意見の一致が得られて何らかの結論が出るだろうか？　絶対に無理だ。

　それぞれの役割には他には見られない固有の優れた資質が備わっていると同時に、ベルビン博士が「許容できる弱点」と呼ぶものを持っている。なぜ「許容できる」のかというと、弱点を取り除くことはその役割に備わっている優れた資質を取り除くことに等しいからである。とはいえ、それぞれの役割には他人の目から見て注意を怠ってはならない部分や警戒すべき部分があることも事実なのだ。

　図10.4から図10.12はそれぞれの役割を要約したものである。順を追って、各役割を見ていくうちに、一連の問いが口をついて出てくるだろう。

- 我々のチームには、このうちのどの役割が存在するのか？
- 我々のチームの各人が自分自身の役割を意識しているか？　そして、自分がチームに貢献していることの価値を意識しているか？
- 自分はどの役割（複数の場合もある）を演じているだろう？

図10.3 ベルビン・チーム・ロール（メレディス・ベルビン博士の著作から引用）

Team worker
チーム・ワーカー

Coordinator
コーディネーター

Resource-Investigator
リソース・インベスティゲーター

Implementer
インプリメーター

Specialist
スペシャリスト

Plant
プラント

Shaper
シェーパー

Completer-Finisher
コンプリーター・フィニッシャー

Monitor-Evaluator
モニター・エバリュエーター

- GAマネジャーにはどの役割を演じてほしいと考えているか？
- 顧客を相手に仕事をしているときに最も大切な役割は何か？
- 我々のチームに欠けているのはどの役割か？　その役割が欠けていることでどんな影響が出るか？　影響が出た場合にはどう対処すればいいか？

図10.4　コーディネーターの役割（メレディス・ベルビン博士の著作から引用）

コーディネーターのチームに対する貢献
- チームの目標に向けてチームをいかにして進ませるかを調整する
- チームのリソースを最大限に活用する
- チームの強みと弱みを把握する
- 各人を励ますことで、その潜在能力を最大限に開花させる
- 苦境に直面したとき、チームの力の核として行動する

コーディネーターのポジティブな資質
- 各人の貢献に対しそれぞれの良い面を褒めたたえて受け入れる
- 偏見を持たず各人の意見に耳を傾けると同時に、自らの考えが本来の目標から外れないように努める
- チームにとっての「サーカスの進行役」を演じる

コーディネーターの「許容できる弱点」
- チームの中で最も創造性豊かな人間にはなり得ないタイプ

コーディネーターの要注意点
- 強情さと決意の固さのバランスが取れているか

図10.5　リソース・インベスティゲーターの役割（メレディス・ベルビン博士の著作から引用）

リソース・インベスティゲーターのチームに対する貢献
- チームの外で起こっているアイデアの発表や新たな情勢を調査しチームに報告する
- チームの外部の人間と積極的に接触する
- 外部とのコネクションを築くのに最適な人物となる

リソース・インベスティゲーターのポジティブな資質
- 人との付き合い方がうまく、新しいものに対する好奇心が強い
- 凝り性で、チームの外の情報にやたらに詳しい
- チャレンジ精神が旺盛
- チームにとって「探偵」の役目を果たす

リソース・インベスティゲーターの「許容できる弱点」
- 熱しやすく冷めやすい面があり、おだてないと機嫌が悪く、時には見当違いのことに時間を費やすこともある

リソース・インベスティゲーターの要注意点
- チームの意向より自説に固執していないか

図10.6　シェーパーの役割（メレディス・ベルビン博士の著作から引用）

シェーパーのチームに対する貢献
- チームが協力して進むべき方向を示す
- チームの関心を目標と優先事項に集中させる
- 結果第一主義で、競争心が旺盛
- がむしゃらに変革を遂行させようと努力する

シェーパーのポジティブな資質
- チーム内の人間関係をめぐる駆け引きには敢然と立ち向かい、無気力にはハッパをかける
- 自己満足や自己欺瞞に陥っている人には厳しい態度で臨む
- チームにとっては「プロセス管理者」

シェーパーの「許容できる弱点」
- 挑発されて怒ったり、イライラさせられてキレたり、じらされて取り乱したりすることがある

シェーパーの要注意点
- 傲慢で出しゃばりな印象を与える
- しゃにむに他のメンバーを押し切り、次から次へと行動させるきらいがある

図10.7　コンプリーター・フィニッシャーの役割（メレディス・ベルビン博士の著作から引用）

コンプリーター・フィニッシャーのチームに対する貢献
- 見落としがないように細心の注意を払ってくれる
- 細かいことに気がつく
- 常にチーム全体をせっついて緊張感を維持させる
- 正確さを保ちながらも期限に間に合わせる必要があるときには貴重な存在

コンプリーター・フィニッシャーのポジティブな資質
- 土壇場の追い込みで力を発揮するタイプ
- 顧客に提供するサービスや製品の品質と納期に関してうるさい
- チームの頼みの綱

コンプリーター・フィニッシャーの「許容できる弱点」
- 些細なことにくよくよする
- 思い切りが悪い

コンプリーター・フィニッシャーの要注意点
- 細部にこだわるあまり膠着状態に陥る恐れがある

図10.8 インプリメンターの役割（メレディス・ベルビン博士の著作から引用）

インプリメンターのチームに対する貢献
- 概念やプランを実際に活用できる手法へと作り変え、タスクを実行する
- 実行することが決定したプランを系統的かつ効率的に遂行する

インプリメンターのポジティブな資質
- 物事を組織化する能力と現実に即した常識を備えている
- 自制心があり勤勉で信頼できる
- チームの作業手順を指示する役目を担うことができる

インプリメンターの「許容できる弱点」
- 柔軟性に欠ける面があり、新しい発想や有効性が証明されていない考えには関心を示さない

インプリメンターの要注意点
- 実用的な考え方ができない人間を非難する
- マンネリに陥りやすい

図10.9 モニター・エバリュエーターの役割（メレディス・ベルビン博士の著作から引用）

モニター・エバリュエーターのチームに対する貢献
- 問題を分析し、新しい発想や提案の有効性を判断する
- バランスの取れた意思決定ができるようにチームを導く
- チーム間の力関係に抑制と均衡をもたらす

モニター・エバリュエーターのポジティブな資質
- 判断力、客観性、思慮分別があり、現実を重視する
- チームにおける良心の役割を果たす

モニター・エバリュエーターの「許容できる弱点」
- 士気を鼓舞する能力に欠け、チームのモチベーターには適さないきらいがある
- よそよそしい印象を与え、消極的に見られがち

モニター・エバリュエーターの要注意点
- 事あるごとに他人の言動を批判しすぎる
- 問題の全体像を見るのが苦手

図10.10　チーム・ワーカーの役割（メレディス・ベルビン博士の著作から引用）

チーム・ワーカーのチームに対する貢献
- 他のメンバーを支える
- 提案によって物事を進める
- 他のメンバーの欠点を補う
- チームの団結を助長する
- チーム内のコミュニケーションの維持に努める

チーム・ワーカーのポジティブな資質
- 人間関係やその場の空気に敏感に反応する能力がある
- 熱意にあふれている
- チーム内で人と人を結びつける役目を果たす

チーム・ワーカーの「許容できる弱点」
- 優柔不断、特にプレッシャーの下ではこの傾向が強くなる

チーム・ワーカーの要注意点
- ストレスに弱い、特にメンバー間の競争意識が高い場合には要注意

図10.11　プラントの役割（メレディス・ベルビン博士の著作から引用）

プラントのチームに対する貢献
- 新しい発想の源であり創意に富んでいる
- 問題の解決に際しては前例にこだわらず独創性を発揮する
- 現状に満足しない

プラントのポジティブな資質
- 横断的思考の持ち主
- チームにとって「ひらめき」の源泉

プラントの要注意点
- 批判されても反省せず、すぐに忘れる
- 自らが象牙の塔になってしまう恐れがある

図10.12　スペシャリストの役割（メレディス・ベルビン博士の著作から引用）

スペシャリストのチームに対する貢献
▶ 特殊なスキルとタスクに不可欠な能力を備えている

スペシャリストのポジティブな資質
▶ 高度な職能的スキルと専門知識を持つ
▶ プロフェッショナルとしての水準を満たしている
▶ 自らの専門分野に身を捧げている
▶ 仕事に誇りを持っている

スペシャリストの「許容できる弱点」
▶ 他のメンバーの役割に無関心

スペシャリストの要注意点
▶ 一つのことしか目に入らなくなる恐れがある
▶ 自らの専門分野が無用になった場合に別の分野になかなか馴染めない

　以上述べてきた役割を振り返り、GAマネジャーはいくつか自問してみてほしい。たとえば、次のような質問だ。

「我々のメンバーは自分自身のチーム内での役割を意識しているか？　さらに、チームへの自分の貢献度を常に念頭に置いているか？」
　チームメンバーにベルビン博士の開発したチーム・ロール・セミナー（詳細については第16章を参照）を受講させてみてはどうか。そうすれば、きっとあなたのチームの全員がチーム内での自分の役割と貢献度について常に考えるようになるだろう。

「GAマネジャーにはどの役割（複数の場合もある）がふさわしいのか？」
　絶対にこれだという答えはない。コーディネーターとシェーパーを合体させれば案外うまくいくかもしれない。ただし、モニター・エバリュエーターとスペシャリストが合体した人物だとトラブルを招く可能性はあるだろう。わざわざトラブルを招く必要はない。GAマネジャーとしてうまくやっていくコツは、

自分が九つの役割のうちのどの役割を演じたいかを知ることだ。そして、気が進まない役割であってもチーム内ではなんとか演じきることだ。自分の性格を変えようと努力せよ、と言っているのではない。そんなことをすればストレスが溜まり仕事もおろそかになる。

「顧客相手に演じるのに最適の役割はどれだろう？」
　確かに外向性の役割はある。言うまでもなくリソース・インベスティゲーターがそれにあたる（典型的な販売のプロに見られるタイプ）。だが、次のように考えても案外いい答えが見つかるものだ。「顧客のチームに入って、うまくやっていけるのは誰だ？」「顧客のメンバーが我々のチームに入ったら、どんなやり方をするか？」「我々のメンバーが顧客のチーム内で働くとしたら、九つの我々のどの役割のメンバーだと喜んでもらえるか？」

「我々のチームに欠けているのはどの役割か？　それによってどんな影響が出ているか？　いかなる対処が可能か？」
　欠けている役割を補完することもある程度は可能である。まず何よりも、欠けている役割を補えば仕事がかなりスムーズにこなせるだろう。ある役割が欠けているために時間のやりくりをしなければならないという事情もある。たとえば、モニター・エバリュエーターがチームに１人もいない（その代わりシェーパーとインプリメンターが多い）なら、仕事中に手を休めて次のように始終ぼやきたくもなるだろう。「何か間違っていやしないか？　考えなければならないことがあるんじゃないか？　この問題について、あらゆる面から検討を重ねてきたのか？」こうなれば、チームに欠けた役割の人材を探すしかない。

◉──バーチャルなチームを管理する
　グローバルなチームにとって最も明白な難問は物理的な距離の存在であり、定期的に会合を開けるかという問題だ。この事実に直面しているため、ほとんどのチームが希望する頻度で集まることが不可能となり、他のコミュニケーション手段に頼るしかないのが現状だ。GAMチームにとって情報技術は役に立つが、それにも限度はある。テレビ会議、特に資料やデータを用いたプレゼン

テーションにライブでアクセスできる形の会議は非常に重宝する。とはいえ、そうした手段を使ってチーム管理上の「人材の問題」を扱おうとすると依然として問題点が残る。

また、数カ月にわたってテレビ会議を何度開いても、各人が直接顔を合わせるまでは新メンバーはよそ者扱いされる傾向がある。チームにとって社交という要素は決して除外できない。個人を名前や顔と結びつけて認識するという当たり前の事実が、計り知れない利益をもたらすからだ。

ここで、図10.2の「時計」状のチームの発展段階を思い出してほしい。形成期から定着期を経て、達成期へとチームが進化した途端に、最先端の技術は強力な武器となる。ただし、チームが進化の道のりをたどる過程を、メンバーが一堂に会することなく済ませようと望むのは残念ながら甘い考えだと思う。

初期の段階にあるチームの場合には、次に挙げる方法を用いてチームの装備を整えることが可能だ。たとえば、メンバー各人の文化的背景に基づくこだわり（第15章を参照）に配慮する。チームの役割（これまで述べてきたベルビン博士の理論を参照）を知る。そして、チームの目的とメンバー各人の目的（第8章で解説しているGROWを参照）を明らかにするといった方法である。どの方法もチーム全員が1カ所に集まって行動することを前提としている（遠く離れた土地を結ぶ技術を利用して成果を出すのはもっと先の話だ）。ある問題に取り組もうとしてテレビ会議を利用している様子を想像してほしい。会議の途中で話が途切れたとする。嫌な沈黙が続くが誰も口を開こうとしない（テレビ会議では「身を隠す」ことが非常に簡単だ）。せめて誰かが次のように言ってくれればどんなに助かるか。「カール、いるかい？　君の役割はプラントじゃないか。考えを聞かせてくれないか？」

メールは救世主か？

電子メールはグローバル・コミュニケーションで依然として最もよく使われているツールだ。メールを使わないGAMなど想像しがたい。とはいえ、活用されているのと同じくらい乱用されていることも否定できない。メールが登場して以来かなりの年月が経ったが、人間がメールを使う一方で、メールに使われてもいるという状況は全く変わっていない。現に「グローバル・エグゼク

ティブ」たちが例の優れものの携帯端末BlackBerry（ブラックベリー）を装備し、いついかなる時に世界のどこにいようとも、瞬時にアクセス可能な状態に身を置こうと躍起になっている。これは二つの事実を示しているのではないか？　電子メールが欠くことのできないものになっていることが一つ。もう一つは、少しの間だけでもいいからメールとは隔絶した状態でいたいというパラノイアが進行しつつあること。その両方が共存しているに違いない。

　あなたが1週間留守にした後に何通のメールが届いているだろうか？（2週間の留守など考えただけでもゾッとする！）だが、よく考えてみよう。この頭痛の種を送り続けているのはシステムではない。人間なのだ。必要なのはいくつかのルールである。チームのコミュニケーション憲章と呼んでもいいものだ。

GAMチームの「コミュニケーション憲章」

　まず次のことを確認しておこう。メールより電話を好む人がいる。メールも電話も駄目、しかし直接会って話すのならオーケーという人もいる。メールには書く能力がある程度要求される。話すことで思いを伝えるほうが楽だと感じる人間の方が多い。同時にメールの方がずっと使いやすいと言えなくもない。メールでは考えるための時間的余裕があるために、「チームの言葉」を流暢に話す自信がない人たちにとってメールは使いやすい。その人たちをパニックに陥らせることもある電話に比べれば、遥かに重宝することは確かだ。

　次に、コミュニケーションの手段には、取り組むタスクによって向き不向きがあることを認識するべきだ。たとえば、電子メールは時間帯を気にすることがない点では便利だが、交渉を行う際には使いものにならない。私の会社では次のような掟がある。「相手からNOという返事をもらうわけにはいかない案件では、絶対にメールで質問をするな」。メールは詳細を極める事項を扱うには適しているが、多岐にわたる合意を経て契約を結ぶ場合には対面での交渉のほうが優れている。交渉が終わった段階で合意事項の詳細を確認する際にメールを使えばいい。相手と直接会って話すほどでもない用件では電話が便利だ。手っ取り早く全員を招集したい場合はテレビ会議が適しているが、遠慮深いメンバーの活躍の場を奪ってしまう。誤解しやすい用件はメールに任せるといい。

　以上くどくど述べてきたが、どれもが当たり前に思えることばかりだ。とこ

ろが何年もチームがごたごたを繰り返しているのは、用件ごとに適切なコミュニケーションの手段を選ばなかったからである。そうしたトラブルを数えたら驚くべき数字になるだろう。原因は一つ。誰もこの問題を取り上げなかったからだ。そんなの当たり前じゃないか、と言って。

さて、肝心の「コミュニケーション憲章」に記載されるべき以下のルールについて賛同を願いたい。

- グループアドレスについて——すべてのメールのやり取りをチーム全体で共有することを希望するか？　それとも、不用意にグループアドレスを利用することによってチームの負担が増えることになるのか？
- 確認について——ある件について何らかの措置をとるように要請があった場合、メールの受信者はその件に対する措置はすでに着手されていると答える必要があるのか、それとも、メールは読まれたものとして処理し、その件については放置することが可能か？
- ファイルの添付について——ホテルの宿泊者が、パワーポイントで作成された膨大な量の複雑なプレゼンテーション用資料などを添付ファイルとして受け取ることがある。その場合には宿泊者に高額の費用が請求される事態がありえることを留意する。
- メッセージの長さについて——メールの文章はあっさりとしすぎるくらいに簡潔にすべき。とりとめもなく思いを延々と綴るのは禁物。言うまでもなく時間の無駄だ。かつてジョージ・バーナード・ショーが友人に長い手紙を書いた。その手紙の終わりには次の詫びが添えられていた。「こんなに長たらしい書状をしたためたことをお詫びします。もっと簡潔な文章を書く時間がなかったのです」

最後に、チェスターフィールド卿が1747年に息子に与えた助言を引用したい。「人に望むことをしなさい」。もちろん、チェスターフィールド卿は手紙の中でこう書いたのだが、こんな簡潔な表現を書けるのならメールの達人にもなれただろう。

コーチング

　昔の話だ。ある CEO が自社のトップクラスの GA マネジャーを称賛するスピーチを聞いた。
「彼女は顧客への対応がうまい。チームの扱い方もうまい。あなたがたが常に口にしている例の精神をたっぷり備えた人です。何と言うんだっけ、あれは？そうそう、『ポリティカルな企業家精神』だ。彼女はポリティカルな企業家精神に満ちあふれた人物である。彼女の持つその精神に花を添えるものは何か、あなたがたにはわかるだろうか？」
　ここで沈黙した CEO が次に何と言うか、私は興味津々だった。
「我々が発見したのは、彼女が偉大なコーチでもあるということだ」
　私は反論せずにはいられなくなり、次のように言った。
「逆です。ポリティカルな企業家精神のほうがコーチングに花を添えているのです」
　コーチング能力に欠けた GA マネジャーは必ず苦労する。異なった才能の持ち主から成る一団を一つにまとめて有能なチームを組織する。これを実現するためには忍耐と不断の集中力が必要だ。たとえば、ボウタイ関係からダイヤモンド・チームの構築に移行する（第 8 章を参照）という難題について考えてみてほしい。いずれにせよ、コーチングによって物事が進む速度が飛躍的に増すことだろう。
　コーチングとは、プロセスとスキルであり心理状態でもある。コーチングが心理状態だというのは、ある考え方と関係がある。人間はモチベーションを刺激されたときに高度な業績を発揮するが、数あるモチベーションの中でセルフ・モチベーションが最も優れているという考え方だ。セルフ・モチベーションは自信から生まれる。また、セルフ・モチベーションは、自分が素晴らしい業績を成し遂げたのは自らの才能と努力の結果だと知った満足感からも生まれる。ここで、ある人物に対しどのようにしてコーチングを行うかを説明しよう。端的に言えば、その人物が自らの問題をどう解決したらいいかをできる限り独力で探り出すように促すのがコーチングだ。言うまでもなく、その人物にすでに備わっている知識や能力を利用することが不可欠となる。つまり、コーチング

では何か（コーチの考え方や解決法）をその人物に注入するのではなく、むしろ何か（その人の持つ能力）を引き出してやるのだ。従って、コーチングというスキルは命令という行為とは無縁で、相手に問いかけてその返答に耳を傾ける行為と大いに関係がある。

●──コーチングのテクニック

コーチングとは人間にとって基本的なプロセスでありスキルである（何しろ、ポリティカルな企業家精神のほうがコーチングに花を添えているくらいだから）。そこで、コーチングについてもう少し詳しく論じてみよう。まず、問題を抱えた人物と、何かを初めてやろうとしている人物の2人がいるとする。この2種類の人物をコーチする際のプロセスとスキルについて考えてみる。プロセスを文章で表現することは時間がかかり少々面倒な作業に思えるかもしれない。しかし、現実にはこのプロセスは会話の流れの中で生じる。コーチングは講義ではなく会話なのである。会話においては例の有名な格言を利用すべきだ。誰かを説得しようとする者や、カウンセリングを行う者にとって最も役に立つ有名な格言である。「神はあなたに一つの口と二つの耳をお与えになった。その数に応じた使い方をするように」

問題を抱えた人物をコーチする

❶問題や悩みが何かをはっきりさせる：
(1) 本題に入る際には相手を脅すような態度をとらないように気をつける。
(2) 質問という手段を用いて、相手が自らの問題や悩みが何かをはっきりと認識できるように手助けしていく。
(3) 物事が自分の思うようにいかないことについて、どう考えているかを尋ねる。
(4) 障害になっている物や事をはっきりさせる。障害は自分の内部にあるのか、外にあるのか。妨げとなっているのは人間なのか、物や事なのか。
(5) 問題や悩みがこれからも続くこと、放っておけば自然と解決するもの

ではないことを確認する。

❷問題や悩みを解決したいという気持ちを起こさせる：
(1) 問題を解決しなかったり問題に立ち向かったりしなかったら、どういう結果になるかについて話し合う。
(2) 問題を解決したり問題に立ち向かったりした場合の成果について話し合う。

❸問題解決に向かう心の準備をし、行動を起こす：
(1) 質問を用いて、相手がどう考えているのかを探る：
　 a．「どのようにすれば、よくなると思いますか？」
　 b．「今度そんなことになった場合には、これまでの自分は捨てて、どんな違った行動をとれそうですか？」
(2) 相手の話に耳を傾けていることを行動で示す（身ぶり手ぶりを用い、視線を合わせ、相手の口にした言葉をそのまま繰り返したり、相手の話を引き合いに出したりすることで、こちらが真剣に聞いていることが相手に伝わるようにする）
(3) 相手にこちらの考えを聞きたいかどうか尋ねる。
(4) 提案をする際には、押し付けないように気を配る：
　 a．「仮に……してみたとすれば、どうでしょう？」
　 b．「……することを考えてみたことがありますか？」
(5) どんな場合にも相手の考えをもとに話を進める。
(6) 必ず複数の選択肢の中から問題解決の方法を選び出すように促す。
(7) 話し合いながら一緒に行動のプランを立て、後日そのプランの成否を再検討する日時を決める。
(8) いったん生じた問題や悩みは、放っておけば今後も続き、自然になくなるものではないことを自覚させる。

❹コーチングを継続する：
(1) 前回以降どんなことがあったかを尋ねる：

a．以前と比べてよくなった点は何か。
　　b．以前と同様にうまくいっていないことは何か。
（2）問題や悩みがなくなった場合には、なぜそうなったのかを尋ねる。
（3）必要であれば、上の「2.問題や悩みを解決したいという気持ちを起こさせる」に戻り、それ以降のプロセスを何度も繰り返す。

初めて何かをやろうとする人をコーチする

❶今後の見通しについてどう感じているかを尋ねる。
❷気がかりな点は何かを尋ねる。
❸現在計画していることや、どのような方法で初めての経験に立ち向かおうとしているかを尋ねる。
❹相手がこちらの助言を望んでいるのかを尋ねる。
❺提案をする際には、押し付けないように気を配る。
❻どんな場合にも相手の考えをもとに話を進める。
❼話し合いながら一緒に行動のプランを立て、後日そのプランの成否を再検討する日時を決める。

コーチが相手の問題を背負い込まないために

　コーチングにはある危険性が伴う。特に経験の浅いコーチが陥りやすい問題だ。問題や悩みについて極めて率直に話し合うあまりに深入りしすぎて、問題や悩みが徐々に相手から自分へと転移する可能性がある。悩みとは相談者の首筋にしがみついているサルのようなものだ、と聞いたことはないだろうか？
　あなたがコーチならサルがあなたの首筋に飛びついてこないように気をつけろ、という警告だ。さもないと、あなたがサルの飼い主になってしまう恐れがある。問題や悩みはあくまでも相手のものだ。肝に銘じてほしい。

権限

　言うまでもなく、GAマネジャーは多大な権限を担わなければならない。では、その権限はどこから来るのか？　肩書き、組織内の序列、上司からの指示のように権限は「与えられる」場合もあれば、自ら「勝ち取る」場合もある。

　GAマネジャーにとって「与えられた権限」は限定的なものであり、下手をすると昇進に結びつくどころか身の破滅につながることもある。特に「与えられた権限」を鞭として使う場合や、鞭より強力な高性能のマシンガンとして利用する場合には要注意だ。賢いGAマネジャーに要求される資質は、誰かが権限を「勝ち取った」としたら、そのやり方を探ってやろうという精神である。

●──どうやって権限を勝ち取るか

　あなたの行動や他の人に示したお手本の結果として、あなたは権限を勝ち取りもするし、また失うこともある。権限を手にするのには時間を要する一方で、一瞬のうちに手からこぼれ落ちることもある。権限は、尊敬や信頼以上のものであると同時に、尊敬と信頼の両方を備えていなければならない。ある仕事をするにあたり、十分な権限をものにすることができたという確かな手ごたえを感じるときがある。指示された仕事に部下が「喜んで」着手する場合だ。あなたが目指すべき行動と避けるべき行動の両方を、以下に挙げる。どれもがごくありふれた行動だが、2種類の行動をうまく組み合わせれば権限を勝ち取ることにつながるだろう。

- 自分に知識や経験があるのなら、部下にそう伝える。また、知らなかったり未経験のことがあったりした場合は正直に言う：
  - 見栄を張って知ったかぶりをしない。
  - 必要以上に無知を装わない。
  - 専門家やその道のベテランから助言を求める際には素直な態度で臨む。

- 何ごとにも動じない姿勢を保つと同時に、前途の問題については現実的な言動を示す：

- 大きな口を利かず、大きな声を張り上げて部下を叱咤しない。
- 悲観的な言動を慎む

● 他人の意見を尊重していることを具体的に態度で示す：
  - 様々な人に意見を求める。
  - 意思決定をしたら、その内容をはっきりと部下に説明する。
  - 常に全員が満足することなどあり得ないと悟る。
  - 部下からのフィードバックを奨励し、歓迎する。
  - 他人の意見に対しては率直で建設的なフィードバックを心がける。

● 自分の立てた計画はざっくばらんに全員に伝える：
  - ボスである自分がどのように思考を構築するのかを、チーム全体に行き渡らせる。
  - 含意や裏の意味までに考えが及ぶ人間であることを示す。
  - グローバル・アカウント・プランをチーム全体の共有物にする。

●――権限を委譲すべき時期と権限の大きさ

　経営陣がGAマネジャーとそのチームに十分な権限を与えたり許可したりするのに消極的な場合には、GAMの実現が失敗に終わる可能性がある。ただし、経営陣が権限の委譲に二の足を踏むのも頷ける場合がある。たとえば、GAマネジャーがそのタスクに適任かが大いに疑問な場合だ。

　最初から権限を委譲し、新たなチームとGAマネジャーに初めて経験する重要な役割と規則を言い渡す方法もある。そうするのではなく、自然の流れに任せたほうがいい場合もある。経験を積むに従って権限を徐々に増やしていく方法だ。権限を許可するための機が熟すのは、目的を達成しようというチームの気構えが現実に追いついたときである。あるいは、権限の許可によってチームの気構えが確固としたものになる状況に現実が近づいたときである。

　いずれはすべてのGAMチームがそれぞれに値する権限を手にすることになる。それを決定する基本的な要因は、プロ意識が見られるかどうか、チームが外部とのコミュニケーション能力を身につけたかどうか、そして言うまでもな

くポリティカルな企業家精神が備わっているかである。

GAマネジャーは販売のプロであるべきか？

　GAM は出しゃばりな販売担当者の巣であってはならない。自分はあらゆる交渉に勝つ能力があるし、すべてのプレゼンテーションをこなす自信がある。GA マネジャーがそう考えた瞬間、そのチームの敗北が決まる。ほとんどの GAM チームに即戦力を備えた販売のプロがいるのに、どうして多くの GA マネジャー自身が販売の専門家である必要があるのか？　答えは歴史にある。

　グローバル顧客はインターナショナルな顧客が徐々に進化した結果だ。インターナショナルな顧客の前身はローカルな顧客だった。そうした事情があって、数多くの現地支社の販売担当者がローカルな顧客とともに「進化」していったのである。どんぐりがカシの大樹に成長したようなものだろうか。そのなかで「最も優秀な」販売担当者、つまり最も経験を積んだプロが GA マネジャーの職を得たというわけだ。ご本人にとっては栄転である。「最も優秀な」に、いろいろな意味があるのは言うまでもない。残念なことに、かつては最も優秀な「ハンター」であった場合が多い。

●───狩猟民族と農耕民族

　狩猟民族は単独で行動する。好機を見分けて追い詰めるのも得意だ。販売を専門とする組織では貴重な存在になる。しかし、複雑なグローバル顧客を担当させるのには適した人材だろうか？　短期的収益を重視し、素早い成果を満喫し、すぐさま次の機会を求めて移動する。これがハンターの行動様式だ。

　農耕民族には計画能力が必要だ。今年収穫する作物の種をまきながら、来年の作柄についても考える。様々な仕事をあれこれと管理しなければならない。なかには忍耐強くて、打たれ強くなければ到底できない作業もある。こちらのほうが GA マネジャーの仕事に似ている感じがしないだろうか？

　にもかかわらず、農耕民族が 1 対 1 の関係を重視した従来の販売部門に起用されたとして、「最も優秀な」販売のプロとして認められただろうか？　おそらく、駄目だっただろう。

GAマネジャーに登用するための農耕民族を探そうではないか。狩猟民族には引き続き、新規顧客の獲得や新製品の開発といった短期的な難題のために奔走してもらおう。おそらく農耕民族的GAマネジャーは喜んで自分のチームに何人かの狩猟民族を迎え入れると思う。ただし、手綱を引けばちゃんと歩調を緩めてくれるという条件つきだろうが。

●──職能というよりも能力

　販売のプロが立派なGAマネジャーになることがある。もちろん、それは可能だ。だが、そうなったとしても幅広い能力を備えているからであり、販売のプロとしての職能上のキャリアがあるからではない。何はさておいても、人間としての能力本位で人材探しを行うべきである。そうすれば、あらゆる職種の人間が優秀なGAマネジャーになることが可能だとわかるだろう。

　極めて幅広い能力を備えた販売のプロなら、おそらく誰にも負けないほどの優位に立つだろう。とはいえ、万能のスーパーマンではない。本当に優れているかどうかを試す最大の判断基準は、顧客企業のあらゆる部門に顔を出したがる「出しゃばり販売担当者」症候群を免れているかだ。図10.13を見ていただきたい。

　世界的に有名なコンサート・バイオリニストがよく語っていた話を思い出す。自分は1人で演奏するのが仕事だから、これほどまでの名声を得たのだ。だが、指揮者としては絶対に成功しなかったと思う。どうしてかわかるだろうか？楽団員のバイオリニストたちが演奏しているのを聞くと、「彼らを見て『何て下手くそなんだろう……』と頭の中で悪態をつかずにはいられないからさ」

●──ビジネス・マネジャー

　この章を通じて、ある一つのイメージを作り上げてきた。ビジネス・マネジャーとしてのGAマネジャーというイメージである。大部分とは言わないが多くの新任GAマネジャーにとって、これほど広範囲な役割を担うのは初めての経験であろう。担当地域も途方もなく広いし、管理すべき職能分野も多岐にわたる。組織の階段では比較的下部にありながら、ビジネス・マネジメントの醍醐味を与えてくれる役職だ。いったんこの役職を経験すると離れたくなくな

図10.13 「出しゃばり販売担当者」症候群

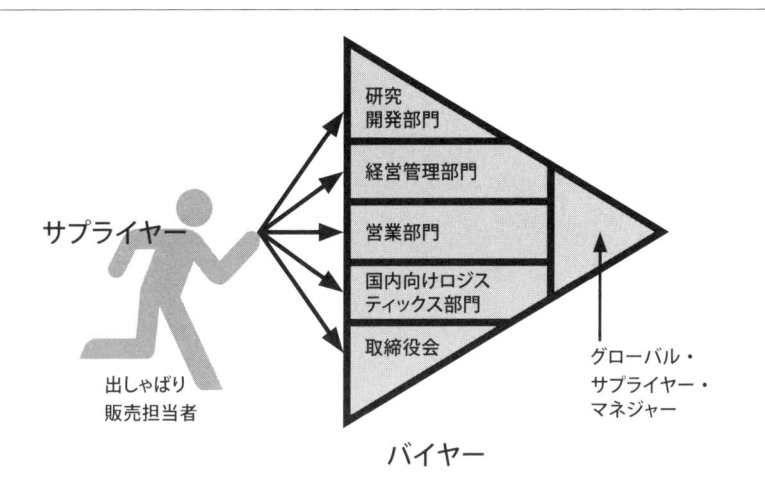

（図：サプライヤー側の「出しゃばり販売担当者」が、バイヤー側の研究開発部門、経営管理部門、営業部門、国内向けロジスティックス部門、取締役会に直接アプローチしている様子。バイヤー側には「グローバル・サプライヤー・マネジャー」が存在する）

る可能性がある。GAMから次の職場へと異動するのが嫌で仕方がないと言うGAマネジャーに何度も会ったことがある。新しい職務に就けば仕事の幅が極端に狭まり、拍子抜けしてしまうことが目に見えているからだろう。

「ビジネス・マネジメントの真髄が味わえる」を殺し文句に、最も優秀な人材に声をかけてこの役職に抜擢しようとするのも結構だ。しかし、GAマネジャーをその役に留めておきたいのなら、その殺し文句が現実に即したものとならなければならない。つまり、利用できるリソース、与えられる責任、社内での認知といった現実である。その職務に値するだけの力量を備えたビジネス・マネジャーであれば、どれだけの成果が上がっているかを測る尺度をほしがるものだ。GAMの場合の重要な尺度は、担当のグローバル顧客がどれだけの収益を上げているかだ。この点については、第12章で詳しく論じる。

第11章
組織構造と説得のプロセス

MAKING IT HAPPEN - STRUCTURE AND THE PERSUASIVE PROCESS

「GAMには絶対的なルールは存在しない」というルールを覚えているだろうか？ これこそが本章のテーマであり、最も厳格に適用されるものだ。組織構造はあまりにも複雑すぎるものであり、要約されたテンプレートは存在しない。従って、これからの数ページの記述はせいぜい観察に基づく意見と試験的なガイドラインといったものである。

「正しい」組織構造は多数の「一概には言えない」場合が積み重なった結果である。たとえ、ある状況で成功したように見えても、他人の提唱した構造を「借用する」ことにはかなり慎重でなければならない。「間違った」構造のほうが「正しい」ものより多いことは確実だ。間違った組織構造がどのようなものになり得るかを知るために、せめて一つのテンプレートを拝見するぐらいは許されるだろう。

●──間違った組織構造

比較的単純なKAM（キー・アカウント・マネジメント）をめぐる問題から始めてみよう。図11.1は「見込みなし」構造と私が呼んでいるものだ。企業の重要顧客が販売部門という器の底に埋もれてしまい、地域部門や他の事業部門の組織と切り離されている状況を示している。

もし、このような状況にある重要顧客がグローバル顧客になる可能性があるなら問題だ。さらに、事業部横断的なグローバル顧客になる可能性があると

したら問題はもっと深刻である。その場合、私はただ祈るほかない。競合他社もまた同様の組織構造の下で損害を被っていますようにと。

　KAMの世界を対象とする最も初期の研究のいくつかは、クランフィールド経営学大学院で行われたものだ。その研究によって、組織構造に関して著しく辛辣な一つの結論が導かれたので紹介したい。「サプライヤーの組織構造が顧客にとって妥当性を欠くばかりか顧客に何の利益にもならない場合には、顧客はサプライヤーに見切りをつける」。グローバル顧客は自社を地域部門というサイロあるいは事業部門というサイロの奥に放り込んで埋没させてしまうサプライヤーには、たちまち愛想を尽かす。図11.1にあるような組織図を目にしたバイヤーは、自社のグローバルなニーズを満たす能力を備えたサプライヤーではないと素早く判断するだろう。

　では、そうすればいいのか？　もし、あなたの会社の組織構造が図11.1に酷似したものであれば、顧客に組織図を見せてはならない。それでも見せてくれと要求されたらどうすべきか？　まず、その顧客と一緒に仕事をしたいというこちら側の熱意を示す。次に、顧客に奉仕できるように柔軟な態勢で臨んで

図11.1　「見込みなし（ノー・チャンス）」構造

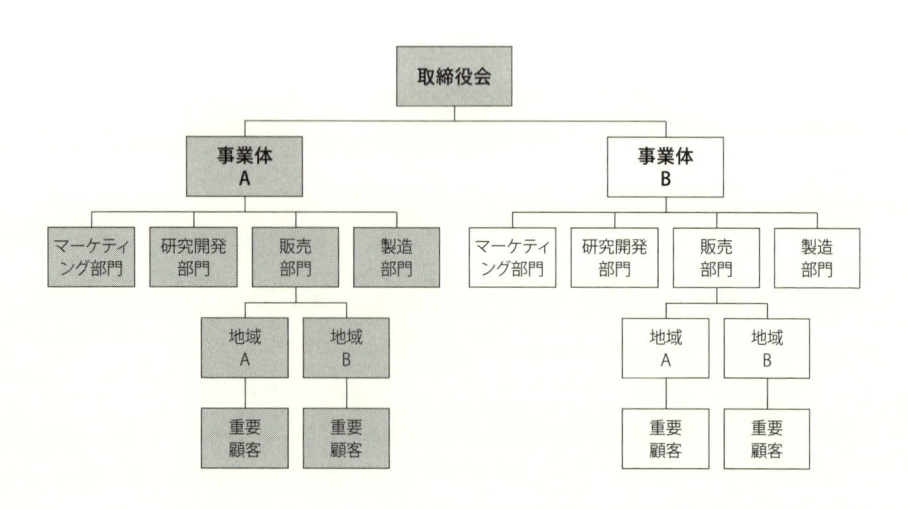

いることを伝えていく。すると、ゆっくりではあるが着実に物事がその方向に進み始め、現実化していく。念頭に置くべきものは、革命ではなく進化なのである。それもできる限り顧客自身の組織構造に基づいた進化であるべきだ。

　顧客と付き合う上で、組織構造に起因する失策には事欠かない。ここでは例を三つだけ挙げよう。一つは、GAマネジャーとその配下のチームに、他の部門の責任者を組ませて顧客に当たらせる方法で、実によく見られる。グローバル・ボス１人に現地支社の各部門のボスがぞろぞろと付き添うというものだ。顧客は誰を相手にすればいいのか、わからなくなる。「その件については、うちの他の責任者に確認する必要がありまして」を連発され、相手の真意が見えなくなる。そんな対応をする企業から、この先何か意味のある返事を得られるとは思えないだろう。

　二つ目は、旧ソ連スタイルの中央集権主義である。ショーの演出をすべて取り仕切ろうとするのは本部で、５カ年計画のおまけ付きというわけだ。現地支社の組織は無視されるか破壊される。こんな方法でも実際に固定した顧客が付いたとすれば、それはそれで結構。しかし、できるだけ避けるべきやり方だ。

　最後の例は、二つ目と同じくらいまずい方法だ。複数の島々を緩い絆で結んだ連邦のようなもの。独善的な行動を誘発するのがオチ。もし重要顧客がこのやり方を望むというなら、これもまたこれで結構。しかし、そのような顧客は本物のグローバル顧客なのだろうか？

「ガイドライン」

　以下に挙げるのはルールではない。厳密な意味でのガイドラインですらないかもしれない。成功例と失敗例を観察した実地経験に基づく単なる意見とでも言うべきだろう。あなたの直面している状況に合わないのなら、無視していただいて構わない。ただし、その場合には、各項目について次のように自問してみてほしい。「私が無視するのは、その項目が顧客のためになりそうもないからか？」（なるほど、結構です！）「私が無視するのは、その項目が自分の会社のやり方とは違うからか？」（うーん、再考の余地あり）

- まず顧客の組織構造を理解するように努力し、次にあなたの会社の組織構造とどれくらい合致しているかを考える。あなたの会社にはかなりの数のグローバル顧客がいるとか、その顧客自体が多種多様である場合は、当然、今述べたことはあなたの会社には当てはまらない（しかし、さっさと次の項目に移る前に、あなたの会社は「どれくらいの数」のグローバル顧客をターゲットにしているのかを自問していただきたい）。
- 必要なのは革命（レボリューション）ではなく進化（エボリューション）。とてつもなく大きな変化が 1 回だけ起きれば全てが解決するということはまずない（ただし、あなたの会社が危機に直面しているなら話は別だ）。
- もちろん、我々は販売部門の組織構造だけを議論しているのではない。あなたの顧客にとっては、どの事業部門の構造が価値を持つのかと自問してみることを勧める。そして、せめて組織構造についてあなたが考える際には、他の事業部門の構造も考慮するよう努めてほしい。
- 様々な選択肢を評価するタスクと取り組むために GAM の運営委員会を立ち上げる。GAM 実現の障害物の特定、成功への極めて重要な要素の選定、そして実用的で成果が上がるアプリケーション（詳しくは、本章で後に述べる「説得プロセス」のケーススタディを参照）への針路を決めることが、この委員会の目的となる。
- GAM の組織は GA マネジャーの権限を明確にした上で促進するものにすべきだ（第 10 章で述べた「与えられた権限」と「勝ち取った権限」についての議論も参照してほしい）。
- 新たにグローバル・アカウント・メンター（第 9 章で述べたように、経営陣が担う役割）を設けることを考える。ある意味で、このメンターの起用は構造が万能薬ではなく（以下の項目を参照）、時には「人間」の介入により通常の事業部門間の境界線を取り払う必要性を認めることだ。
- GAM チームは現地支社の組織構造を活用して業務を行うように努力すべきであり、現地の組織を別のものに取り替えたり、無視したりしてはならない。
- 現地支社の組織構造は GAM の目標を受け入れて、その達成に貢献すべきだ。

- 現地支社の経営陣も GAM チームに加わるべきだ。
- パフォーマンスの尺度はグローバルであると同時にローカルなものであるべきだ（第12章を参照）。
- ローカルなサービスとアプリケーションの有効性を損なってはならない。
- GAM チームの予算は GAM チームによって、GAM の業務のために確保されるべきであり、現地支社の他の事業部門や支社自体や地域で横断的に共有されるべきではない。GAM チームが世界各地に散らばっているメンバーを集めて会合を開きたい場合を例に挙げよう。メンバー以外に様々な事業部門からの出席者も招くため、その旅費を捻出しなければならない。だが、この問題については GAM チームが自ら決める権限があり、他の部門のご慈悲にすがる必要はないのだ。

●──従来の硬直したマトリックス

　図 11.2 はマトリックス「構造」という考え方を示している。この場合には、経営機能別部門横断的活動を行っているグローバル顧客に見られるマトリックス「構造」が図式化されている。

　顧客が複数の経営機能別部門の人物から成り立っているため、サプライヤーはこの図よりさらに柔軟で多義的な要素を伴うアプローチをとることを余儀なくされる（一緒に働いているフランス人が、「我々は誰もがふわふわしたマットレスの上で作業をしているのだ」と言ったことがある。それ以来、組織的構成は決して融通の利かないものであってはいけないと実感した）。

　マトリックスを用いたアプローチはかねてより KAM を実行する際の標準的な方法だった。一方、図 11.3 は GAM を実行する際には可変性が増すことを示している。

　このように多様性が加わることで、どのような結果が生じる可能性があるだろうか？　混乱だろうか？　それとも、利害の対立だろうか？　マトリックスを現実に即したものにしさえすれば、そうした悲惨な結果にはならないだろう。状況を明確にする最良の方法は、まず問題を正確に理解し、偏見のない態度でその問題を議論することだ。次に多様性を事実として受け入れて、テンプレートを用いた解決という簡便なアプローチをとることで多様性を狭めないように

図11.2　必然的なマトリックス

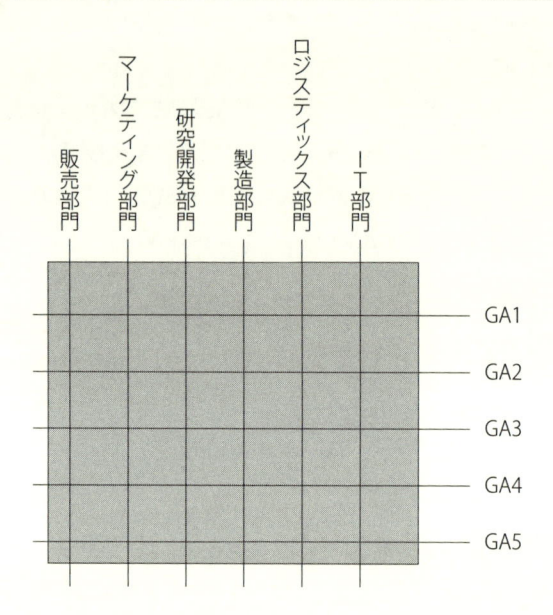

	販売部門	マーケティング部門	研究開発部門	製造部門	ロジスティクス部門	IT部門
GA1						
GA2						
GA3						
GA4						
GA5						

図11.3　必然的なマトリックス――国別の場合

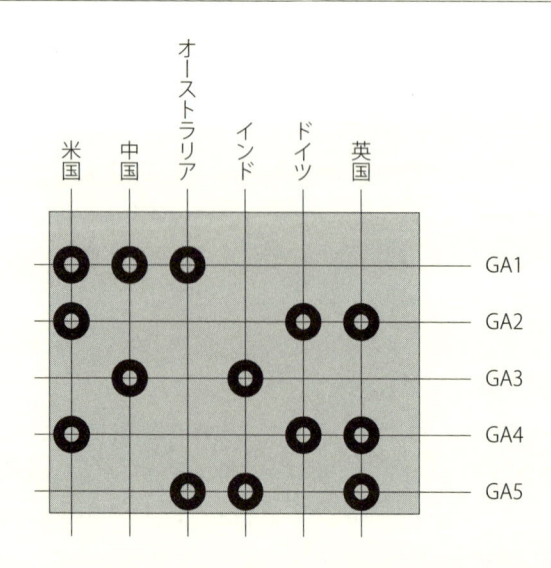

	米国	中国	オーストラリア	インド	ドイツ	英国
GA1	●	●	●			
GA2	●				●	●
GA3		●		●		
GA4	●				●	●
GA5			●	●		●

努める必要がある。

グローバル顧客はそれぞれが異なった存在である。従って、サプライヤーの組織構造を変えるという解決法も状況に合わせて大胆に行う必要がある。10種類ものテンプレートを作ってはいけない。革命的な精神は結構だが、せっかくの苦心も水の泡になるだけだ。テンプレート作りに励む代わりに、顧客の話に耳を傾け、聞いた話を自分の会社に持ち帰って同僚と議論し、顧客に合った自社の事業部門と顧客との仲を取り持つ。そうすれば、組織構造を変えるという解決法が「正しい」形で進化するだろう。

──進化

図11.4は予測ではない。時間が経てば組織がどう進化する可能性があるかを単に示しただけだ。

1番目のマトリックスは国別の単位に焦点を当てた組織構造を表している。事業体は確かに存在してはいるが、国という組織に比べれば遥かに2次的なものだ。ここでの顧客は、系列化された国別の販売部門であり、国別にパワーを持った販売責任者によって管理されている。1960年代から70年代の多国籍企業で働いた経験のある者にはお馴染みの組織構造であろう。

時が経つにつれて、より質の高い製品の提案を行い、市場にもっと目を向けた戦略を打ち出すことが必要になる。その結果として事業体を重視する傾向が強まり、増大しつつある事業体の存在理由が頂点に達する。ここで、事業体が国別の組織に取って代わる時代が到来するのだ（図11.4の2番目のマトリックスを参照）。こうした状況が生まれると、新興の事業体を管理するために、国別責任者が事業体の責任者と人事部門の支援を受けながら組織構造のスムーズな移行を助長する可能性も出てくる。

やがて国別の存在感は薄れ、国別の販売部門は次々と閉鎖され、代わってGAMチームが形成されていく。そうしたチームを率いるGAマネジャーは現地支社に直属するか、場合によってはグローバル本部の管理下に置かれることになる。ここで、組織構造がついに図11.4の3番目のマトリックスに到達するのだ。

では、この後に何が起きるのか？　もし、グローバルな顧客が同時に事業部

図 11.4　組織構造の進化

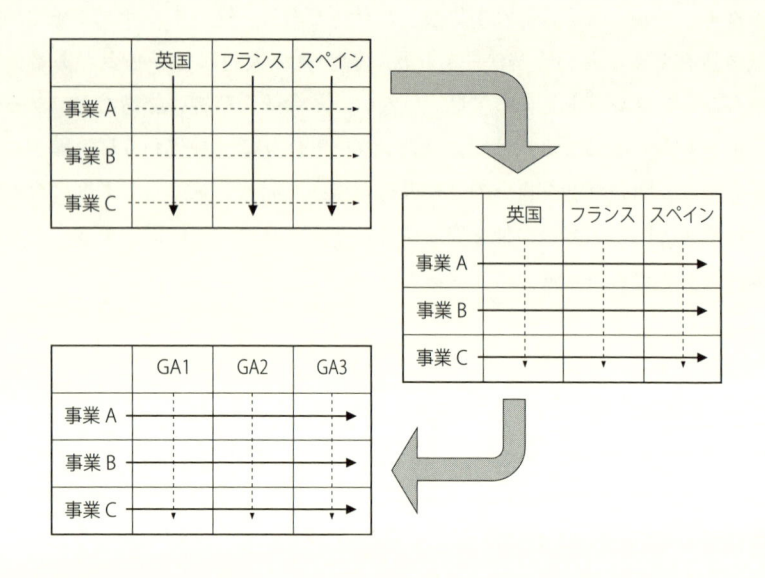

	英国	フランス	スペイン
事業 A	→	→	→
事業 B	→	→	→
事業 C	↓	↓	↓

	英国	フランス	スペイン
事業 A	→	→	→
事業 B	→	→	→
事業 C	↓	↓	↓

	GA1	GA2	GA3
事業 A	→	→	→
事業 B	→	→	→
事業 C	→	→	→

横断的顧客でもあれば、担当する GAM チームは次世代の有力な戦力へと進化することになるのか？　また、人事部門の担当役員が事業部の経営陣に対し、GA マネジャーの職への鞍替えを奨励するといった状況を目にするようになるのか？　そうなる可能性もあるだろう。実際にそうしたケースも起きている。一方で、国別の組織構造が幅を利かせていた時期や、各地域の事業部が 1 対 1 の顧客対応をしていた時期に逆戻りするケースも見られる。組織構造の変化が起きる理由は複雑だが、企業は次のことを肝に銘じる必要がある。数ある理由の中で最も重要なのは、顧客の特性であるべきだということだ。すなわち、顧客の組織構造、顧客の市場、顧客のニーズである。

GA マネジャー――しがみ付くべき椅子か？

　組織というものは永遠に変化し続ける状態にある。組織が変化を続ける世界で遅れをとりたくないと望むのであれば、もはや変化することは宿命であろう。その一方で、変化が不安定さに伴う効率の悪さを助長しがちであることも確かだ。有能な GAM チームの強みは、長期にわたって存続する可能性が高いこと

である。変化が激しい環境にあってチームの存続は頼もしい要因である。

　変化が起こるにつれて、GAマネジャーに何が起こるのだろうか？　最初は、国別の販売部門の一員として、その部門の責任者の指示に従う立場にある。次は、企業のビジネス・チームの一員で、そのチームはひょっとして重要顧客管理戦略を開発中かもしれない。そのビジネス・チームのキー・アカウント・マネジャーは事業部のマネジャー（BUM：Business Unit Manager）の指示に従っていればいい。たぶん、BUMの担当するキー・アカウントのなかにはグローバル顧客になる企業があるだろう。ひょっとすると、そのグローバル顧客は同時に事業部横断的な顧客であるかもしれない。この時点で、ビジネス・チームのキー・アカウント・マネジャーからGAマネジャーとなった人物は、引き続き自らの古巣である事業部の指示に従うだろうか？　それとも、新GAマネジャーの受け持つグローバルで事業部間横断的役割に応じた新しい組織構造を創出する必要があるのだろうか？　もうおわかりになったと思うが、今述べた質問に対する正しい答えは存在しない。とはいえ、こうした変化が次々と起こっているわけだから、GAMチームをつくるより安定した対応ができる状況をつくるほうがよい、ということにならないだろうか？

GAMを実現化する——「説得プロセス」

　結局のところ、GAMを実現することは組織構造に関する事柄に行き着くのか？　「結局のところ」、そういうこともあり得るだろう。しかしたとえそうだとしても、組織や構造であらゆる問題を解決できるわけではない。では、「最初のところ」はどうなのか？　当初、あなたの事業でGAMを実現する見込みがあるとしよう。その場合にも、最初は少なくともあなたの必要とすることが十分できないような、役に立たない組織構造であるだろう。

　その段階では、組織構造による解決に取って代わる別の方法が必要だ。つまり、どのような場合にも難しい問題と取り組むために有効な手段になり得る何らかの方法が必要なのだ。これまで本書では、GAメンターやGAMの運営委員会といったヒントになりそうな議論を紹介してきたではないか。これらの方法は組織構造をいじるような解決法ではなく、どちらかというとプロセスや

説得力と関係がある。おそらく GAM を始動させるのに本当に必要なのは、組織を変化させることではなく「説得プロセス」なのではないか？

　第 2 章、第 4 章、そして第 8 章において、食品業界、家庭用品業界、化粧品業界を顧客とするサプライヤーの動向を見てきた。このサプライヤーは事業部横断的チームとしてグローバル顧客に対応できる自らのアプローチを作り上げようと努力している。ここで引き続きケーススタディを示し、今述べたサプライヤー企業が組織構造の変化という解決法を模索する代わりに「説得プロセス」を通して活動を展開する道を選択した経緯をたどってみよう。この企業のケースでプロジェクト・リーダーに求められる最も重要なスキルが、我々が第 10 章で取り上げた「ポリティカルな企業家精神」とまさに同種のものであることに注目していただきたい。

　このケースの概略を復習してみよう。将来グローバル・サプライヤーとして展開しようとしているこの企業は、五つの事業体から成り立っている。食材、食品添加物、食料品向け香料（以上の三つは食品業界向けに販売している）、家庭用品／洗面用品向け香料、そして香水／化粧品業界向け高級香料である。この五つの事業を行っている五つの異なった事業体すべてが一つのグローバルな重要顧客と取引があるが、その取引の基準が異なっているだけでなく（ローカルに取引を行っている事業体もあれば、グローバルに取引を行っている事業体もある）、それぞれの事業体が異なった思惑を持っている。

　重要顧客は、サプライヤーと真にグローバルな関係を築くことを強く望んでいる。つまり、分割された事業体と個別にではなく、五つの事業体を一括した一つのサプライヤーとして取引関係を築きたいと願っているのだ。サプライヤーは重要顧客の願いをチャンスとして認識しているが、内部にいくつかの深刻な問題を抱えている。大きな理由は、五つの事業体の「儲けの仕組みのロジック」がかなり異なっているからだ。食材事業体は生産施設をフル稼働しなければならないほどの大量注文を受けようと躍起になる。

　これに対し、食品添加物事業体は生産量にはこだわらない代わりに、販売の見通しを正確に見積もろうと懸命になる。家庭用品／洗面用品向け香料事業体

と香水／化粧品業界向け高級香料事業体2社は利幅の大きな機会だけを入念に選ぶ。食料品向け香料事業体の「儲けの仕組みのロジック」は他の四つの中間に位置する。各事業体が危惧しているのは、グローバルな関係を築きたいという重要顧客からのオファーによって自社の提案が劣勢に立たされ、挙句の果てには自社の収益性の源が危機にさらされることだ。

そこで、実行可能なプランを立てるために5社はプロセス（ここで紹介するのは、実際のプロセスをかなり簡略化したものである）を作成することに同意した。度重なる議論の末に、「説得プロセス」は以下の六つの段階に分割された。

1　GAMの運営委員会を設立する
2　情報収集を行う
3　機会分析を行い、目標設定を実施する
4　事業部門横断的チームを設立し、内部作業の手順を決定する
5　顧客プランを練り上げる
6　実行に着手する

「説得プロセス」を六つの段階に分けるのには重要な意味があった。一つの段階が終わるたびに、各事業体が了承した証しとして「ハンコを押させられる」儀式になるからだ。「そんなことは聞いていない」や「だから言ったじゃないか」という声が決して聞かれることがないように知恵を絞った挙句に、このような形になったのである。その結果、互いに信頼し協力し合おうという精神が生まれた。

第1段階──GAMの運営委員会

五つの事業体から選出された代表者の氏名が発表され、GAMの運営委員会が設立された。

親会社の取締役会から役員が1名派遣され、プロジェクト・メンター（委員会のメンバーを褒めたり叱ったりする場合があると考えられたため設けられた）として任命された。プロジェクト／委員会のリーダーの意見に積極的に賛意を示し、委員会を全会一致にいたらせる役割を担った。

委員会によって選出されたプロジェクト・リーダーは香水／化粧品業界に向け高級香料メーカーから派遣されたメンバーだったが、その事業体が他の事業体に比べて市場シェアが大きいとか、よりグローバルな展開をしているという理由で選ばれたわけではない（実際には事業体としての規模も小さい方であり、リージョナルなプレーヤーだった）。その事業体の人物が選出された理由は、その事業体が次のような特性を備えていたからである。

- ポリティカルな企業家精神に要求されるスキルを持っていた。
- 異なる「儲けの仕組みのロジック」が存在するという現実を理解していた。
- 何が実現可能で何が実現不可能かを正しく認識していた。
- 組織構造をいじろうとは思っていなかった（少なくとも、この初期の段階では）。
- 顧客を第一に考えて行動する熱意を持っていた。

以上に加えて、香水／化粧品業界に向け高級香料事業体は、グローバルな事業展開から脱落する公算が最も大きいという特性を備えていた。そこで本来なら参加を拒否するかもしれないプロセスをその事業体が支持するように促したのである。

もちろん、こうしたポリティカルな動機に基づく戦略には危険が伴う。たとえば、その事業体の「生来の反抗心」がリーダーシップのまずさという形を取り、委員会を頓挫させる可能性もあったのだ。幸いなことに、この事業体にも、属する業界に対する体裁があり、今述べたようなプロらしくない行動に走ることを自らに許す意思はなかっただろう。また幸いなことに、委員会のお目付け役であるプロジェクト・メンターは、体面を汚したくないという事業体の心理を十分承知していた。さらに幸いなことに、ポリティカルな企業家精神のスキルがこの親会社の経営陣レベルでも有効に機能していたのである。

委員会の各代表者が要求した場合には、どのようなデータでも完全な形でアクセスする権限と資格が与えられる必要があった。また、合意された事柄を各段階の終わりに委員会に付託する権限と資格も与えられる必要があった。同時に、各事業体は当該の重要顧客と現行の関係を続けていかなければならなかっ

た。このビジネス関係は顧客に提供する販売能力だけに限らず、周到な用意と知識に裏付けられたものでなければならなかった。

　プロジェクト・マネジャーは多くの時間を費やして、GAMの運営委員会のチームに、このプロセスの目的は自信を築くものであり、どの事業体も自らの利益に反するような行動をとらされることにはならないと保証した。また、委員会の決定は顧客の希望をできる限り反映すべきものであり、五つの事業体の協力が失敗すれば顧客は自らのニーズが損なわれたと見なすだろうという点を強調するためにも、多大の時間が費やされた。このように、ポリティカルな企業家精神は常に飴と鞭を組み合わせなければならない。

第2段階——情報収集
- 販売データ：各事業体別、顧客（グローバルな顧客が事業を展開している各部門）別、そして各地域別による、過去、現在、そして将来の予測。
- 総収入／利益に関するデータ：各事業体別、顧客別、各地域別による、過去、現在、そして将来の予測。
- 現在の関係（「良い／悪い」、「深い／浅い」、地理的位置、機能的側面などといった関係の特質についての具体的なコメントも含む。「関係マトリックス」の作成に着手する。
- 現行のアカウント・マネジメント手順、並びに特に現行のアカウント・プラン。
- 契約書の条項と条件を含め、契約に向けて現在進行しつつある計画および準備。
- 事業部門横断的アプローチが既に実施されている兆候や証拠はないか？（顧客の強い要請により現地レベルで大規模に実施されているかなり有力な兆候と証拠が見られる場合があった。）
- 顧客の事業に対する分析。財務上のパフォーマンス、ビジネス戦略、主な市場などの分析を含める。
- 顧客、あるいは顧客から代理権を授与された法人企業が、どの程度までグローバル・ベースのアプローチをとりながら行動しているか？

第3段階――機会分析と目標の設定
- 成長するための機会はどこにあるのか？
- 成長するための機会は各事業体に受け入れられるものか？　成長するための機会は現行の戦略と儲けの仕組みのロジックに適合するか？
- グローバル・チームのアプローチが結果的に従来よりも大幅な値引きにしかならない危険性がある。具体的にどんな事態が予想されるのか？　いかにして、この危険性を回避することが可能か？
- 顧客が五つの事業体からマネージされたアプローチを受け入れることにはどんな利点があるか？　顧客の視点からそれらの利点を定量化することは可能か？
- 顧客が期待していることは何か？　そして、我々は顧客の期待をどのようにマネージする必要があるのか？
- 事業部門横断的アプローチを採用することにより、我々は競合他社に対し有利な立場に立つのか？

―競合他社の中に我々の顧客に対するオファーに匹敵する規模のオファーが可能な企業があるか？

―競合他社の中に真の意味でグローバルな関係を顧客との間に築いている企業があるか？

- 五つの事業体全体の目標を定義する。
- 各事業体の目標を定義する。
- 目標が達成された場合、五つの事業体全体と各事業体にとって収益性に対する影響はどのようなものとなるか？

―どのような投資が必要になるか？

―どのような見返りが得られるか？

―五つの事業体が独立して事業を行った場合に比べ、事態は改善するのか？

第4段階――事業部門横断的チームと内部での作業手順
- 顧客を相手に1チームとして活動する上で企業内部に存在する障害物は何か？

―業績に対する管理か？

―価値観への攻撃か？

―報復か？

- どうすればこうした障害物に打ち勝てるか？
- 誰を事業部門横断的 GAM チームのメンバーにするか？
―GROW の最初の草稿を準備する。
- 誰を GA マネジャーにするか？
―GA マネジャーにはどのような権限が必要か？
―誰を GA マネジャーの直属にするか？
- グローバル顧客の損益計算書を作成する。
- コストと収益を個々の事業体にどのように配分するか？
- GAM ツールボックスの中身を決める。
―どのツール／プロセスが必須か？
- 適切な事業部門横断的ナレッジ・マネジメントとコミュニケーション・システムを確保する。

第 5 段階――顧客プランの立案
- 事業部門横断的グローバル・アカウント・プランを準備する。
- GROW を用いてグローバル・コンタクト・マトリックスを作成する。
- 顧客とのやりとりの手順について、GAM チームと各事業体の両者から合意を取り付ける。
- データや体験したことの情報を GAM チーム内で共有する手順についてコンセンサスを得る。

第 6 段階――実行
- 定期的に間を置いて再検討を行う。始めのうちは、1 カ月以上の間を空けないようにする：
―継続的に確認すべきこと：各事業体が独立して活動するアプローチやローカルなアプローチでは成功しなかった部分で、事業部門横断的アプローチやグローバルなアプローチが成功しつつあるか？
―継続的に確認すべきこと：我々が直面している障害は何か？
―継続的に確認すべきこと：我々は新たな問題を作り出していないか？
- 経験から素早く学び、臨機応変な態度で臨むように心がける。

言うまでもなく、以上のケーススタディの中で立案された「説得プロセス」は一つの例に過ぎない。しかし、GAMへのアプローチに着手する手順は、組織構造上の課題に劣らず極めて重要なものである。このケースにおいて組織構造の課題に取り組もうとしていたら、きっと五つの事業体はそれぞれ違った方向に進んでいただろう。

ローカル・オペレーションと対話する

説得プロセスが進行する一方で、もう一つの活動が存在感を強めていた。両者の対立は多分に事業部門横断的なものだった。ところが議論がGAMの実行に移った途端に、ローカル・オペレーションからの絶対的な支持がどうしても必要であることがはっきりしてきた。しかも、状況はこれまで経験したのとはかなり異なったものになりそうな様相を呈してきた。「GAMを実現する」ために対話を重ねることが不可欠になった。

そうした対話は最後まで持ち越すことが通例である。何が起こりそうなのかが明確にならないうちに話し合いをするのは的外れだという悪い見本にもなる。怠惰（それとも臆病？）から対話を先送りすることは、問題をさらに大きくするだけだ。グローバル顧客に奉仕するのに必要な変化についてローカル・オペレーションにも懸念を共有してほしいと望むのなら、早めに懸念を打ち明ければ、その分だけ早く手だてを講じることができる。

ローカル・オペレーションが懸念や疑問を抱いたとしても、別に驚くには当たらない。しかし、懸念や疑問の裏に隠れたローカル・オペレーションの感情を無視してはならない。それは熱意である。話し合いでは、これまでローカル・オペレーションが接してきた顧客が話題にのぼるだろう。ローカル・オペレーションはその顧客と今後も引き続き、取引関係とロイヤルティを築くことになる。顧客に対するローカル・オペレーションの熱意に気がつくのが早ければ早いほど、あなたはローカル・オペレーションのエネルギーを自分のために利用することができるのだ。

顧客をGAMに引き込む

顧客を自分の考えや計画に引き込む時期はいつがいいだろうか？　第1章

で提案し、図 1.2 で要約したアドバイスを参考にしてほしい。とはいえ、概して答えは「早ければ早いほどいい」に尽きる。正確な情報収集を行う方法が他にあるだろうか？　好機にアクセスする的確な方法が他にあるだろうか？　また、計画の立案を開始するのに絶好の方法が他にあるだろうか？

　本章で見たケーススタディでは、GAM の運営委員会の設立が顧客を GAM に引き込むのに重要な部分を占めていた。というのも、委員会の各メンバーがその時点でも顧客と人間関係を保っていたからだ。委員会のメンバーは二重の責任を負っていたことになる。プロセスに対する責任と顧客に対する責任の二つである。現実の問題に取り組む際には、責任が二重であることは重要な意味を持つ。たとえば、顧客を自分の進もうとする方向に誘い込みながらも、かなう望みの薄い期待を顧客に求めて問題が起きないように努めるからである。これから歩まなければならない道は狭いだろう。そして時には文字通り綱渡りとなるだろう。GAM を成功に導く GAM リーダー、または GA マネジャーにとって必要な例の重要なスキルを、今、我々は再度目にしている。それは「ポリティカルな企業家精神」である。

第12章
パフォーマンスと報酬

PERFORMANCE AND REWARD

　GAMにとって極めて大きな試練の一つに、業績にふさわしい報酬を決定する仕事がある。この仕事に失敗すると議論の応酬になる。よくても時間の膨大な浪費と関係者全員の疲労困憊を招き、最悪の場合はどう見てもばかげた行為をしたり、もっとよくある事態として営業妨害に近い行動（行動ならまだいい、行動をしなくなる者が出てくるケースのほうが多い）に走ったりする者が出てくる。

　あるグローバル・サプライヤーを例に、ある状況から生じた二つの異なった結末を比較してみよう。二つの結末の当事者たちは口を揃えて、せっかく一生懸命に働いたのに不公平な報酬を受けるはめになったと主張するのだった。

　ある顧客がヨーロッパの5カ国でビジネス活動を展開している。サプライヤーにとってはインターナショナルな顧客（第1章での定義を参照）であり、10年の付き合いがある。サプライヤーは過去10年間にわたって、5カ国に基盤を持つ販売担当者のチームを通じて販売活動をしてきた。各販売担当者は独自の目標を持ち、事業拡大のためにそれぞれ異なった方法を確立していた。中でもフランス、ドイツ、イタリアの販売担当者たちはよい業績を上げ、3カ国における顧客との事業はなかなかの繁盛ぶりだった。彼らは確固とした基盤を築いており、顧客からも信頼と尊敬を得ているため、キー・サプライヤーを自認する資格が十分にあった。すべては彼らの絶え間ない勤勉さの賜物であり、自分たちの享受する報酬はうなぎ上りの販売増を示す数字に現れていると考えて

いる。一方、スペインとオランダを受け持つ販売担当者たちの顧客に対する働きかけは、5カ国の中で最も不熱心なものだった。彼らは自分たちに落ち度はないと思っており、もっといい仕事を求めて目は別の方向に向いていた。

さて、この状況から二つの結末が生じるわけだが、これから先を読み進めながら自問していただきたい。二つの結末のうち、どちらがまずいか？

第1の結末の発端はこうだ。顧客が仕入れの拠点をオランダに移し、新体制で活動に望む決意をする。顧客のオランダの現地支社は、大量の仕入れと引き換えに、大幅な値引きを得る方法をとっている。会社全体の仕入れで見れば実際には増加はしていないにもかかわらず、あたかも仕入れが著しく急増したかのような印象を与え、「グローバルな値引き」の要求を正当化するのである。その仕組みは、オランダの販売担当者の意見に従って1カ月に1度の発注を行い、オランダ国内にある拠点の倉庫に商品を納入する一方で、送り状はオランダ支社に送付させるというものだ。もちろん、あとはヨーロッパの各地への商品の配送に気を配るだけである。オランダの販売担当者はほくほく顔だ。なにしろ、別に気にも留めていなかった顧客から突然の大量注文が舞い込んできた。それも、今後も1カ月ごとに繰り返されるのである。値引きなど痛くもかゆくもない。大量注文を受ければ帳消しだ。この結果、残る4カ国の販売担当者たちはどんな顔をするか？　スペインの販売担当者は、大した損害を被ったわけでもないからと事態を受け流す。それに対して、フランス、ドイツ、イタリアの販売担当者たちは、10年間に地道に築いた実績が水泡に帰すのを目にしたのだ。

次は第2の結末にいたる過程を見てみよう。まず、顧客が仕入れの拠点をフランスに移す決定をする。そこで、フランスの販売担当者は一肌脱ぎ、5カ国の販売担当者すべてが満足できるような注文体制を確立する。他の4カ国の販売担当者と個別に連絡をとって今後の売上の目安を尋ね、フランスの顧客の現地支社にその目安を確実に伝える役を引き受けるというのだ。フランスの販売担当者が進んでこの役目を買って出た背景には、顧客の御用聞きになれば、その苦労も報われるだろうという発想がある。顧客の下働きをして、ここでさらに実績を積んでおけば、その分だけ多くの報酬がいつか得られるというわけだ。最終的な打ち合わせの場でのことである。いざ発注書に署名しようというと

きになって、不意に顧客が提案する。大幅な「グローバルな値引き」のお礼として、すべての納品はローカルに処理しましょう。これまで通り、送り状もローカル・オペレーション宛に送ってください。数週間にわたる努力の後に馬鹿を見たのは、フランスの販売担当者だ。苦労の見返りを期待していたのに、得をしたのはドイツ、スペイン、イタリア、そしてオランダの販売担当者だという話。

　さて、二つの結末のうち、どちらがまずいか？「だから何だというのだ。どちらのケースでも、うちの会社は損をしていない」とあなたが言いたければ、「もっと先を見てはいかがでしょう」と私は提案したい。一つ目のケースで、サプライヤーであるあなたの会社が、結果的に流通コストをかなり削減できるという恩恵を受けるのは確かだ。そして二つ目のケースでは、あなたの会社が5カ国すべてに納品する際の目処が立つのも確かである。しかし、以上二つの結末に伴う心理的な影響を無視することで、あなたの会社は気がつかないままに自己満足に陥るリスクを自ら背負い込むことにもなるのだ。

　第1のケースでは、オランダの販売担当者には栄誉ある勲章が授けられ、他の4カ国の販売担当者は商機を失う。ひどい目に遭った者たちは、その反動としてどんな行動を示すか？　興味を失い、連絡をしてこなくなる。そして、現地からの情報がこちらに入らなくなり、現地とのコネクションは途絶える。顧客との関係は本社を相手に注文と価格の交渉をするだけのものになる。これでは、いつ両者の間に意見の食い違いが起きてもおかしくはない。

　第2のケースでは、起こるべき問題（納入先が5カ国に分かれている）が起きたのだ。ただ、犠牲となったのは「グローバルな値引き」という悲惨なもの。悲惨さは、それだけに留まらない。フランスの販売担当者は再起をかけて、どれだけの苦労を覚悟しなければならないのか？　あなただって危ない。あなたの会社があちら側とこちら側での二重の悲惨さを経験する時が、すぐ近くに迫っている。顧客の本社には値引き、自社ではやる気のなさの蔓延という、二重の悲惨を。

　会社全体には士気を鼓舞するもの、つまり「共有財産」と呼んでもいいものがあるかもしれない。ビジョンや企業理念などだ。しかし残念ながら、業績を測定する現在の方法や現行の報酬体系は、そのような崇高な概念を考慮に入れる

ようには設計されていない。何もかもがローカルなのだ。

適切な業績、適切な報酬

　以上述べてきた二つのケースの結末がまずい結果を招いた理由は、関係者が自分たちの努力が不公平な扱いを受けたと思っていることにある。この問題は、第４章で取り上げたクリティカル・サクセス・ファクターのうちでも最も解決しにくい難題かもしれない。あまりにも数多くの競合し合う利害、エゴ、そして権力構造が関わりを持っているため、確かなことは一つしかない。苦労して何かを考案したところで常にすべての人を満足させられるわけではない、ということだ。

　ある重要な原則を出発点にしようではないか。パフォーマンスを測定しパフォーマンスに報いるために選定された方法は、グローバルにチャレンジするという目的に合っていなければならないという原則である。顧客が真の意味でグローバルであれば、嫌というほど多くのローカルなパフォーマンスの測定法や報酬体系が障害物となるだろう。しかし、顧客が概ねローカル、あるいはインターナショナルであるなら、グローバルな方法が無意味になるという危険を冒すことになる。業績を測定する方法と業績に報いるために利用される方法自体が業績を鼓舞する（これもまた重要な原則だ）場合には、この相乗効果を順調に機能させることが肝要になる。

　　私が運営するコンサルティング会社がアジア・パシフィック地域で支社を設立しようとしたとき、その理由は非常にはっきりしていた。我々のヨーロッパの顧客がその地域でも我々からの支援を望んでいたからである。残念ながら我々の無知から、我々はアジア・パシフィック地域支社を独立採算制にした。ヨーロッパをベースに活動しているチームの１人が、グローバルな顧客向けのセミナーを実施するためにインドか中国に出張したとする。その場合の収益はアジア・パシフィック地域支社の損益計算書に計上されていたのだ。問題は、ヨーロッパ・チームのメンバーがアジアに出向いている期間中、そのメンバー

の上げた収益がヨーロッパ支社の損益計算書に反映されないばかりか、その間の給料がヨーロッパ支社の損益計算書の費用として計上されていたことだった。
　我々はグローバルな顧客にサービスを提供したいと考えていたのに、サービスをヨーロッパ以外の地域で提供するように要請された場合には、そのサービスが数字として正しく反映されない業績の測定システムを設計していたのである。幸いなことに、これは今では遠い昔の話となっている。

　問題に対し、グローバルな視点から道理にかなった措置をとろうとする場合を考えてみよう。以下に、問題の解決法を探る足場となる三つの点を挙げる。

● グローバルな損益計算書
● 「アシスト」を測定する
● 報酬体系

●──グローバルな損益計算書

　顧客がグローバルであれば、グローバルな損益計算書が必要だ。それを用いて事業全体にわたる収益を認識し、すべての費用を本社と現地支社に割り当てる。顧客とのビジネス関係のみに限定したローカルな損益計算書を作ることには大きな問題はない（とはいえ、グローバルとローカルを問わず、そもそも「顧客ごとの損益計算書というものが存在しないために、ここでの議論は多くの点で純理論的な机上の問題である）。しかし、今後グローバルな損益計算書の重要性が増すことは避けられず、業績を鼓舞すると同時に報酬という概念への基盤を提供する役目を果たすのは間違いないだろう。

●──アシストを測定する

　業績の適切な測定と適切な報酬を決定する方法を探る際に、バスケットボールが参考になる。バスケットボール・チームのメンバーは、様々な点からそのパフォーマンスを測定される。その中で非常に重要視される二つの基準がある。一つは、選手が何回ボールを直接リングに入れたか。もう一つは、ボールが

リングに入るのにつながるプレーを何回したかだ。後者をバスケットボールでは「アシスト」と呼んでいるが、これは GAM にとって有効なコンセプトになる。

GAM というタスクには数多くの職能や事業部門が関わりを持ち、その中にはかなりの時間と労力を投入しているものがある。従って、貢献度を測定することが肝要になる。各職能には既に業績を測定する独自の基準が存在する。しかし、そうした既存の基準が GAM への貢献度を測定する際の要求を満たさない可能性があるばかりか、場合によってはその公算は大きいかもしれない。

工場を例にとろう。工場は「稼働率」によって評価されていることだろう。つまり、製品を生産するための資産がどれだけ有効に活用されているかが基準になる。そうした評価基準は重要なグローバル顧客を相手に活動する際の目標とは、実際には相容れないかもしれない。その顧客が短期間限定で、ローカルな仕様書に従って少数の製品の生産を希望することもあり得るからだ。その場合、稼働率という工場の評価基準は用をなさない。では、どうするべきか？ 工場の業績の測定法を顧客の測定法に変更するのか？ そうした行動に出る工場の管理責任者の例を、私は多くは知らない。率直に言って、彼らを責めるわけにはいかない。従来の評価基準を変更することは、工場側から見ればあまりにも「いい加減」であり、自分たちのやり方とはほど遠いからである。

以上の問題の答えは、GAM の努力に対し工場がいかにうまく「アシスト」するかを評価することにある。それよりも工場がいかに機敏に一つのラインから別のラインへと切り換える能力があるか、つまり物を作る側の「小回りのきき具合」を計る方法のほうが、もっと有効かもしれない。

●──報酬体系

報酬体系については選択肢が多く、「適切な体系」かどうかは事業の特性と文化に大きく依存している上に、複数の要素を組み合わせた体系である場合がほとんどであろう。考えられる要素のうち三つを取り出して考察してみよう。

グローバル・チーム全員をよく知る

もし顧客がグローバルであれば、顧客は GAM チームを組織する必要がある。チームは一つの単位として行動し、一つの単位として業績を測定され、一つの

単位として報酬を受けなければならない。

　本章の冒頭で紹介したケースでは、GAMチームのメンバーとして5人の販売担当者がいる。ローカルレベルか、あるいはグローバルかには関係なく、受注を受け持つ者、サービスを提供する者、情報収集に従事する者、そして顧客に対し直接的に働きかける役を担う者がいる。メンバーの1人ひとりが大切である。彼らは一つのチームなのだ。

　チームの各人と顔を合わせて相手がどのような人物なのかを知り、各人の働きぶりを称え、適切な頻度で定期的に全員を一堂に集める（気分を変えて、普段は訪れないような外国はどうか？）ことを薦める。チーム・マネジメントという実用的な必要性から開く会合だけでなく、今述べたような無形の報酬が非常に大切なのである。

給料とボーナス

　言うまでもなく、かなり複雑な問題である。この問題を一気に解決するような「テンプレート」は存在しない。ただし、一つアドバイスをしよう。報酬が金銭的なものである限りは、なぜその金額なのかをわかりやすくすることが不可欠だ。言い換えると、報酬の効果は「事前に」チームに対し「この仕事が成功すれば、これだけの売り上げがある。だから、君たちには大いに期待している」と励ましてこそ、はっきりと表れる。何かの仕事が終わった後で、「なぜこれだけの金額をくれるのか？」とメンバーたちが首を傾げるような気まぐれな報酬の与え方では効果はない。グローバルな損益計算書が評価基準になる公算は非常に大きい。もちろん、総収入よりも利益で成功を評価するほうが、ほとんどの場合に歓迎される。

GROW

　GAMチームは事業部門横断的である場合が多いため、業績を計測する際に、もう一つの問題が生じる。事業部門横断的なチームのメンバーは、古巣である各事業部門の一員として既に独自の目標と報酬体系を持っている。そのため、メンバーの属する事業部門の目標に合った考え方を有する業績測定法が、異なった目標を持つ特定のグローバル顧客の評価方法との間で対立しないだろう

か？　おそらく起きないと思われる。それは、メンバーが GAM チームに参加することによって、その報酬の考え方には、かつて属していた事業部門の報酬体系が干渉してくる余地がなくなるからである。

　第 8 章で解説した GROW は、事業部門横断的チームの中に果たすべき目的を設定するための優れた仕組みを提供すると同時に、各人の職能を超えた報酬（いかなる形であれ）を決定するための基盤も提供してくれる。

●──グローバルな損益計算書と共有財産？

「それが彼らの仕事ではないか。給料のことであれこれ文句を言わずに、さっさと仕事をすればいいのだ」。これまでに何度も、私は人（大抵は経営陣だ）がそう言うのを聞いてきた。こうした意見は、少数の人間の問題よりも全体の利益を最優先するのが大切だという、「共通財産」優先の考えの根深さを示している。本来、そうした考えには何ら間違ったところはない。ただし、その考えを実行するには、適切な業績の測定法と人を管理する上での鋭敏さを用いる必要がある。

　食品、家庭用品、洗顔用品、そして化粧品の各業界を顧客とするサプライヤーが事業部門横断的なグローバル・サプライヤーになろうと努めているケースを、我々は追跡してきた。第 11 章では、目標を達成するためにサプライヤーが用いた「説得プロセス」を考察した。プロセスの中には、いかにすれば報酬がうまく機能するか、そして報酬をどのようにして個々の事業体に割り当てるかについての決定も含まれていた。

　もちろん、全事業体を連結して共通財産を評価する、グローバルな損益計算書が必要になる。しかし、各事業体が全体の中で自分たちの占める割合がどれほどになるかに関心を示し、以前の数字と比べてみたくなることはないだろう、と決め込むのは愚かというものだ。このケースでは多様な事業体が関係しているだけに、特にそうである。

　事業全体が改善し共有財産が勝利を収めてはいるが、グローバルな取引をしているために、その取引の特性からサプライヤーは大幅な値引きに見合うだけ

の大量の注文を受ける傾向を強めている。もし、こうした状況がグローバルな損益計算書によって示されていたとすれば、どうなるだろうか？　食材部門は満足するだろう。大量注文を受けて儲ける方法は食材部門にとって最も得意とするところであり、自分たちに関する限り状況は以前と全然変わっていないからだ。一方、香水／化粧品業界向け高級香料部門は、以前から続いている駆け引きに自分たちが負けたと思い始めている様子である。ただし、その理由はすぐにわかるような明確なものではない。

　さて、高級香料部門が、新たな大量の注文を受け入れるように奨励されていると想定しよう。グローバルな損益計算書の上では、ビジネスチャンスに見える。ところが、高級香料部門は新たな受注によって生産能力が今や限界に達するために、以前のように受注量は少ないが非常に利幅の大きな契約のチャンスを、みすみす断念しなければならない事態に直面しているのである。大きな魚を網で捕らえようとしているうちに、小さな魚たちは1匹残らず逃げ失せてしまった。事業全体を考慮に入れた場合、このサプライヤーが大きな業績を上げていたのは小さな魚たちのおかげだったのだ。

　だとすれば、高級香料部門（例の駆け引きで大損をした事業体）が食材部門（例の駆け引きで大儲けをした事業体）に対し、損した分を弁償しろと言って「失われたチャンスの責任」の代価を請求してはどうか？　実際に起こりそうな話である。しかし、そもそも本当に儲かるはずだったのかどうかは疑問だ。弁償しろ、などと言うのは、やめたほうがいい。

　では、高級香料部門に対し、共通財産のために妥協しながらやっていくように言ったらどうか？　帳簿の数字がちゃんと儲けは出ていると示しているのなら、おそらくそれが正しいのだろう。しかし、このサプライヤーの経営陣は、短期的な利益を長期的な利益と間違えないように気をつけるべきだ。証明済みのビジネスモデルと勢いに乗ったグローバルな顧客とでは、長期的に見てどちらが信頼できるか？　こう言うと、かなり重度の顧客恐怖症的な思考のように聞こえるかもしれないが、我々は現実の世界に生きているのだ。顧客が常にサプライヤーの財務的な健全性を優先してくれているとは限らない。

　このケースで我々が目にしているのは、事業部門横断的グローバル・サプライ戦略の「末路」ではなく、むしろ連合軍の一時的な大敗を描いた映画『遠す

> ぎた橋』の一例なのである。利幅の大きな機会だけを狙う二つの香料部門はこの事態から一時的に退避させてやり、大量受注向きの残り3部門にグローバルな取引を任せておくべきではないか？　結局のところ、二つの香料部門は顧客のうちでも別の購買部門と懇意なのだから（第8章参照）、顧客には少しの間だけ「手を休めてもらう」こともできるだろう。また、二つの香料部門には独自のグローバル・アレンジメントを立案させる手も可能かもしれない。問題の答えは顧客の特性次第だということもあり得る。顧客の一致した要求を言葉通りに受け取っていいのか？――というわけで、我々は最初のテストに舞い戻ってきた。真の意味でグローバルな顧客をどう定義し、どう対応すべきか？

あなたが自分の運営する事業の1部門に対し、「共通財産」のために身を犠牲にするようにと働きかけたとしよう。その報酬として与えると約束したものが何であるにせよ、犠牲を強いられることになった相手が最善を尽くさなくても驚いてはならない。さらに、それが後を引いて、顧客との間で問題が起きそうな気配を感じたら、犠牲になった部門の苦しみを和らげる方法に知恵を絞るのが賢明かもしれない。

報酬を決定する――顧客利益

個々のグローバルな顧客ごとにグローバルな損益計算書を作成する必要性について、我々は述べたばかりだ。ところが、国内レベルはもとより、グローバルなレベルでの顧客利益の測定が、ほとんどの事業体において依然として行われていないという事実については、以前から指摘されていたのである。これまで言い訳はたくさん耳にしてきた。しかしGAMにのめり込む前に、ちょっと待ってほしい。まず、あなたの会社の事業が利益を上げたのかどうかを計る、プロセスとシステムを確立することをお勧めしたい。

●――GAMの費用

顧客が購入したもの全部を一つの器の中に一緒に入れる「グローバル・オー

ダー」の場合、顧客は値引きを要求する。第 6 章（図 6.1 を参照）ではボリューム、値引き、そして利幅の関係を見ながら、サプライヤーのそこそこの値引きに対して顧客が要求するボリューム追加を甘く見ることにより、容易に利益が減ることを述べた。だが、それはほんの序の口である。GAM にかかる費用は、損益計算書では配賦原価に対する間接費となるため相当少なくできる場合が多い。純利益を推計している事業体はどれくらいの数にのぼるだろうか？ そして、「マーマレードを塗っている人」の数はどれほどになるか？

「マーマレードを塗る」とは、費用（通常は固定費だが、他の変動費の場合もある）を顧客へのサービスにかかる実際の費用にお構いなく全顧客に広げることである。図 12.1 から図 12.3 が示しているのは、こうした行為の危険性である。特に、投資の重要判断を行った時期や、リソースを他部門へ移動したときに分析の対象になった部門に危険が伴う。

この事業体には 4 社の顧客がいて、全体としては黒字である。だが、費用の「マーマレードを塗る」行為の結果、顧客 D が損失を出したことが表れている。そのため、顧客 D との取引関係をやめる決定を下す（少なくとも、この分析に基づいているのだから驚くべきことではあるまい）。残念ながら、顧客 D に割り当てられていた 60 の分だけ費用が直ちに減少してはいないのだ。これらは大部分が固定費であるのに、なぜそうなっているのか？ おそらく、費用を 30 減らすことにし、賢い決定に自己満足し、みんなで背中を叩き合うことだろう。

事業は依然として黒字だが、今度は顧客 C が損失を出している。そこで、困った取締役会がアクションを起こす決定を下す。「利益を出す顧客に集中せよ」ということになり、顧客 C はおとなしく退場する。だが残念ながら、ここでもまた費用は適正範囲内に減少してくれないのだ……。

次にどうなるかは容易に想像できると思う。

ある顧客をグローバル顧客としてマネージしようという決定は、その顧客に関わる費用に影響を及ぼすだろう。さらに、他の顧客に関わる費用に影響を及ぼす公算も大きい。少数の顧客への投資は、おそらく顧客を完全撤退させる（図 12.1 から図 12.3 が示す例のように）までにはいたらないにしても、多くの顧客からの投資引き揚げを暗に示すことになる。だが、費用と収益性の形態と

図12.1 「マーマレードを塗ること」の危険性（パート1）

	顧客：	A	B	C	D	合計
1年目	収益	100	80	60	50	290
	費用	60	60	60	60	240
	利益	40	20	0	(10)	<u>50</u>

図12.2 「マーマレードを塗ること」の危険性（パート2）

	顧客：	A	B	C	D	合計
1年目	収益	100	80	60	50	290
	費用	60	60	60	60	240
	利益	40	20	0	(10)	<u>50</u>
2年目	収益	100	80	60	xx	240
	費用	70	70	70	xx	210
	利益	30	10	(10)	xx	<u>30</u>

特性を変化させるだけでも十分だ。こうした変化の持つ影響力を測る計画を立てることを勧める。当初考えていたよりも、変化が劇的な結果をもたらすことがあり得る。

●──顧客の維持、ライフタイム・バリュー、そしてGAM

新しい顧客を獲得するためにかかる費用（あなたが考えているよりも高い場合がほとんどだ）を考え合わせると、多くの場合、顧客を維持することは純損益にただちにポジティブな影響を及ぼす。顧客の「離反」という「漏れやすいバケツ」の穴をふさぐことは高い価値を持った行為であり、多くの「サプライヤー削減計画」（第7章を参照）に直面すると、その価値はよけいに高くつく。

図12.2 「マーマレードを塗ること」の危険性（パート3）

	顧客：	A	B	C	D	合計
1年目	収益	100	80	60	50	290
	費用	60	60	60	60	240
	利益	40	20	0	(10)	50
2年目	収益	100	80	60	××	240
	費用	70	70	70	××	210
	利益	30	10	(10)	××	30
3年目	収益	100	80	××	××	180
	費用	90	90	××	××	180
	利益	10	(10)	××	××	0

　話はそれだけに留まらない。顧客を維持する期間が長いほど、サプライヤーは顧客へのサービスの経験を積むため、顧客維持に関わる費用が低下する（これも少なくとも「経験曲線」の理論である）。一つ例を挙げると、経験が増すと物事を予測する能力が向上することがあるが、これは事業全体に活用できるに違いない。

　顧客の維持の重要性によって、グローバル損益計算書の重大な欠陥が浮かび上がる。損益計算書を用いた業績の測定は、わずか1年間の結果に基づいているという単純な事実だ。顧客として長期にわたって維持されている顧客は、サプライヤーにとって「ライフタイム・バリュー」を持っている。これこそ、投資に対するリターンを計る真の尺度である。

　図12.4が示しているのは、顧客を維持する期間が長いほど（言い換えれば、顧客の離反が少ないほど）、ライフタイム・バリューが向上するという事実だ。

　今述べたことは、複雑で摩訶不思議な数字のマジックなどではない。顧客の離反度を2分の1にすれば、維持されている顧客のライフタイム・バリュー

が2倍になるだけの話だ。その単純明快さにもかかわらず、これは経営陣の頭脳を満足させるような算定基準でもないし考慮に値する問題でもない。GAMを支持する意見の中で極めて説得力のあるものを、一つ紹介しよう。ローカルなレベルで顧客の離反が減少するという点で、GAMには顧客一般の離反を減らすという大きな効果がある。

●——グローバルな「ダイヤモンド型関係」の財務的利益

　顧客との良好な関係によりカスタマー・ロイヤルティが得られ、長期的なロイヤルティは非常に価値あるものになる。一部のサプライヤーは、ロイヤルティの結果として顧客から得られた割増金を計算しさえする。そうすることで、ダイヤモンド型関係に対する自らの貢献度を計るのである。

　ダイヤモンド型関係の財務的価値をさらに明確に示す方法がある。消極的な顧客との関係から生じた、浪費された労力という費用を検討する方法だ。

　図12.4をご覧願いたい。ダイヤモンド・チームがもたらした貴重な知識が、費用の低下、無駄な労力の削減、より迅速で効果的なレスポンスという結果を生む可能性を示している。この場合に比較の対象となっているのは、単純な1対1のボウタイ型関係の頼りなさである。

　断片的なボウタイ型関係がもたらす状況は、各人、各部門、各部署が個々に自らの商機を追求し、独自のプロジェクトを確立し、重複が多く（無駄な努力

図12.4　ライフタイム・バリューの算出

顧客の離反率	顧客の平均的ライフタイム	年間利益	顧客のライフタイムから得られる利益
40%	2.5 年	1,000	2,500
20%	5 年	1,000	5,000
10%	10 年	1,000	10,000
5%	20 年	1,000	20,000

をし)、しばしば取引の結果は混乱に陥る（廉売方式を採用する者がいる一方で、付加価値による割増金で利益を上げようとする者がいたりする）。中途半端な業績で終わる取引ばかりが目につくという有り様。それに対し、調整と管理が行き届いたダイヤモンド型のアプローチは、たぶん最初から好機に恵まれている。それにもかかわらず、優先事項の選定にはより一層の働きを示し、見込みのないものは切り捨て、勝ち馬からは目を離さない。勝ち目はすでにダイヤモンド型関係にある。価値のないプロジェクトに時間を割くような無駄はないし、業務展開に要する費用は減少し、商談の成功率は高まり、いったん成立したプロジェクトが軌道に乗るまでの時間は大幅に短縮される。

　以上述べたような考慮すべき数々の点は、グローバルな損益計算書からは読み取れない。しかし、GAMの実行に対する報酬を算出する際には必須の要素なのである。

第13章
ITの適切な活用

GETTING IT RIGHT

　長時間の飛行が終わり、あなたはハッチから機外のステップへと足を踏み出そうとしている。昇降口に立ち、客に別れの挨拶をしている機長に向かって、あなたは言う。
「見事な操縦でした」
「ありがとうございます。でも、12時間も操縦席に着いていたので、もうくたくたでしたよ。着陸のときには、自動操縦装置のお世話にならなきゃなりませんでした」
　これを聞いて、あなたはどんな気持ちがするだろうか？
　話が逆なのは言うまでもない。自動操縦装置は、地上35,000フィート上空での退屈な時間に使うものだ。着陸のときこそ、人間の手で操縦桿を握っていてほしい。GAMと、GAMでのIT（情報技術）の活用についても、まったく同じことが言える。
　GAMはかなり複雑な作業であるため、最新鋭のITを用いたソリューションを駆使する必要がある。そうした需要に応えるまでに進化したシステムの多様さには、驚くばかりだ。情報を記録するだけのもの、記録された情報を使ってグローバル・チームと作業をする手助けをしてくれるもの、グローバル・コミュニケーションに伴う諸々の問題を軽減する役目をするもの、なかには顧客との人間関係をマネージすることをうたい文句にしている製品まである。人間関係のマネジメントにまで手出しをしようとするシステムは遠慮しておこう。

飛行機の着陸の話と同じではないか。そういうことは人間の手に任せるのが一番だ。

> 　総合エネルギー企業であるBP（ブリティッシュ・ペトロリアム）社が、独自に設計した「プラチナ」システムというものがある。ベースとなっているのはグループウェアであるLotus Notes（ロータスノーツ）。同社の特定産業事業部門で使用され、GAMチームに次のような多岐にわたるサポートを提供している。
>
> ● 顧客データ：数字だけでなく、顧客のニーズや、モチベーション、購買スタイル、主要経営指標に関する詳細な情報やデータ
> ● 活動管理システム：GAMチーム全体のアクションを設定し、活動をモニターする
> ● 業績の測定：顧客にデータを提供するためにかかる主要なコストだけでなく、そのデータを受け取った後の顧客の利益も測定する
>
> 　このシステムの「売り」というべき極めて優れた特性の一つは、各メンバーが実際にシステムを使う過程で気づいた問題点や思いついたアイデアを提起することで、システムの変更や改良が可能になることだ。世界各地に散らばったユーザー全員が、フィードバックの恩恵を受けられる点が画期的である。

●───ITを活用して付加価値を高める

　以下のような性能を持つシステムを活用すれば、ITによって最も高い付加価値を実現することが可能だ。

- インプットや検索が容易なために、求める情報をスムーズにコンピュータに取り込むことができる（GAマネジャーが1日に3、4時間もデータの入力にかかりきりになっているという話は、今でもよく聞く）。
- コンピュータに取り込んだ情報をGAMチームの全員が共有できる。

- コンピュータ内の情報を分析する手助けをする。
- 物事の進行、特に複雑なグローバル・プロジェクトの進行状況を追跡するのに有効な機能を備えている。
- どうしても必要なレポート、たとえば顧客の収益率についての報告書を作成する（あるグローバル顧客の損益計算書が急にほしくなったときに、ボタンを押すだけで即座に作成されるなどということが、もはや夢ではない）。
- GAMチームをたちまち混乱と停滞に陥らせる可能性のある、コミュニケーション上の複雑さを管理する。
- グローバル・タッチポイントを管理し（第8章を参照）「誰が何をするのか」を常に明確にしながら、サプライヤーと顧客の間のオープンな関係が築けるようにする。
- 顧客のシステムに接続するためのインターフェースを提供する。このインターフェースをどの程度密接なものにするかは、次の項で解説する。

顧客インターフェース

　第6章では、バイヤーがサプライヤーをいかなる観点から分類するかについて述べた。バイヤーはサプライヤーに何を期待するかを決め、さらにサプライヤーとの関係をいかに管理するかを決断するのである（図6.6に示されているサプライヤー・ポジショニング・マトリックスを参照）。顧客がどのような種類のインターフェースを重視し、求めているかを知るためには、今述べたバイヤー側の思惑がヒントになる。顧客の期待に過度に応えることはサプライヤーにとっての利益にならないことが多いどころか、顧客にとって不本意な事態を招く場合すらある。

　図13.1はサプライヤー・ポジショニング・マトリックスに、バイヤーが期待すると考えられる種類のITインターフェースを重ねて表示したものである。

　サプライヤーの規模と重要度が高まるにつれて、ソリューションの複雑さが増し、ソリューションのコストだけでなく、コストに見合うだけのソリューションへの期待度も高まる傾向が見られる。ソリューションはコストの節約に特化した単なるデータ処理のツールから、価格の低下を主な目的とする大がかりな業務用のツールを経て、さらにはマトリックス上部の左右二つのボックス内に

図13.1　サプライヤーのポジショニングと、システム・インターフェースへの期待度

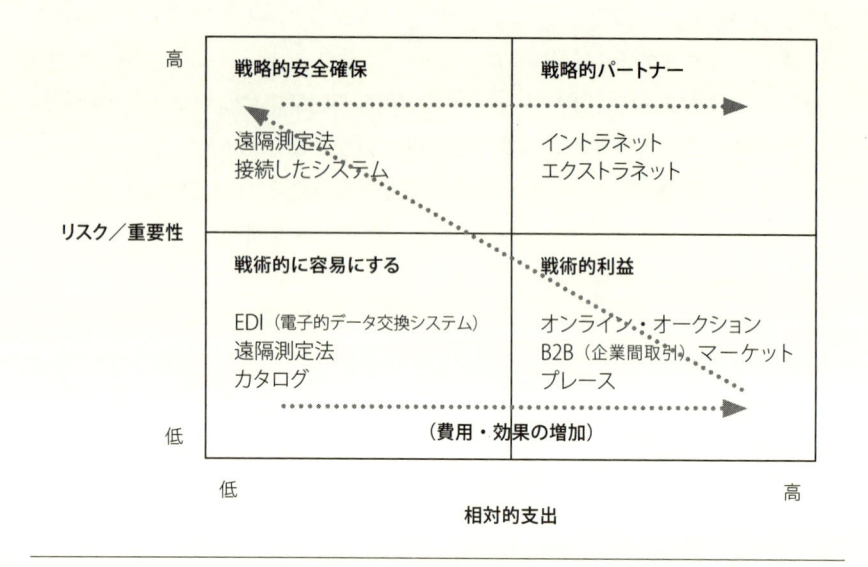

	低　　　　　相対的支出　　　　　高
高 リスク／重要性 低	**戦略的安全確保**　　　　　**戦略的パートナー** 遠隔測定法　　　　　　　　イントラネット 接続したシステム　　　　　エクストラネット **戦術的に容易にする**　　　**戦術的利益** EDI（電子的データ交換システム）　オンライン・オークション 遠隔測定法　　　　　　　　B2B（企業間取引）マーケット カタログ　　　　　　　　　プレース （費用・効果の増加）

あるロジスティックス上の安全と共同利用される知識を提供するシステムへと移行する。

　ITインターフェースが複雑化することによって、投資とまでは言わないがサプライヤーからの強い協力関係が要求されることも容易に見て取れる。

●──データ保護──データとして残してはいけない情報もある

　唯一、絶対に従った方がいい忠告がある。個々の商取引では、きっとあなたも既にそうしてきたことだろう。しかし、グローバル顧客相手の時代になると、新たな課題が生じる。データ化された様々な情報やきちんと構築されたデータベースを顧客組織全体で共有し、保管するようになると、どうなるだろうか？
　その場合、あなたは自分が特定の国の法を犯すかもしれない事態に常に身を置く可能性もあるのだ、と忠告しておこう。

●──システムを受け入れるための心構えと環境作りをする

　本章は、ある特定のシステムの利点を褒める場ではない。進歩の速度はあま

りにも速いため、システムの利点を長々と褒めていたら、いつの間にか本章はまるで恐竜のように巨大な過去の遺物になってしまう恐れがある。いずれにせよ、他にもっと推奨するに値することがある。

　IT システムに投資する前にはしっかり手順を踏んで、このシステムの特色と利点を有効に活用できるように、適切な物の考え方と規律が備わっている状況になっているかどうかを確かめるべきだ。たとえば、CRM（カスタマー・リレーションシップ・マネジメント）というシステムが、実際には役に立つのか、それとも負担になるのか、という議論をしたくてたまらない人たちがまだいる。今では、ほとんどの人が CRM は役に立つと言うだろうが、ぶつぶつと文句を言っている状況が何年も続いた後になって、ようやくこうなったのである。CRM が負担をもたらすものだと今もなお考えている人たちは、そのよい面を無視する感情に取り付かれているに違いない。CRM を効果的に利用するのに要求される規律正しさを、彼らが備えるようになる可能性はかなり低い（CRM を悪者扱いする彼らの物の見方は、今後もずっと続くだろう）。

　似通った企業 2 社が、時を同じくして CRM システムを導入する決断を下した。A 社は、数週間後にはシステムを設置して稼動させるように手はずを整えた。そして、それまでの間にスタッフを特訓研修コースに送り込み、操作法を学ばせた。一方の B 社は設置を 6 カ月後に延期し、その間は議論に時を費やした。システムを使うことになる者を集めて、システムが会社のためにできることを考えようというわけだ。
　A 社では思いがけないことが起きていた。ちゃんと研修を受けたにもかかわらず、システムを使う者たちの間に大反発が生じていたのだ。不満の大部分が、データの入力に要する時間に関してのことだった。
　それとは対照的に B 社は、歓迎ムードに包まれていた。とりわけ期待に胸を躍らせていたのはシステムを使う予定の者たちで、装置に手を触れるのが待ちきれない様子だった。なにしろ、会社のためになることは間違いないシステムなのだ。
　A 社が投資のリターンを確認するまでには、3 年間待たなければならなかった。

> B社ではシステムを社内に設置して6カ月も経たないうちに、収穫がもう始まろうとしていた。

　ユーザーが仕事をしやすいようにするのがITシステムの存在理由なら、その恩恵を直接享受することになるユーザーに対し、システム導入の前に時間を与え研修を受けさせるだけの価値は十分にある。その研修とは、どのボタンを押せばいいのかだけに留まらない奥深いものなのだが……。

●――グローバル顧客はグローバルITを求めている

　話をGAMに限れば、これまで本章で述べてきたことに加えてもう一つ課題がある。ITソリューションを、全世界で利用し、応用できるような態勢を整えることだ。かねてより巨大企業では、新たなITシステムを導入することを本社が内々に発表し、本社だけで試験的にシステムを稼動させ、段階的に世界各地の支社へと広げていく方法を採用してきた。この方法は、IT管理者の視点からは理にかなっている。しかし、GAMチームのメンバー（そして、言うまでもなくチームの顧客）にしてみれば、そうした方法は問題とフラストレーションのもとになる。実際、新しく導入されたシステムをGAMチーム内の全員が完全に使えるようになるまでは、せっかくのシステムが邪魔物扱いされたまま放置されている場合が多い。

　今述べたことは、ITの役割を考える上で新たな問題提起になる。これまでとは違ったシステムの導入計画が必要だ。言うまでもなく、GAMチームの重要な一員としてITのスペシャリストを迎え入れることが真に求められているのである。

第14章
グローバル・アカウント・プラン

THE GLOBAL ACCOUNT PLAN

　19世紀の末に、特許権を取得した薬品の瓶に貼られたラベルには「類似品にご注意！」や「本品の類似品の使用は避けること！」と印刷されていた。グローバル・アカウント・プランにぴったりの文句ではないか。GAプランにとって有効な成分と製法は一つしか存在しない。つまり、GAプランは自分たちの置かれたビジネス状況をもとに立案するしかないのだ。第11章で述べたことの繰り返しになるが、類似のテンプレートの効果は期待できない。他のGAプランから借用しようという誘惑に駆られても、負けては駄目だ。これだけは、自分たちが独力で立案し、自分たちだけのために活用するものなのである。
　三つの大きな理由を以下に挙げよう。

- 置かれた状況に一つとして同じものはない。顧客の特性、GAMが形成される過程の出発点や当初の状況、掲げた目標、リソース、GAMに割り当てられた予算——どれを取っても、他のGAMの場合と同じものはない。
- 多くの事業体において、そしておそらくあなたの会社においても、GAプランのスタイルとフォーマットはチーム全員の間で共通して厳守すべきものとして規定されているだろう（これが妥当か妥当でないかについては後に述べる）。他のGAプランから借用してきたテンプレートが自分たちのニーズに適合する可能性は低く、いくつもの不適切な要素が含まれていることはほぼ間違いない。借りてきたテンプレートを前にして、多数ある

項目のうち自分たちのケースに合うものを選ぶのに悩む。そうした無駄な苦労をチーム全員がしないで済むようにするためには、GAプランを自分たちで立案するのが最良の方法である。
- GAプランの中身を自分たちのニーズに合わせることや、どのようなフォーマットが適切かを決める作業自体が、GAMという課題にチームの注意を集中させる唯一有効な方法である。なにしろ、この作業によって自分たちの状況が左右されるのだから。数多くの現在の問題点や今後問題になりそうな点を見定めた上で、それらを「極めて重要」「要検討」「検討不要」の三つのカテゴリーに分類する必要が生じるだろう。「要検討」に分類された事項をさらに「要検討、かつ妥当性あり」と「要検討、ただし妥当性は疑問」に分けるのも考慮に値する。この場合、後者は破棄すべきだ。

──目的

まずGAプランの目的を定めることから始めよう。会社、GAMチーム、そして顧客のそれぞれがGAプランに期待していることは多い。

- 目標、戦略、そしてアクション・プランの確立
- GAMチーム全員の間に意見の不一致がなく、アプローチに一貫性がある
- 経営陣からの支援を得る
- ローカル・オペレーションとローカル・チームからの支援を得る
- 各事業部門や他の事業体からの支援を得る
- 統一された基準を設定し、スケジュールを策定するための手はずを整える
- 戦略をアクションに移す
- パフォーマンスを見直す仕組みを作る(可能性としては、報酬との関連で必要となる)
- 社内の職務とリソースを市場と顧客のニーズのために集中的に投入する
- チームの貢献が顧客の目にとまるようにする(機が熟した段階で、GAプランの内容を顧客に伝えてみてはどうか?)

以上に挙げたGAMチームの目的は、全体のごく一部に過ぎない。しかし、

少ないながらもこれらの目的を、「行動」と「コミュニケーション」の二つに分類することは可能である。このように作業を2種類に分けたことによって、GAプランの基本となる目的の一つが既に達成されたのだ。プランのフォーマットとプランの中身について何が必要とされるのかを決定する際には、「行動」と「コミュニケーション」という二つのシンプルな作業があることを思い出してほしい。たとえば、「要検討」ではなく「極めて重要」に目を向けなければならない場合や、「4ボックス型マトリックス」シンドローム（教科書に書いてあることを鵜呑みにして、立案中のプランを「役に立つ」マトリックス図だらけにして自己満足すること）に陥らないように事を進めなければならない場合に、手助けしてくれるだろう。

　GAプランの立案は経営陣チーム、あるいはGAMの運営委員会に類する組織に任せる必要のあるタスクである。プランが機能・地域・事業において横断的に運営される場合や、少なくともプランの核心となる部分が強制的な拘束力を備える公算が大きい場合には、立案をGAマネジャーだけに委ねることは不可能と言えるだろう。実際、うまくいっている例が散見される。ひょっとすると極めて有能なGAマネジャーが立案したものかもしれないが、成功例として広く紹介されている。上層部がある程度介入する方法はうまく行くだろう。外部の例から借用するよりはましだ。ただし、視野の狭いアプローチだけにならないよう、十分注意してほしい。そうした例を挙げるとすれば、おそらく販売担当者の視点からだけで立案されたプランであろうか？

◉──トップダウンか、ボトムアップか？

　様々な種類のローカルな、あるいはリージョナルなアカウント・プランが以前から存在していた環境で、あなたが初めて、ある顧客のためにGAプランを立案しようとしていると想定してみよう。GAプランは現行のプランを総括したもの以上でなければならない。こうした場合には、立案のプロセスがトップダウンの色彩を帯び、GAMチームに対し指示を与えたり、アプローチの仕方をめぐって采配を振るったりすることになるのは必然だ。その一方で、様々なローカルな組織が個々に握っている商機や、そうした組織が直面している現状を考慮に入れた上でなければ、一連のトップダウン式の決定にいたることは

まず不可能であろう。その意味では、立案のプロセスは逆にボトムアップの色彩を帯びることになる。

●──たかがフォーマット、されどフォーマット

ささいなことに思われるかもしれないが、GA プランのためのフォーマットは次のどれが最もふさわしいだろうか？　ワード文書、エクセルシート、それともパワーポイントのプレゼンテーションがいいか？

まず、ワードから行こう。「物語を話して聞かせる」のには最適のツールだが、そこが問題点でもある。私は 50 ページにわたる文書を目にしたことがあるが、そんなものを苦労して読み通す暇人はいるのか？　ワードでプランを作成する場合には、チームは文体や文法に頭を悩ませ、作業が停滞し、時間の有効な活用どころではなくなる。それだけではない。修正やリライトが必要になった際には、タスクが化け物のように不吉なものに見えてきて、誰も手を触れようとはしなくなる。ワードでプランを作ろうというプランは頓挫するのが落ちだ。

さて、次はエクセル。分析にかけては万能選手と言える。しかし、思い出していただきたい。解読不可能なスプレッドシートが次々とスクリーンに映し出される。それを見ながらじっと座っていなければならなかった経験がなかったか？　あれではコミュニケーションは成立しない。少なくともエクセルでプランを作成したご本人以外にとっては。

プランの第一の目的が物事をてきぱきと処理し、自分が伝えたいことを伝える必要のある相手に伝えることだとしよう。では、パワーポイントを使ったプレゼンテーションが役に立たないケースなどあり得ない、と言い切ることができるだろうか？　伝えたいポイントだけをパワフルにまとめ上げる表現形式。美辞麗句や社交辞令を切り捨てることができる。プレゼンテーションの形を取るため、聞いている相手に伝えたいことを強調し、相手に考えてほしくないことを退けることがやりやすくなる。

パワーポイントにも危険性はある。「あまりにもイージー」になることだ。つまり、「ここがポイントです」「ここもポイントです」の連発になり、根拠がないのに断定してしまい、「事業を発展に導く」といった、威勢はいいが空疎な目標を掲げがちになる。もっと節操を持ってほしい。「事業を発展に導く」

と言うのなら、具体的な数字を挙げて達成目標を定め、期限はいつなのかを明確に示し、どんな戦略で臨むのかを説明すべきだ。

あなたがフォーマットの選択でまだ悩んでいるのなら、私としてはパワーポイントを勧めたい。パワーポイントは、エクセルやワードを取り込めるという意味で、最も共同作業的なフォーマットだからである。これは貴重な特性だと言える。GAプランはチーム全員の努力を必要としている。プランの見直しや修正に、チームの誰もが容易に参加できるのが理想である。ワードとエクセルは、「協調性に欠ける」フォーマットになりがちである。

●───GAプランの骨子

以下のリストは注意深く読んでほしい。従うべきルールでもお手本でもない。自分たちに合ったGAプランを立案するためには、加筆したり削除していただいて一向に構わない。

- GAMチーム──要旨と全文
- GAMの実行についての要約──多くてスライド1枚を使用
- 利益プラン──現在の収益率と将来の目標（適切であると判断されれば、グローバルレベルと地域レベルの両方）
- 機会と目標──以下はその動機：
  - 顧客側の強い要望、プロジェクト、および立地条件
  - 他社との競合的活動
  - 投資に対して見込まれるリターン
- コンタクトのマトリックスとGROW（第8章を参照）
- バリューの提案──製品、サービス、および顧客の事業への自社の提案が与えた影響を測定した結果──および自社が得られると予想される報酬
- プロジェクト──プロジェクト・チームとその活動の記録
- 必要なリソース──リソースの利用を委ねるにあたってマネジメント側から要求された行動
- GAM実行の予定表──予定の見直しがあった場合には、それも明記する
- 補足事項──顧客分析（第5章を参照）、顧客情報、および過去のデータ

以上。スライド12枚以内に収められれば（大きなチームの場合には、GROW関連のスライドだけでもかなりの枚数になることを覚悟する）上出来だ。あとはチーム全員がただちにアクションを起こし、それがデータとして記録されるように努めることだ。また、顧客分析を実施し、詳細なデータを積み上げ、その結果が補足事項に収録されるようにも努力しよう。GAプランはGAMを実現するための文書だ。ご立派な博士論文でも、分厚い電話帳でもない。

●──厳格に統一されたスタイルとフォーマットは通用するのか？

どれとして同じ状況など存在しない。それは顧客の状況にも当てはまらないだろうか？　フォーマットのサイズをすべての顧客間で統一できるのか？　このように、プランの骨子やフォーマットを統一したプランの雛型を作りたいと思うのは、顧客の現実に目を向けた結果なのか、それとも自分本位の願望なのか？　後者であることはまず間違いない。では、その理由を説明しよう。GAMを実現するためには、GAMチームが事業部門横断的で機能横断的なチームとして支援する態勢が不可欠であることは既に見てきた。あなたが研究開発部門の一員で、三つの異なるグローバル顧客を相手に仕事をするように指示されたとしよう。その場合に、三つの異なるGAMチームがそれぞれ独自の方法とプランニングのプロセスで仕事をしている状況を目にしたら、チームの支援を命じられたあなたにとっては、かなり仕事がやりにくくならないだろうか？

別の仮定をしてみよう。あなたの担当する複数の顧客が、それぞれ異なった特性を持ち、あなたが現在定めている目標が顧客たちに負けないくらいバラバラなものだったとしよう。その場合、すべての顧客に同一のアプローチを押し付けることができれば、どんなに仕事が楽になるだろう？

あなたは多様で複雑な状況に直面しているに違いない。状況が「極めて統一されている」から「何でもあり」までに段階別に分類し、自分の直面している状況が、どの段階に位置するかを見極めてみることを勧める。プランの「骨子」に強制力を持たせ、おそらくフォーマットも統一し、必要に応じて各GAMチームに自分たち独自のやり方を許す余地を残しておく。こうした方法で事態に臨めば、ほとんどのケースが解決することだろう。

◉──「スタート・アップ」と「成熟」段階、同じプランが通用するか？

　もちろん、通用などしない。一つには、GAMの「スタート・アップ」段階と「成熟した」段階とが同じデータを備えていることなどあり得ない。二つ目に、「スタート・アップ」段階にあるGAMチームにとっては、「成熟した」段階のGAMチームが担当している顧客の状況では既に解決済みとなった問題が、まさに現在直面している基本的な問題となるからだ。後者では、プロジェクトを用意してやれば問題は解決するだろう。前者では、「スタート・アップ」段階にあるチームは、データに似合う顧客との出会いを待つしかない。GAプランを実行するためのモチベーションも両者では異なる。「スタート・アップ」プランでは、外部から支援を得ることが課題となる一方で、「成熟した」顧客プランではプロジェクトを推進することが課題となるだろう。このようにそれぞれ大きく異なった状況で、単一のフォーマットと、厳格に統一された骨子を持つプランが役に立つだろうか？

　その答えは、厳格に統一された骨子自体の中に見出されるに違いない。顧客の特性や成熟度などとは無関係に、絶対に必要なものが存在するはずだ。リストを作成する行為は、GAMが実際に抱えている課題に会社の知能を集中させる最も有効な方法の一つだ。つまり、「自分たち自身の」事業に多大な影響を与える行為なのである。

◉──プランを伝える

　本章では、これまで「もし」や「しかし」を何度使ったことだろう。そこで、最後はもっと自信に満ちた話をして本章を終えようと思う。GAプランの大きな目的は、会社全体にGAMの目標とGAMが必要とするものを確実に理解してもらい、一丸となってGAMの実現を支援してくれるように要請することである。GAプランを社内の多くの人々に伝えることは、GAMチーム全員にとって重要なタスクになる。ある意味では、GAMチームは顧客の擁護者、顧客の広報を受け持つ代理人、あるいは顧客にとっての「プロモーター」だ。したがって、GAプランに「極秘扱い」などというスタンプを押して、選ばれた少数の人たちだけのものにしては何の意味もない。むしろ、プランの内容を知る必要のある人たち全員に伝えなければならない。プランを自社のウェブサイトに掲

載して、みんながそれを閲覧するのを待っているのも駄目だ。デスクから離れ、プレゼンテーションのために足を踏み出すのだ。

第15章
文化的多様性を武器にする

HARNESSING THE STRENGTHS OF CULTURAL DIVERSITY

　GAMチームの崩壊につながる原因のうち最も多いのは何か？　チーム内にフラストレーションが生じるのは、何が最も大きく影響しているのか？　顧客への対応に身が入らなくなる最大の原因は何か？　この三つに共通する原因は、グローバルな人間関係とGAMチーム自体に必然的に内在する文化的多様性だ。

　本章が深刻な問題を扱っていることは間違いない。しかし、その問題にはかなり大きなメリットがあるのも確かだ。これから扱う問題の本質を見間違えると、極めて重大な悪影響が生じる可能性があるが、問題の持つメリットの方が遥かに大きい。本章の目的は文化的多様性という大きな問題のポジティブな側面を、あなたがうまく利用できるように手助けをすることにある。だから、当初は問題に思えることが、あなたの会社が競合他社を相手にしのぎを削る際の力の源になるよう努力しようではないか。あなたの会社が何らかの形でGAMを実行しようとした経験を持っているとすれば、せっかくの経験を単なる思い出話で終わらせるだけではもったいない。さらに一歩進んで、その経験を今後の活動に反映させることもまた、本章の目的なのだ。

　では、どうすればいいのか？　自分自身の行動や価値観について考えてみよう。それが文化について考える第一歩になる。文化的多様性を武器にするためには、まず自分の属する文化が何を重視しているかをよく観察し、その理由を理解することから始める必要がある。それを出発点にして、今度は他の文化に

属する人たちが何に価値を見出しているかを観察し、その理由を理解するのだ。ここまでくれば、今まで見えなかったものが見えてくるようになる。ある文化の価値観や物の見方が、他のものよりも優れているなどというのは嘘だとわかる。しかし、同時にそうした価値観や物の見方が、人が物事を行う際の動機と思考を生み出す豊かな源泉であることもわかる。その文化の源泉があるからこそ、人は自分の直面している状況に最も適した行動や方法を選び出すことが可能になるのである。

チームの成功を阻むもの

ある GAM チームの中に、異なる文化的背景を持つ A さん B さんという 2 人のメンバーがいるとしよう。A さんが、自分の文化の価値観は B さんの文化に比べて優れているという考えの持ち主だとする。チームにはそれなりの年功序列または上下関係が存在しているため、みんなは B さんを標的にしてそれぞれが自分の文化の価値観を押し付けるようになる。もし、GAM チームの空気がこうした人間関係を容認するものならば、大して業績を上げられないチームがどうしてこんなに多いかが容易に理解できる。チームが成果を上げようとしている最中に、一方ではいじめが進行しているのだから。A さんと B さん 2 人の力を足し算したところで、せいぜい 1.5 にしかならないだろう。やる気満々で目をきらきらさせた A さんと、覇気がなく死んだ魚のような目をした B さん。嘆かわしい事態ではないか。しかるべき人間関係がチームに確立していれば、1 + 1 はちゃんと 2 になっただろうに。

文化的な価値観の相違

「文化によって価値観や物の見方が違う」ということについては、本章でもう十分なほど見てきたが、ここで少々解説を追加したほうが良さそうだ（詳しい解説は本章の後半で述べる）。文化は一連の価値観や物の見方から成り立っている。それを基盤にして、我々は生活を営み、意思決定を行い、問題解決に取り組む。何をするにせよ、我々にはそれぞれ好きなやり方がある。ほとんどの人が自分のやり方が「最善」だと考えている。自分と同じ価値観を持つ人たち

だけ、つまり同じ文化に属する人たちだけと一緒に仕事をしている限りは平穏無事だ。問題が起き始めるのは、他の人が自分とは異なる価値観に従って仕事をしている様子を目にしたときだ。ただし、価値観の相違自体が問題なのではないと強調しておきたい。価値観の相違に起因する反応が、文化の相違に鈍感な人たちによって起こされている。これが問題なのである。「正しいのはこっち、間違っているのは向こう」なら、まだましだ。「こっちは正しい、向こうは騙そうとしている」となると穏やかではない。

　文化は異なっても、物を学ぼうとする欲求は地球上どこでも変わらない。もし、グローバル・チームの全員に本格的な研修を受けさせて各人の才能を伸ばしてやりたいと望むなら、今述べたことの意味を嚙みしめる必要があるだろう。古今東西の哲学者たちが墓石の下でひっくり返るのを承知で、単純で大胆極まる私見を述べれば、西洋哲学の源泉はソクラテスの思想と教えをベースにしており、東洋のそれは孔子の教えをベースにしている。

　ソクラテスのラーニングに対するアプローチは、ディベートとディスカッションと討論とに密接に関わっている。ニューヨークでは、研修セミナー担当のトレーナーのアイデアはクラスのディベートの嵐の中でテストされる。トレーナーが参加者たちに問題を提起する。それに対する賛否をめぐって討論が始まり、部屋は一気に熱気に包まれる。参加者たちの声のうるさいことといったらない。しかも、みんなが討論を楽しんでいる。西洋ならではの思想形成のプロセスと言える。これが上海となると、セミナーの雰囲気はがらりと変わる。儒教では、師の教えにじっと耳を傾けるのが基本である。当然のことながら、会場は静かな雰囲気の中で淡々と行われることになる。こうした方法に慣れていない西洋人が見たとしたら、セミナーの結果は大失敗に終わるとしか思えない。この静けさは何だ。訳がわからない。何て退屈なんだ。こんなやり方で、うまくいくはずがないではないか……。

　いや、そんなことはない。実際に満足のいく経験をした、この私が保証する。私がアジアで企画・運営した最初の研修セミナーは台湾で行われた。参加者は上で述べた通り、おとなしくて礼儀正しいだけでなく真剣に耳を傾けている。

3日間続くセミナーの第1日目にして、私は困り果てていた。それまでにヨーロッパや米国で経験していた騒々しいくらいの活発な議論が、まったく起きないのである。私の投げかける質問に答えるよう参加者を促すのに一苦労する。もう諦めるしかないほど難しいのだ。そうした静かな雰囲気のうちに初日の研修が終わり、その晩ベッドの中で私は「明日は小突き回してでも、みんなの口を開かせよう」と考えた。幸いにして翌日は、そんな荒っぽい出来事は起こらなかった。セミナーの冒頭で、ささやかな討論を試みてみた。前日に学習したことを現実に照らし合わせてみよう、と提案したのだ。私は参加者の思慮深さにびっくりした。それだけではない。現実に即した意見や提案を、こちらに次々と返してくれるのだ。私の提起した理論に反論する者は1人もいない。師への異議申し立ては礼を欠いた行為になるからであろう。しかし、私の理論を現実の事柄に当てはめてみせる手際のよさは見事だった。物事の応用と改良という領域で、彼らが実に豊かな才能の持ち主であることを示していたのだ！

　米国での研修セミナーでも参加者がこのような態度で臨んでくれたら、きっといい成果が出るに違いない。私はそう思い始めていた。なにしろ、米国の場合には、その日のセミナーが終わる頃には騒がしいくらいの白熱した議論が最高潮に達する。ところが翌日の朝になると、参加者の頭からは前日の議論がきれいさっぱり忘れ去られている……。そこで、私は思い直した。物を学ぶことに対する米国式のアプローチにも長所がある。もし、東西二つのアプローチを合体させることができれば……。そこまで考えて、ようやく私は正気に返った。とてもじゃないが、これは私の手に負える問題ではない！

　GAMチームでは、今述べたのとは違う二つの価値観を考慮に入れる必要がきっと出てくるだろう。GAマネジャーと研修セミナーを担当したトレーナーの二つの価値観である。両者の価値観の一方が優位に立つ恐れがあるのに加えて、もう一つ悩みの種になるのは、チームで何かと文句をつけたがる存在の意見だ。これがまたうるさい！　チームの全員が文化的差異に目をつぶって妥協すればいいという問題ではない。そのような解決策は、チームの武器にしようとする文化的多様性の持つせっかくのパワーを弱めることになるだろう。お互いの違いを認め、理解し、尊重し合うと同時に、広い心を持つことが大切だ。仕事を進めるのに必要なスキルや知識を学び自分の能力を高めたい気持ち

> は、チームの全員に共通するものだ。しかし、どう学ぶかという方法を全員に押し付けることはできない。各人の意見を聞いてみることから始めてみてはどうだろう。

　文化的多様性くらい、誤解を招き、悩みの種となり、そのために無視したくなる問題はないと思われる。いっそ永遠に消えてほしい、と誰もが願う問題だ。極端な例を挙げると、私の知っている企業のうちで少なくとも1社が次のような方法を実行している。この企業では、グローバル・セールスチームの全員を同じ国籍の者ばかりで固め、「例の問題を解決」しよう、などと虫のいいことを考えているのだ（これまでの経験と見聞きした例から判断すると、このやり方はスカンジナビア諸国で特によく見られる解決策のようだ。私が例に挙げたのはデンマークの企業だった）。当然のことながら、この「解決策」はチーム間の「文化的なミスマッチ」をなくすのには有効だったようだ。しかし、これではグローバル顧客との人間関係を侮辱する悪魔的な解決法ではないか！

　社員に異文化教育を受けさせる企業は多数あるが、それが中身の乏しいものである場合もまた多い。言わば「旅行者向けガイドブック」的異文化理解である。ご承知のように、その種のガイドブックには4ページくらいにわたって、どうでもいいような風習や習慣がこと細かに書かれている。この程度のものが文化の解説書としてまかり通っているのだから笑える。西洋人と東洋人の名刺の渡し方が異なるという事実以上に複雑なのが、文化的多様性なのだ。とはいうものの、名刺を例にとって文化的多様性を少し掘り下げてみよう。アジア諸国でビジネスをした経験のある人ならご存知だと思うが、名刺は両手で相手に差し出し、差し出された側も両手で受け取るというのが決まりになっている。これでおしまいだと思うと、大変な無礼を犯すことになる。さて、渡された名刺をちゃんと両手で恭しく受け取り、ケースやポケットに収めたとする。ちょっと待ってほしい。名刺に目を通していないではないか。目の前にいる人物の氏名だけでなく肩書きを読んで、相手がどのような身分や地位や肩書の人物かを見極めるのが礼儀というものだ。理想を言うなら、テーブルの上の目の届く位置に名刺を置き、相手との話が終わるまでの間に時折視線を向けるべきだ。

絶対に忘れてはならないのは、自分の名刺を渡すことである。「名刺を切らしておりまして」では許されない。名刺を忘れたことが遠慮や謙遜の表れと見なされることはない。相手は自分が軽く見られたと感じるだけだ。

異文化に対する認識をめぐっての是か非の問題は、ビジネスで交渉する際の戦略をめぐる是非の問題と似ている。どちらの場合も、非によって相手との人間関係が完全に断ち切られる事態にまではいたらないだろう。とはいえ、誤りを避けることができれば、それに越したことはない。交渉上の戦略であれ、名刺の交換であれ、その意味することが次のような問題を理解するための鍵となってくれることのほうが、はるかに大切なのだ。身分や地位や肩書の持つ重み、相手を正しく理解することの意義、人間関係自体の重要性といったものである。

しかし、東洋と西洋について論じることで、私は既に道義的な罪を犯している。以上のような問題に東洋と西洋を引き合いに出すことには、人を虜にするような一種の魅惑がある。両者の違いを誇張して対比することが可能なのは事実だ。だが、東洋文化だのアジア文化だのと、安易に口にすることは賢明ではないだろう。日本人とインド人が一緒に仕事をしているチームを見たことがある人なら、その意味がわかると思う。西洋文化の場合もまったく同じである。イタリア人、ロシア人、フランス人、ギリシャ人がそれぞれ多様な価値観や物の見方を持っているのに、単純化して西洋文化について、とやかく議論するのは誤解を助長するだけだ。

●──「踏んだり蹴ったり」の二重苦

GAMの実行には二重の課題が伴うと考えることができる。そのため、ほとんどのGAMチームが直面するタスクより、骨の折れるタスクを抱え込むことになる。GAMチーム内の文化的多様性に加えて、顧客の文化的多様性が存在するからだ。一見すると「踏んだり蹴ったり」のこの事態は、不運として諦めるしかないのか？ いや、実際にはうまくマネージさえすれば、GAMチームの文化的多様性が逆に顧客の文化的多様性を適切に処理する手助けとなるだろう（前に述べたデンマークの単一文化的チームは、実は自分たちにとって不利な方法を採用していたことになる）。GAMチームが「普通の」GAMチームよ

りも幸運に恵まれている理由がもう一つある。絶対的なルールがほとんど存在しない環境に身を置きながら、GAMに携わっていることが幸いして、結果的に一つの役立つルールを手にしている点である。それは、「顧客の文化的多様性を自分たちのガイドブックとして積極的に活用すべし」ということだ。

うまく行かないのは、どうしてなのか？

うまく行かない例は山ほどあるが、ここでは一例を挙げるに留めておく（出典はペニー・カルテとクリス・フォックスの素晴らしい著書 *Bridging the Culture Gap*（異文化間のギャップを橋渡しする）だが、少し脚色してあることをお断りしておく。なお、この著書からは後にも引用させていただく）。以下の例は、誤解が思い込みに発展する様子を描いている。誤った思い込みは、不公平な、あるいは見当違いの判断などの過ちにいたる可能性があるばかりか、最終的には信頼関係を損ない、共同作業が実現する絶好の機会を台なしにすることもあり得る。

> グローバルな事業を展開している欧米系の企業では、傘下のサプライヤーを管理するために行動規範を作成し、世界各地のローカル・オペレーションが担当するバイヤーに配布している。基本となる規範の一つに次のようなものがある。サプライヤーは、いかなる顧客企業の購買部門に対しても、その部門に割り当てられた予算の50％を超える取引をしてはならず、これはいかなる重要なプロジェクトまたは製品にも適用される。ところが、中国のある顧客がこの規範を無視し、購買部門の80％の予算をあるローカル・サプライヤーに割り当てている事実が判明した。悪いことの裏にはさらに悪いことがあるもので、サプライヤーはこの顧客の兄弟によって所有され、運営されている事実まで明らかになった。
>
> これを知ったサプライヤーの本社は次のような受けとめ方をした。この中国のバイヤーは多大な金銭的損失を省みず親族をひいきし、不適切な行動に走り、詐欺罪同然の行為を犯している。顧客に対する厳しい処分が発表された。驚いた

中国人の顧客は、サプライヤー本社の担当者に詰め寄り、こう尋ねた。あなた方は、私にお互いの会社の利益にならないような仕事をしてほしいと言うのか？
「私の兄弟と他人とでは、どちらが最もいい値段をこちらに提示すると思いますか？　何か問題が起きたとき、午前2時にベッドから飛び出して、問題解決に手を貸してくれるのはどっちですか？　うちの兄弟ですか、赤の他人ですか？　私が金策に駆けずり回っているときに支払いを猶予してくれるのは、どっちですか？　私の事業の成功を祈ってくれるのは、いったいどちらだと言うのですか？」

顧客の言い分にも一理はある。だが、会社の方針は会社の方針だ。この顧客と癒着関係にあったサプライヤーとの契約を、本社は取り消した。顧客が警告した通り、次のような事態が起こった。価格が全般的に上昇し、サービスが悪くなり、クオリティが急に低下し、業務全体が不調に陥った。さて、正しかったのはどちらか？

視点を変えて、次のような状況を想定してみるといい。あらゆるサプライヤーは、顧客のスタッフとしてサプライヤー側の親族を起用するように求めるべし。アジア系の企業が欧米諸国に散らばる傘下のサプライヤー宛に、このような指示文書を送付するなどという状況が考えられるだろうか？

●──独善という名の思い込み

今述べたケースについて議論すれば、数日を要するだろう。そこで、このケースをほじくり返すのはやめて、思い込みという問題にストレートに切り込んでみよう。以下に挙げるのは、思い込みのうちでも特に性質の悪いものばかりだ。我々の世界観。我々の意思決定の方法。我々の道徳観。どれもが絶対的なものである。従って、「その論理的帰結として」絶対的に正しいものとなる。つまり、我々と異なった考え方は、明らかに間違っている（この場合だと、せいぜい過激派扱いで済む）か、紛れもないペテン（ここまでくると、最悪の事態は関係の決裂にいたる）のどちらかだ、となる。

世界各地の民族や国民がそれぞれ異なった考え方をし、異なった善悪の基準を持っているのは当然のことだ。政治や宗教といった「大層なこと」に限らず、

先に述べた例のようにビジネスの世界でも変わらない。我々に与えられた課題は、そうした多様性の下に存在する共通の基盤を見出すことにある。

言い換えると、GAMは一連の妥協の産物になるということか？　妥協という言葉が暗に意味する偽善とぱっとしない業績に終わる危険性はないのか？絶対にそんなことはない。では、それとは反対にGAマネジャーの独断に任せて、文化的多様性のうちでどの文化が最も優れているかを決め（きっとマネジャー自身の文化だろう）、最も優れていない文化には「好むと好まざるとにかかわらず」状態に甘んじてもらうという意味か？　本章の冒頭近くで紹介した、AさんとBさんの話を思い出してほしい。厚遇されているAさんの力と冷遇されているBさんの力を足しても、1.5にしかならない。

こうした問題に対する正解は妥協でも文化の押し付けでもない。正解は多種多様な選択肢から最もその状況にふさわしいものを選ぶことである。

どうすれば、うまく行くのか？

次の四つの指針を実行したらどうだろう。どれもがきっと役に立つと信じる。各指針についての詳細は、これから順を追って説明していく。

❶幅広い物の見方と広い心。
❷自分を知る。
❸他人を知るスキルを身につける。
❹実用本位（ただし、上辺を取りつくろうだけではいけない）。

●──幅広い物の見方と広い心

人間の頭脳はパラシュートに似ている。大きく開いてこそ、役に立つ。しかし、パラシュートを開こうとしても、いろいろな事態が重なって邪魔をすることがある。最も深刻な障害物は偏見だ。偏見という言葉には、実に嫌な響きがある。最も醜悪な言葉と言っていい。ビジネスに携わる人間であれば、偏見をキリスト教の大罪のうちのどれかに匹敵すると考えたほうがいいだろう。

幅広い物の見方とはどういう意味か？　人間が自分以外の人間の視点から

世界を見ようと努力すべきだという考え方のことだ。他人の意見のすべてに同意すべきだという意味ではない。そんなことをすれば、幅広い物の見方を通り越し、挙句の果てには何も見えなくなってしまう。幅広い物の見方ができるようになれば、新しい発見に胸を躍らす経験も増える。たとえば、ある人物が何かをしている場面を見て「これはいいかもしれない」と感心する。あるいは、「こっちの方が、私のやり方より優れている」と感動する。つまり、様々な選択肢から、状況に応じた最もふさわしい方法を選ぶことができるようになる。それだけではない。妥協し合う必要がある場合や、どちらか一方が相手の物の見方を受け入れなければならない場合や、相手の文化的な価値観からすれば強い違和感を伴う行動を相手にしてもらう必要がある場合を考えてみよう。お互いに相手の視点から世界を見ようと努力した経験を積んでいれば、今述べたような場合に物事をずっと進めやすくなる。

●──自分を知る

自分の物の見方や価値観を知ることに力を集中させよう。そうすれば、日々の生活を送る上でも、意思決定をする際にも、そして問題解決に取り組む場合にも、大いに役立つはずだ。何かをするときに、これこそが「正しい方法」だと自分が自信を持って言えることは何だろうか？ その正しいと思う方法は、どのような形で自分の行動や態度に反映しているのか？ 本章では後に、16の「優先度のスケール」を用いて、あなたの行動様式や、もっと重要な行動要因を分析する作業を試みる。

あなたのチームの各メンバーに、今述べた自分の物の見方や価値観を知る努力をするように勧めてほしい。そうすることによって、チームは大きな飛躍を遂げる。その結果、文化的多様性を他社との競争に役立つツールにするという目標に向かって進むことができる。

●──他人を知るスキルを身につける

他の文化に見られる集団的な態度や行動をよく観察し、彼らが彼ら自身の「正しい方法」をどのように優先させているかを理解しよう。この場合にも、16の「優先度のスケール」を利用することで、彼らの行動様式や行動要因を分析

することが可能になる。

　あなただけでなく、チームの各メンバーにも今述べた異文化を観察し理解する能力を高める努力をしてもらおう。みんなが集まり、議論し、各人の意見を述べてもらうのが最もよいやり方だ。実際には少なくとも初めて議論する時に、この分野の専門家を招き進行役になってもらう必要があるかもしれない。チームの異文化について理解する能力の向上の度合いを知る尺度は、こうした問題をチームが自らマネージできるようになっているかどうかである。

◉――**実用本位（ただし、上辺を取り繕うだけではいけない）**

　幅広い物の見方を身につけ、自分を知り、他人を知るスキルを身につけることを、チームがビジネスの現場で応用するために極めて有効な八つの指針を紹介する。

❶二つの異なる文化が出会った場合、どうしても一方がもう一方より優位に立たなければならない必然性はない。どちらの価値観や方法を優先するかを比較して決める際には、勝ち負けの感情を排して、二つのうちで最もふさわしいもの（あくまでも、それぞれの状況において）を選ぶという基準で考える。

❷どの方法を選ぶかの指針の基準となる物の見方や価値観は、本社やGAマネジャーのものではなく、できる限り顧客のものを基準にする（とはいえ当然のことながら、グローバル顧客自体の物の見方や価値観も、ある程度の文化的多様性を免れない）。

❸顧客の期待に応えるためには、GAMチーム全体でどの方法（集団としてとる態度や行動のスタイル）に統一する必要があるかを決める。

❹採用された基準が、チームの誰かにとって受けいれがたいものであると判明した場合には、その基準が選ばれた理由をチームの目的という側面から説明するように努める。あくまでも顧客の物の見方や価値観に焦点を絞って根気よく説明する。基準の決定が妥協の産物であるような説明の仕方はよくない。決定にいたった経緯を詳しく説明する。

❺方法を統一するにあたっては、採用する方法が「基準」であり「ガイド

ライン」であることを最初に強調しておく(「規則」という語は反発を誘発しやすい)。

❻採用された基準を現場で応用する際には、かなり高度なコーチング能力を要する。ここで、「コーチング」という語を使用したことに注目してほしい。警察のように「監視する」のではない。コーチングは実に骨の折れる仕事であるが、結果的に見て、これほど成功率が高く達成感のある方法はない。

❼採用する方法(集団としてとる態度や行動のスタイル)は、現場に適している必要があるだけでなく、顧客の要求を満たしている必要もある(現場に適用「可能」な方法ではなく、現場に適用する「必然性」がなければならない、という意味。議論で負けたからしぶしぶ決定に従うのであってはならない。議論に積極的に参加した結果として出た結果なのだ)。

❽GAMチームを立ち上げた結果として生じたチーム内の文化的多様性をうまく刺激し、メンバー全員に文化的多様性の価値を十分に認識させる(さらに、その価値を尊重する雰囲気作りに努める)。

文化によって異なる物の見方や価値観を測る——16のスケール

ペニー・カルテとクリス・フォックスの共著『Bridging the Culture Gap(異文化間のギャップを橋渡しする)』については、触れた。これから述べることの大半は、この素晴らしい著作で提唱されているモデルや助言に基づいており、後に紹介する16の「優先度のスケール」はそのままの形で引用してある(カルテ、フォックス両氏の好意に感謝する)。両氏が考案されたアプローチを私が改変した個所があるのは、GAMに特有の問題に合わせるために行ったものであることをお断りしておく。

このスケールの目的は、自分自身の属する文化を知ると同時に他の文化を観察しようと努める人に手助けをすることにある。できる限り大きく目を見張り、じっと耳を澄ますだけでなく、心を大きく開けば開くほど、16の「優先度のスケール」から学ぶものが多くなるだろう。慣れてくるにつれて、あなたの顧客、そしてあなたの同僚をこのスケールに当てはめてみることも可能になる。逆に、あなたが彼らによって分析の対象にされることもあり得る。自分たちがスケー

ルのどこに位置するかを話し合うことを勧める。お互いに相手を正しく観察しているだろうか？　もしもそうでないなら、正確な観察を妨げているものは何なのか？　ひょっとすると、他人の方があなた自身をより正確に観察しているかもしれない。実際、そんなこともある。その場合には、あなたは自分の心の目が十分に開いているかを徹底的に検討するべきだ！

●──スケールを活用して得られる成果

　自分や他人を観察し、その結果を話し合うという行為には、成果を得るという目的がある。そこで、スケールを活用して得られる成果に目を向けてみよう。

　スケールを用いてある人物を分析した場合に、チームのメンバー間だけでなくチームと顧客との間で、その人物の位置について分析した結果に食い違いが見られることは避けられない。その食い違いの意味するところを、チーム全体で話し合ってみることを勧める。誤解が原因だという可能性があれば、それはどんな誤解か？　対立や争いが原因だという可能性があれば、それは何か？　原因を探っているうちに、かつての喧嘩のせいだとか、誰かのせいで商機を逸したことがあった、といった説明がつくこともあろう。実りの多い成果は、別のところにある。たとえば、新たな認識を得られたことを利用して、適材適所の選定に役立てる方法はないか？　また、様々な状況に応じて最適な行動を選択する方法を考案するのに、うまく活用できないか？　今述べたことこそが、文化的多様性を自分たちのチームの武器にし、自分たちを即戦力のある頼もしいチームとして顧客に貢献させる手立てになるのだ。それが可能になるのは、あなたの「チーム自体」が存在するからではない。あなたのチームが「自分を知っている」からだ。

●──スケール

　16のスケール（図15.1、図15.4）のそれぞれが、個人の行動についての特定の側面を、二つの大きく異なった優先度を尺度にして計測する構成になっている。計測した結果、各人の優先度に違いが生じるのは、各人の信条・意見・態度の集合、つまり文化の違いとして説明できる。それぞれのスケールに見られる「スコア」はあなた自身に備わっている優先度、あるいはあなたがもっと

よく理解したいと思っている人物に備わっている優先度の相対的な値を求める意図のもとに作成されたものである。

使用上の注意

さて、スケールを実際にご使用になる前に、注意を二つ。一つは、ある特定の文化を例にとってスケール上での位置を示した場合には、紙面上のスペースの許す範囲内の記述であり、それぞれの位置に関する詳細は省かれているということである。したがって、他人にレッテルを貼ったり、人間を分類したりするといった行為には使用しないでほしい。このスケールは人間を理解するためのものであり、そもそも人間理解は白黒で片づく性質の問題ではない。注意を怠ると、人間を分類する行為は偏見につながる可能性があるから恐い。実際、分類は偏見と隣り合わせの行為なのだから……。

二つ目の注意事項は、スケール上で自分とは正反対の位置にいる人たちとの付き合い方に関するものだ。両極端に位置する人と、どのように付き合えばいいのか？　アドバイスと提案をしたいところだが、これもまた紙面上の余裕がないため割愛せざるを得ない。とはいえ現実には、あなたはこれから先も、スケール上のありとあらゆる位置にいる人たちと一緒に仕事をしていくことだろう。必要性に迫られ、様々な事柄を目の当たりにするのは確実だ。私のアドバイスや提案など出る幕ではない。

スケールは以下の四つに分かれる。

- 人間関係　　　　　　　　　図 15.1
- コミュニケーション　　　　図 15.2
- 時間　　　　　　　　　　　図 15.3
- 現実・意味づけ・意思決定　図 15.4

個人志向型人間 – 集団志向型人間

最初のスケールは文化が個人志向型（米国、英国、フランス、オランダ）か、あるいは集団志向型（アジア諸国、アラブ諸国、アフリカ諸国）かに注目したものである。

顧客が個人志向型の文化に対して強い執着を示す場合には、あなたも顧客に合わせる必要がある。自己紹介をするときには、集団の代表者としてではなく「個人としての自分」を前面に押し出すべきだ。そして、取引に臨む際にも自分を前面に押し出し、遠慮せずに自己主張をし、自分の考えをはっきりと伝え、ためらうことなく異議を唱え、相手の要求をきっぱりと拒否しても一向に構わない。

顧客が集団志向型の文化圏出身である場合には、まだビジネス関係に入っていないうちからこちらが戸惑うような出来事が起きることもあり得る。自分が会社の代表者であることを意識した態度と行動をとるように努め、相手側も同様の態度と行動をとるものと覚悟するべきだ。プレゼンテーションや交渉をする際には、必ず同僚を同席させて集団で臨み、こちらのチームワークを示し、顧客側にも同様の行動をとるように促す。こちら側の不和を匂わせるような行動や態度は絶対に避け、和を重んじ、実際に商談が始まったら社交辞令的な儀礼をうまく活用することが肝要だ。

これで頻発する誤解やいざこざの原因が、わかりやすくなったことだろう。単純明快だと思っていたGAMの報酬体系が、異なった価値観を持つメンバーが混在するチームでもめ事の原因になったケースを前に紹介したが、その原因も今では理解できるのではないか。

集団志向型の文化ではチームワークが重視されるため、当然のことながら、そうした文化に属する人たちは協力しながら集団で仕事をすることが得意だ。GAMチームを組織しようとする際には、今述べた集団志向型の持つ強みを是非とも思い出してもらいたい。

水平型階層組織 – 垂直型階層組織

ある人が権限をどのように行使し、その行使された権限に対し、他の人がどのような反応を示すかを観察することで、それぞれの文化の際立った特徴が見えてくる。中でもスカンジナビア系の人たちはスケールの左側、つまり水平型階層組織の領域に位置する。上司が部下と権限を分担し合うのは当然のこととされ、部下たちが各自の専門分野で全責任を負うのも当たり前だと考えられている。部下が自分に任された仕事に責任を持つ限り、上司との間で意見の応酬

図15.1　文化的優先度のスケール──人間関係

個人志向型人間						集団志向型人間				
私の最も優先すべき務めは自分自身に関するものだ						私の最も優先すべき務めは自分が属する集団に関するものだ				
50	40	30	20	10	0	10	20	30	40	50
水平型階層組織						垂直型階層組織				
リーダーは権限を他のメンバーと分担するべきだ						リーダーは権限を占有するべきだ				
50	40	30	20	10	0	10	20	30	40	50
地位獲得型						地位委譲型				
人は人格より行動で判断されるべきだ						他の要素（家柄、階層、国籍、人種、学歴、年齢、性別、宗教など）も考慮されるべきだ				
50	40	30	20	10	0	10	20	30	40	50
職務優先型						人間関係優先型				
仕事を成功させるためには、仕事を優先し、人間関係は二の次にするべきだ						仕事を成功させるためには、まず人間関係を築くべきだ				
50	40	30	20	10	0	10	20	30	40	50
一定の距離を置くタイプ						接近を好むタイプ				
私は他人が自分に踏み込んで来すぎることや接近を好まない						私は他人との接近と接触に安心感を覚える				
50	40	30	20	10	0	10	20	30	40	50

出典：Carte and Fox, *Bridging the Culture Gap*（Kogan Page, 2004）

があるのは当然だとみなされているばかりか、奨励されてもいる。同僚同士で問題が生じた場合にも自分たちの力で解決するのが普通で、問題が起きる度に上司に助けを求めることはない。

　水平型階層組織の傾向が顕著な顧客を相手に取引をする際には、意思決定を誰が行っているのかを詳しく分析して各自の専門分野を知ることが要求される。言い換えれば、誰が誰の意見を尊重しているのかを見極めるのである。単に顧客側の上司を相手に交渉し、事が起きるのを期待しても、何も起こらず泣きを

見るだけだ。
　一方、垂直型階層組織が支配的な文化に属する顧客を相手に取引をする際には、少なくとも意思決定のプロセスの分析に関しては、いくつかの点で対処しやすいと言える(第7章を参照)。水平型階層組織を基盤とする顧客に比べると、組織図と実際の意思決定のプロセスの間にかなり強い関連性が見られるからだ。
　水平型階層組織の傾向が強い価値観を持つ人たちから構成されているGAMチームをマネージするためには、コンサルテーションやエンパワーメント、コーチングといった作業に多大の労力を費やす必要が生じる。自分も同じ価値観を持つのなら結構な話だが、「命令」が幅を利かせている文化の出身者にとっては重労働である。
　第8章で取り上げたGROWというツールを思い出していただきたい。様々な機会を利用して、メンバー各人にGROWを作成し、提出してもらうよう促す方法である。水平型階層組織の文化圏であれば容易に受け入れてもらえる方法だが、垂直型階層組織が支配的な文化圏で試みるとなると非常に大きな反発だけでなく、場合によっては強い不信感を招くことを覚悟するべきだ。スケールの右側に位置する人が自分のGROWを作成して提出したくないという感情を、反抗心や職務怠慢の表れと見なすべきではない。自分がどうしてこのような質問に答えなければならないのか、質問を書いた人物の気が知れない。こう思って混乱に陥っているのが真相であろう。一方で、こんなケースも考えられる。GROWを作成してはどうかという提案が行われ、スケールの左側に位置する人が手を挙げて進んで自らのGROWを作成し、垂直型階層組織的な文化が支配しているチームに提出したとする。この場合、GROWの提出者は、自分が褒められたどころか叱責されたと感じるのがオチであろう。
　スカンジナビア系のマネジャーが、権力と権限がごく一握りの人たちの手中にあるフランス、ラテンアメリカ諸国、インド、そして中国での仕事にやりにくさを感じることはあり得る。スカンジナビア系の部下たちが、文化的な知識に乏しいフランス人の上司にがく然とし失望させられることがあるのとまったく同じである。
　垂直型階層組織を基盤とする文化においては、意思決定はトップの人間によって行われ、決定が下される前であろうと後であろうと部下がとやかく言う

ことは良いこととは見なされない。上司が情報を独り占めにし、部下は下された決定に敬意を示すのが当然のことになっている。このような文化に属している顧客を相手に取引をする際のルールは単純明快である。トップの人間と交渉すること。ただし、トップが下した決定を実行する責任を負わされている社員や従業員たちを無視してはならない。

逆に垂直型階層組織を重視する文化に属する人たちからなる GAM チームを、あなたがマネージする場合に対するアドバイスも単純明快である。独裁者として振る舞えばいい。活発な意見のやり取りを重視したいという、あなたの気持ちに反するものであったとしてもだ。また、自分が部下にしてほしいことを、威厳をもって指示することができなかった場合に、部下が言うことを聞かなかったとしても驚くには当たらない。別に部下があなたに逆らっているわけではなく、あなたが本気で指示したのではないと部下が解釈しただけだからである。むしろ、あなたが乗り気ではない仕事に取りかからないことによって、あなたに尽くしているのだ。

地位獲得型 – 地位委譲型

スペイン、インド、中国、そしてアラブ諸国は「地位委譲型」が支配的な文化を持ち、そこでは素性や出自が極めて重要な意味を持つ場合が多い。地位委譲型が基本の文化で生まれ育った人にとっては、米国のような地位獲得型社会は違和感を抱かせる。米国では、年齢や性別や人種が地位とは別の問題と見なされているだけでなく、法的平等の原則に反するものとして、様々な場でそうした差別を禁止する例が増加しつつある。

地位獲得型の価値観を持つ人間が、地位委譲型文化出身の顧客を相手に取引をする場合には、外交的な駆け引きのうまさが要求される。顧客の年齢や在職期間に敬意を示し、もしも顧客があなたや顧客の部下に対し、家父長的態度をとっても驚いてはならない。職務の内容そのものよりも、その職務を担う人間の属性のほうを重視するのが原則なのである。

逆に、地位獲得型文化の出身者を顧客とする場合に、顧客側の意思決定の行われ方を分析するためには、まず職務の内容や重要度に注目し、人間の属性は二の次の要素と見なす考え方が要求される。

16のスケールで異なった位置にいる複数の人間から構成されるチームをマネージするには多大の苦労を要するが、特に今述べているスケールでの位置が異なる人間同士がいる場合には、その苦労は並大抵ではない。スケールの左側に位置するメンバーは自分の業績を基準にして報酬を決めるように求める。一方、右側に位置するメンバーは、あなたが家父長的な態度をとろうものなら、たちまち忠誠心を示すようになる。各メンバーと個別に仕事をしている限りはうまくいく。ところが、複数のメンバーが合同で仕事をすることになると問題が起こり、挙句の果てには、あなたには二重基準のレッテルが貼られることになるかもしれない。最も無難な対処法は、前もってメンバー全員の間で合意したルールを定めておくことだ。

職務優先型 – 人間関係優先型
　私が初めて中国で KAM の研修セミナーを開催した時のことである。午前の部の時間を全部使って、ダイヤモンド・チームとダイヤモンド型関係がいかに有効なものであるかを、非常に礼儀正しい参加者たちに向かって説いた。ところが昼食の時間になって、ある人物から教えられて、私は午前中ずっと自分が釈迦に説法をしていたのを知った。人間関係優先型の文化を持つ中国では、コネが社会に深く根づいている。コネとは、まさに社会で幅を利かせている人間関係、つまり縁故のことである。人間関係に敬意を払い人間関係についての理解を深める時間的余裕のない者は、中国でビジネスをしようなどと考えてはならない。逆に、コネを重視するサプライヤーが、職務優先型文化が根づいている社会でビジネスをするなら、戸惑うことになるかもしれない。人間関係を築こうとして、根回しだの事前の交渉だのに汗水たらしてじっくりと時間をかけたというのに、その見返りがほとんど得られないからである。しかし、長い目で見れば、彼らの努力の成果は職務優先型サプライヤーよりも実り多いものになるであろう。GAM は長期的な観点から取り組むべき仕事だということを忘れないでほしい。
　職務優先型文化の出身者が注意すべき点は、人間関係優先型文化と出会った時に、急いで誤った結論にいたらないことだ。異文化の出身者を集めて GAM チームを立ち上げれば、チームの仕事が苦難に満ちた体験になり得ることは

確かだ。例を挙げよう。ドイツ人のメンバーが、イタリア南部かエジプトあたり出身の同僚たちが仕事と無関係の付き合いやおしゃべりに時間を費やしているのを見てイライラする。「何をだらだらとやっているんだ？」が、そんな場合の不平だろう。または、こんな愚痴も出ると思う。「あんなくだらない物を贈り合って、意味があるのか？」

　16のスケールとスケールに登場する多様な行動様式のうちで、今述べたスケールこそが、GAMをビジネスの現場に適用する際に非常に有効な武器になると思う。私はチームの全員を前にして、お互いに他人の持つ強みから何かを学んではどうかと提案したい。各人の行動のよいところを見つけてきて、それを組み合わせるのだ。妥協をしろと言っているのではない。時には人間関係を優先し、またある時には職務を優先させるという臨機応変さがチームに備われば、どのような長期的なセールス・プロジェクトに取り組む際にも極めて有効な武器になるだろう。

一定の距離を置くタイプ‐接近を好むタイプ

　このスケールが扱っている事柄は、文化に深く根を下ろしている価値観や物の見方についての議論というより、せいぜい他人との接し方に関する問題くらいに思えるかもしれない。ところが、これほど奥が深く、また現実に根ざした問題もないのである。スケールを見てほしい。北ヨーロッパ出身の人たちはほぼ中央に、南ヨーロッパやトルコ出身の人たちは右側に、そして東南アジア出身の人たちは左端近くに位置する傾向が見られる。

　多様な文化的背景を持つ人たちからなるチームでも、組織されてから長期間を経たチームであれば、ここで扱っている行動様式の違いにうまく対処する術を身につけている。ミーティングが始まる前に、誰々さんが握手をするのを嫌がるとか、また別の誰々さんがみんなに対し両方の頬にキスをし合おうとしきりに言って困らせる。そんなことが、冗談の種になるような間柄になっているかもしれない。それに対し、立ち上げて間もないチームだと、今述べたようなことが厄介な問題になったり、他のメンバーにばつの悪い思いをさせたり、場合によっては長期にわたる不和の原因にすらなる可能性がある。

　視線を合わせる行為を例にとろう。顧客がスケールの左側に位置する人なら、

なるべく控えた方がいい。一方、右側に位置する人なら、逆に視線を逸らすのはよくない。後者にとって、相手と視線を合わせることは、こちら側の誠意や自信や真剣さを伝えるのに欠かせない行為なのである。

●──コミュニケーション

ロー・コンテクスト型 − ハイ・コンテクスト型

　人が話している時、その人が口にしている言葉が語っていることだけでなく、それ以外の要素が語っていることは何か？　これが「コンテクスト（文脈）」の意味である。ロー・コンテクスト型の話し手の口にしている言葉には、コンテクストの意味はない。また、伝えたいことが「文化的な衣」をまとっている（ドイツ人、フィンランド人、オランダ人）などということもない。ハイ・コンテクスト重視型の話し手は聞き手に対し、自分の口にしている言葉が極めて明確な文化的価値観をまとっている（中国人、日本人、フランス人）ことを察するように期待している。このようなコンテクストの意味は、口調やボディランゲージや視線を通して伝えられることが多い。

　図15.2のスケールの左側に位置するロー・コンテクスト型の人が、右側に位置するハイ・コンテクスト型の人は率直さに欠けると考えるのは、容易に理解できるだろう。一方、ハイ・コンテクスト型の話し手は、ロー・コンテクスト型の聞き手を相手にしていると「何て察しの悪い人なのだろう」とイライラさせられるものなのである。反語的表現を頻繁に使う英国人は、ハイ・コンテクスト型としてスケールの右側に位置することになる。そのため、英国人がロー・コンテクスト型のドイツ人やアメリカ人と一緒に仕事をする場合に「あなたの言っている意味がさっぱりわからない。ちょっと説明してくれない？」と言われることが多いのは、あまりにもよく知られた事実だ。

　コンテクスト軽視型の社会で仕事をする時には、お互いに率直な意見のやり取りができると考えて構わない。相手の言葉を通常の意味で、そのまま理解すればいいのだから建設的だと言える（たとえ、そうは聞こえなくてもだ！）。だから、顧客の言うことを文字通りに解釈しても、一向に問題は起きない。それに対し、コンテクスト重視型の社会では、聞き手にはかなり鋭敏な頭の働かせ方をすることが要求される。簡単に言えば、聞き上手になる必要がある。

たとえば、日本人の顧客が「それはちょっと難しいですね」と言えば、そうすることは不可能だという意味の可能性が高い。だから、あなたがその「難しさ」を解決しようと頑張ったとしても、せっかくの努力も水の泡となるのがオチだ。そればかりか、「ばかなやつ」と見なされるかもしれない。「聞き上手」の意味は深い。相手の言葉に耳を傾けるだけでなく、相手の表情や態度をよく観察する。自分の解釈が正しいかを相手に確認するために、質問を重ねる。根気よく粘り続ける。思い込みを排する。

　GAMの世界では、コミュニケーションの道具として電子メールを使わざるを得ない場合が多い。そのため、普段のコミュニケーションに比べて、誤解が生じる余地が飛躍的に拡大する。言いたいことを正確に伝えるツールとしてのメールの評判は、非常に悪い。わかりにくさにかけては、英国人の反語的表現や、フランス人の肩をすくめるジェスチャーといい勝負だ。メールも、反語的表現も、肩をすくめる動作も、言葉だけに注意を払っていては、その背後にある真意には到達できないという共通点がある。さて、これまで述べてきた話の

図15.2　文化的優先度のスケール──コミュニケーション

ロー・コンテクスト型						ハイ・コンテクスト型				
取引関係は複雑だから、コミュニケーションは率直で、曖昧さを避け、単刀直入なものでなければならない						取引関係は複雑だから、コミュニケーションでは社交上の応対に気を配り、互いにコンテクストの意味を探り合うのはやむを得ず、断定的な言い方は避ける必要がある				
50	40	30	20	10	0	10	20	30	40	50
寡黙型						饒舌型				
私は何か伝えることがある時だけ、相手に対して物を言うべきだと思う						多弁であることは、こちら側の熱意と相手への関心を示すので、沈黙は避けるべきだ				
50	40	30	20	10	0	10	20	30	40	50
文書重視型						対話重視型				
重要度の高い問題については、文書でやり取りする方が良いと思う						重要度の高い問題については、口頭でやり取りする方が良いと思う				
50	40	30	20	10	0	10	20	30	40	50

出典：Carte and Fox, *Bridging the Culture Gap*（Kogan Page, 2004）

教訓は次の通りである。もしも、その会話が大切なものであり、誤解が生じる恐れがあるならば、相手と直接顔を合わせて会話ができるように努めるべきである。その点、航空会社の宣伝文句は的を射ている。直接会って話すことの大切さを訴える際に、こんな説得をする。「技術革命が起こっても、ビジネスをするには実際に顔を合わせるのが一番です」

寡黙型 – 饒舌型

　アメリカ人と日本人との会話を見守り、それぞれが口にする語数を数えてみよう。どちらの方が多いだろうか？　イタリア人とドイツ人、英国人とフィンランド人……という具合に比較してみよう。

　寡黙型の文化に属する人は、自分が話す順番がくるまで待っている傾向がある。実に秩序正しい会話の運び方だ。一方、饒舌型文化に属する人は、相手の話の途中で割り込む傾向がある。いずれにせよ、物を売る側は一方的にしゃべりまくるのが当たり前。しかし、寡黙型の顧客を相手にした饒舌型のサプライヤーは、言いたいことを我慢しなければ務まらない。さもないと、顧客から無作法だとか、厚かましいとか、場合によっては信用できない人間だと思われてしまう。

　チームのメンバー同士であれ、サプライヤーと顧客であれ、よい人間関係は思いやりの感情から育つ。世の中には寡黙型と饒舌型の二つのタイプの人間がいるという事実を無視すれば、信頼に基づく人間関係はたちまち壊れてしまう可能性がある。饒舌型の話し手が寡黙型の聞き手との間に友好な関係を築きたければ、言いたいことが山ほどあっても我慢する。一方、寡黙型の聞き手は、ときおり頷いてみせたり、適当な頻度で「なるほど」などと口にして相槌を打ったりする。このスケールでは、左右が互いに歩み寄った真ん中あたりが最良と言えるだろう。思いやりが育って、信頼に基づく人間関係が実現するのである。「なるほど」が「それは興味深い話ですね。実は……」になり、言いたいことを我慢する行為が商談成立に近づく。

　異文化に対する無知や認識不足を抱えるチームのメンバーが、不幸な結末を迎えることもあり得る。たとえば、饒舌型のアメリカ人が寡黙型のタイ人の同僚を、やる気がないとか、頭の回転が遅いとか、極端な場合には無能だと

思い込むことがあるかもしれない。タイ人の方は、そのアメリカ人を傲慢だとか、軽薄だとか、最悪の場合には信頼に値しない人間だと決めつけることがあるかもしれない。今述べた二つの例とも、他人を見て相手の人格や性質を決めつける側の人間の方に非があるのは当然だ。しかし、こうした思い込みはチームが効果的に仕事を遂行する際の妨げになる可能性があるため、できるだけ早い時期にその存在を明るみに出すべきだ。私がかつて実施したセミナーの話をしよう。対象は米国系の企業で働く中国人とアメリカ人の社員たちだった。私は中国人の社員たちに1日だけ「アメリカ人」になってみてはどうかと提案し、アメリカ人の社員たちには寡黙型のタイ人になることを提案した。この種の役割演技をしている様子を見ていると、誰もが不愉快な思いをしているのがわかる。だが、ほとんどの場合、彼らにとってよい経験になる。

文書重視型 – 対話重視型

このスケールを用いた場合に、サプライヤーと顧客の間で最も重要な対立点になるのは、契約書や仮契約書を文書にするか（米国）、あるいは口頭で交わすか（中東諸国）という問題である。

チーム内部で対立するのは、予定されている会議や同意事項の確認を正式な文書にすべきだという意見と、さっさと電話で済ませばいいという意見が出てくることである。この対立は、両者が互いに相手の真意を測りかねるという事態にまで発展しかねない。相手が文書を重視するのは、こちらを信用していないからではないか？　相手が対話を重視するのは、口約束の後で違った行動をとるつもりだからではないか？　といった疑心暗鬼が生じる。対立を解消するためには、チーム内で文書化するものとしないものについてのルールを定めるようにアドバイスするのがいい。

● ── **時間**

時間という目に見えない危険が、まるで地雷のようにいたるところに隠れている。サプライヤーと顧客の間にも、GAMチーム内部にも地雷が潜んでいる。前者の場合には、顧客のやり方に合わせるようにアドバイスするのが最良の解決策となる。また、後者の場合には、チーム内で前もってルールを作って合意

しておく必要がある。

モノクロニック・タイム – ポリクロニック・タイム

スイス人は時間を厳守し、時間をうまく管理することで知られているだけでなく、その几帳面さは大がかりな行事や儀式から日常生活の細かな点にまで及ぶ。たとえば、行事は整然と行われる。そして1日は24時間が細かく分割され、各日課は単線上に順序立てて計画された上で実行される。時を単線状に細かく分割した単位として見なす時間感覚は、アングロサクソン系やスカンジナビア系の文化にも共通するが、おそらくスイスほど厳格に守られてはいない。

一方、時間を複線的に見なす時間感覚においては、時間は人間に仕えるものであり、人間を支配するものではない。イタリア人やヒスパニック系アメリカ

図15.3　文化的優先度のスケール——時間

モノクロニック・タイム型						ポリクロニック・タイム型				
私は一度に一つのタスクに集中して取り組むことを好む						私は一度に複数のタスクに並行して取り組むことを好む				
50	40	30	20	10	0	10	20	30	40	50
スピード重視型						根気重視型				
分析に時間をかけすぎると機能不全に陥る						時間をかけることで正しい意思決定ができる				
50	40	30	20	10	0	10	20	30	40	50
短期型						長期型				
私は現時点において目の前にあることに集中することを好む						私には遥か遠くにあるものを目指し計画を立てることが必要だ				
50	40	30	20	10	0	10	20	30	40	50
未来志向型						前例重視型				
伝統は進歩の妨げになる						変革を成し遂げるには伝統を尊重する必要がある				
50	40	30	20	10	0	10	20	30	40	50

出典：Carte and Fox, *Bridging the Culture Gap*（Kogan Page, 2004）

人やインド人には、この時間感覚が共通して見られ、時間を守ることよりも人間関係を重視する。

ポリクロニック・タイムを持つサプライヤーがモノクロニック・タイムの持ち主のバイヤーに気に入られるようにするためには、自分にとっては苦痛であるような規律正しさを耐え忍んで受け入れる必要がある。これは、モノクロニック・タイムを持つ顧客に販路を求めるGAMチームにとっても当てはまる。チーム全員が守らなければならない絶対的なルールにすべきだ。たとえば、顧客と会う約束の日時は、直前にではなく余裕をもたせて事前に決める。会議の議事日程も早めに送っておく。会議は事前に決めた議事日程に従って行う。

これとは逆のケースを考えてみよう。モノクロニック・タイムを持つサプライヤーとポリクロニック・タイムの持ち主のバイヤーである。時計を窓の外へ放り投げれば解決する問題ではなく、次のことを優先事項にするといいだろう。終始、時間的に余裕をもった態度で接する。5分ごとに腕時計に目を走らすことは厳禁。

スピード重視型 – 根気重視型

このスケールは「文書重視型―対話重視型」の二番煎じではない。ポリクロニック・タイムを持つスペイン人はだらだらと会議を続けているように見えるが、意思決定の時になった途端、スピード魔に変身する。決定を下す前にもう少し分析しようとじっくり構えているモノクロニック・タイムのドイツ人が、呆気にとられてしまうほどの豹変ぶりだ。

グローバルな取引の場合には、このスケールが示す対比は非常に多くのイライラやピリピリのもとになる。サプライヤーは交渉をなるべく速いペースで行うように、相手を急がせるべきだろうか？　顧客がスケールの右側に位置するなら（メキシコ人、日本人）、そうするべきではない。もし、左側に位置する顧客が相手ならば（たぶんアメリカ人だろう）、相手は自分からさっさと交渉を進めていくと考えて構わない。

GAMチームの場合には、スピード重視と根気重視の両方のタイプの文化があることをメンバー全員が認識し、いくつかのルールを予め設定しておかないと、騒ぎが絶えないチームになるだろう。これこそまさに、他人から学び、状

況に応じた一番好ましい価値観を採用するというケースの最たるものだ。時折周到な分析を要するプロジェクトと取り組む場合があるが、おそらくスピード重視のメンバー向きの仕事ではないだろう。もし、急を要するプロジェクトと取り組まなければならなくなったら、1人で問題を抱え込むことなく他のメンバーに相談し、もっと忍耐力のあるメンバーに任せることだ。

短期型 – 長期型

日本人は長期的な視点から物を考えることで有名だ。初めて進出する市場で投資を行う際の日本人の戦略を見ると、そのことがよくわかる。理論的には、長期的展望に立った投資のマネジメントという意味で、日本人はGAMが得意だということになる。アメリカ人には短期的なリターンを望む傾向がある。従って理論的には、アメリカ人にとってGAMはかなりの難題であるか、少なくともイライラの種だということになる。これは本当だろうか？　私の見る限りでは、YESというのがある程度正しい答えだと思う。では、アメリカ人に我慢強さを教えるにはどうすればいいか？　真の意味で多様性豊かなGAMチームなら、この任務にいくらか役に立ってくれるかもしれない。

未来志向型 – 前例重視型

たとえばプロジェクトが失敗に終わったというような問題が、GAMチームに起こったとする。未来を重視する考え方を持つメンバーなら過ぎたことは忘れ、次のことに取りかかりたいと考えるだろう。これが過去にこだわるメンバーなら事を重大に受け止め、誠意が足りなかったのではないかとか、過去の誤りから学ぶ能力が欠如しているのではないか、などと思い悩むだろう。もちろん、未来志向型のメンバーも、なぜプロジェクトが失敗に終わったかについての推論を過去にこだわるメンバーの考えに付け加えることもあろう。ただし、力強さに欠けていたからだとか、失敗に取り組む能力が足りなかったとか、その推論も未来志向的だ。つまり、危険性を察知し、行動を変えることによって危険を回避しようという発想である。

●── 現実・意味付け・意思決定

絶対的現実観 − 相対的現実観

両者の対立によって、あなたは深刻な問題に巻き込まれる可能性がある。顧客とチームのメンバーとの対立だけでなく、会社の法務部門が介入する必要があったり、場合によっては法律上の問題に発展したりすることもあり得る。絶対的現実を信奉する文化では、絶対的な善悪の基準を誰もが一様に遵守することを確実にする手段として、正式な手続きや手順を重視する傾向がある。相対的現実観を基本とする文化出身のメンバーの視点からは、今述べた考え方は官僚的であり、不要な制約と見られる可能性がある。そのメンバーが育った環境では、現実の状況に基づいて自らの行動を決定する柔軟性が望ましいとされるからだ。もちろん、こうした環境で育った人たちが、相対的現実観に基づいた行動をとれば、正しいとされる手続きや手順を守らなかったり、場合によっては、法を犯したりすることにもなりかねない（もっとも、こうしたことが起きるのは、彼らにとって「他人の」法律である場合が多い）。

「絶対的現実観」を持つ顧客は、「相対的現実観」を持つサプライヤーの「柔軟性」を理解しないかもしれない（前者は秩序を守るためにはどんなことでもするだろう。修理のために呼んだ配管工が現金での支払いを断固主張したり、領収証の発行を断固拒否したりするのと似ている）。それに対し、「相対的現実観」を持つ顧客は、頭の中には規則しか詰まっていないような「絶対的現実観」を持つサプライヤーの「柔軟性のなさ」にはきっとイライラさせられるだろう。この厄介な問題をどうしたらいいのか？

本章の冒頭近くで提案したルールを適用してみてはどうだろう？ つまり、顧客の示す価値観や物の見方に、我々の行動を合わせるように努めるべきだというルールである。なるほど、結構なアイデアだ。しかし、我々の事業が主に「絶対的現実観」を基盤とする社会で展開していて、顧客が主に「相対的現実観」を基本とする社会に住んでいる場合を考えてみよう。今述べたルールを適用することによって、我々自身が我々自身の内部的手続きや手順と衝突することにならないだろうか？ ひょっとすると、我々のビジネス倫理と衝突することすらあり得ないだろうか？

あなたの企業が「絶対的現実観」に基づいて行動したいと望んだとする。すると、「相対的現実観」を基本とする世界に住んでいる顧客を相手に取引をする際に制約が生じるだろう。同時に、あなたのチーム全体にも及ぶ制約が生じることだろう。つまり、「相対的現実観」を基本とする文化に属しているメンバーにさえも制約が及ぶのではないか？　決定権は自分にある。とは言うものの、自分の意思に反してビジネスを行うのは、幸せな状況とは言えない。

さらにややこしいケースを考えてみよう。あなたの顧客がグローバルで、違った場所で両方の価値観を示しているとする。たとえば、本社は「絶対的現実観」を信奉している地域にある。一方、一部の支社は「相対的現実観」の傾向が

図15.4　文化的優先度のスケール──真実・意味・意思決定

絶対的現実観						相対的現実観				
明確な善悪の基準が存在する						善悪は状況次第で決まる				
50	40	30	20	10	0	10	20	30	40	50
分析派						直観派				
私が最も重視するのは、議論的で包括的で論理的に矛盾のない論証である。たとえ、ある提案が正しいと直観的に思うことがあったとしても、その提案を全面的に受け入れる前に、あらゆる論証の手段を試す必要がある						私が最も重視するのは、感情に訴え創意に富み興味をそそる考えである。もしも、ある提案が正しいと直観的に感じられるならば、その提案を全面的に受け入れる前に、あらゆる論証の手段を試す必要などない				
50	40	30	20	10	0	10	20	30	40	50
理論派						経験主義派				
私は問題を解決するために抽象的な概念を用いることを好む						私にとっては、理論よりも実際に経験したことの方が重要だ				
50	40	30	20	10	0	10	20	30	40	50
自由意志派						運命決定論派				
自分の生き方は自分で決める						私の人生で起きることは、自分ではコントロールできない力によって決定されている				
50	40	30	20	10	0	10	20	30	40	50

出典：Carte and Fox, *Bridging the Culture Gap* (Kogan Page, 2004)

かなり強い地域にある。この場合、最良のアドバイスは、価値観の相違という問題についてオープンに議論するよう勧めることだ。さらに言うなら、できるだけ経営陣レベルでの議論が行われることが望ましい。顧客はあなた方に、どのような方向に進んでほしいと思っているだろうか？　たぶん、顧客もまた、「これ以上議論を進めるのは無理だと言いたい気分ではなかろうか？

　以上述べてきたことの結論として、次のように言えると思う。「相対的現実観」を基本とする文化に属するサプライヤーは、「絶対的現実観」を信奉するサプライヤーとの競合において有利な立場にあるかもしれないということだ。なぜなら、柔軟性があるために、比較的自由に様々な手段を用いることができるからである。これは間違いないだろう。特に、競合するサプライヤー2社が、「相対的現実観」を持つ同じ顧客をターゲットにしているケースなら大いにあり得ることだ。

分析派 – 直観派

　このスケールが威力を発揮するのは、プレゼンテーションにおいてである。チームの内部で、あるいは顧客に対してプレゼンテーションをする際に、どんな方法をとるかの指針になる。分析的な方法を採用すれば、プレゼンテーションは事実と確固たる根拠によって十分に裏付けられたものになる。直観的な方法を採用すると決まれば、プレゼンテーションには創意工夫に富んだ演出が必要になる。さて、GAMチームのように多様な価値観を持つ人たちから成る集団が聴衆の場合には、すべての人を満足させるために、今述べた二つの方法から少しずつ寄せ集めてごった煮を作るだろうか。そんなやり方で、うまくいくわけがない。自分のチームのメンバーを相手にするのなら、まずは率直に話し合ってみるべきだ。そうすれば、プレゼンテーションをする時の各人の得意技や癖がわかる。あなた次第でいろいろなことが可能になる。各人のマンネリ化したやり方を変えてやり、チームで統一したプレゼンテーションの方法を作るのもよい。あるいは、逆に各人の好きな方法を名人芸の域にまで高めさせて、メンバー同士が互いの得意分野を知り尽くしているといった個性派ぞろいの集団にするのもいいだろう。スケールに話を戻すと、フランス人とドイツ人とスイス人は左側に、アメリカ人は真ん中あたりに、

そして英国人は右側に位置する。

理論派 – 経験主義派

これは一つ前のスケールと同じではないか？　フランス人については、おそらく同じだと言えるだろう。スケールでの位置は両方とも左側になる。英国人の場合も、同じだと言っていいと思うが、スケールでの位置は両方とも右側になる。だが、ドイツ人とフィンランド人に関して言えば、明らかに論理的な分析を好む傾向が見られる一方で、抽象的な理論派というより、むしろ経験主義者である。もし、あなたが自分の思考法を正確に知りたいと思うなら、そして特に顧客にプレゼンテーションをする時の参考にしたいと望むなら、今見てきたように両方のスケールを併用して結論を出すことを勧める。

自由意志派 – 運命決定論派

物事の様態はいかにして決定されるのか？　意識的であるかどうかにかかわらず、この問題に宗教と哲学は欠くことのできない役割を果たしている。哲学者たちは何世紀にも渡って、自由意志対決定論の議論を続けてきた。この両者の対立は、現在のグローバル・ビジネスの世界においても尾を引いている。あるサプライヤーがグローバル顧客との大きな契約をめぐっての競り合いで、競合他社に敗れたと想定してみよう。スケールの左側に位置する GAM チームのメンバー（アメリカ人、英国人、ドイツ人）は、なぜ敗れたかの理由を考え、自分またはチームのやり方が適切でなかったという結論に達する場合が多い。これは別に自分を責めているわけではなく、次はうまくやりたいという願いから生じる「お決まりの儀式」なのだ。スケールの右側に位置する人たち（すべてとは言えないが、アジアの文化圏に属する多くの人たち）は、そうなったのは「運命の定め」であると考える。

　私の会社が競合他社に敗れた時の話をしよう。アジア人の同僚が私に向かって「運命の定め」を口にするのを聞いて、私を慰めてくれているのだと思った。ところが実際には、我々はその契約を獲得する運命にはなかったという、彼の決定論的人生観からくる発言だったのである。彼の考え方に従えば、我々の会社のリソースはもっと適切な機会に対して大きく開かれているということに

なる。まさに、彼の言う通りではないか！

　その経験によって、私が決定論者に転向することはなかった。どのような環境にあっても物事を実現することができる、と私は今も信じている（私は英国人であり、今述べた考え方こそが英国人の信条だ）。とはいえ、この経験のおかげで、他の人たちの意見に耳を傾ける度量の広さを私は学んだ。「我々が負けたのは、あなたの責任だ！」という考え方を捨て、もっと建設的な議論に取り組む姿勢を身につけるきっかけを作ってくれた出来事だった。

チームの競争力を養うために

　言うまでもなく、16のスケールは文化的多様性を武器にするための「切り札」ではない。ただし、GAMチームのメンバー同士の相互理解を深め、各人の持ち味を活かしながらタスクに取り組むための有効な手がかりになることは確かだ。図15.5はメンバー各人の、言わば文化的な「掌紋」を描くのに利用してほしいツールである。

　図の線の先端にあるのは、図15.1～図15.4で積み重ねられている各スケールのペアを上から順に見て行った場合の、それぞれ左側にあるタイプ名である。手始めとして、図15.1と一緒に見てもらうと時計回りになっていることがわかっていただけるだろう。線に打たれた黒丸の位置は、各スケールのうち左のタイプに付けられたスコアである。各黒丸を線で結ぶと、それぞれの人の「足跡」がどんな形かが見えてくる。さあ、チーム全員の「足跡」を見比べてみよう。似た形をしたもの同士が見つかるかもしれないし、よく見るとかなり対照的なもの同士もあると思う。比較が終わったら、一つ非常に重要な問題を考えてもらいたい。このように「足跡」を比べてみることは、チームにとってどのような意味があるのか？

　わざわざ時間をかけて価値観や物の見方について議論することは、めったにないチャンスである。その機会を利用して、チーム内だけでなく顧客との関係において、ある特定の状況を想定し、様々な選択肢からその状況にふさわしい行動を選んでみたり、これまでとってきた行動をどう変えたら事がうまく運ぶかを是非、話し合ってみてほしい。グローバルな環境で仕事をするには、そう

図15.5 文化的「足跡」

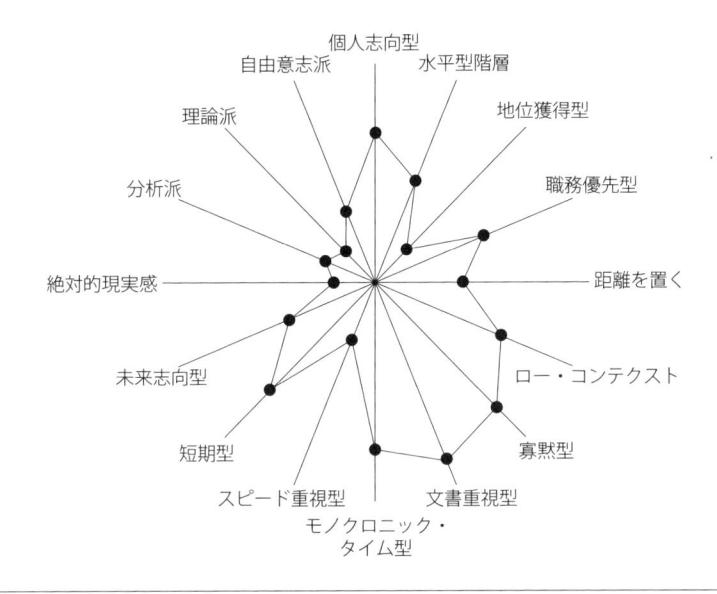

```
              個人志向型
    自由意志派      水平型階層
  理論派              地位獲得型
                        職務優先型
 分析派
                          距離を置く
絶対的現実感
                        ロー・コンテクスト
  未来志向型
                      寡黙型
    短期型         文書重視型
     スピード重視型
        モノクロニック・
          タイム型
```

した柔軟な思考が極めて重要であると同時にかけがえのない価値を持つだろう。文化的多様性の存在を現実として受け止めることで、あなたのチームのパフォーマンスは向上し、その結果チームの文化的多様性そのものが他社と競合する際の武器になるのだ。

　グローバルなチーム内に存在する多様な価値観について話し合うことの利点だけでなく、そもそも多様性がチームにとって不可避であると同時に不可欠な要素であることを、あなたが理解する日は遠くないだろう。成果を上げるGAMチームにとっては、多様な作業手順や業務遂行上の手続きに関する知識を武器にしている職務横断的なチームなど目ではない。後者のような「規則に縛られている上に自らを縛っている」チームは、ボス的存在の「支配欲にあふれ、支配力が物を言う」文化的価値観の産物であることが多い。最高のチーム、そして最も希少なチームは、まず人を重視する。次にその人のモチベーションと行動に注意を払った上で、各状況に最もふさわしい人格とモチベーションと行動の組み合わせを見つけ出そうと努力するものだ。この域にまで達したチームは、

顧客の目に留まり、競合他社に先んじることができる。

最後に、前に述べた四つの指針に新たな指針を一つ加えて本章のまとめとしよう。

- 広い心を持つ。
- 自分を知る。
- 他人を知るスキルを身につける。
- 実務本位に徹する。
- これらの指針の目的が、どれも顧客への奉仕であることを忘れていない。

# 第16章
さらなる課題に取り組むために

NEXT STEPS, GETTING FURTHER HELP

　本書を執筆するにあたり、私は実務に基づく現実の世界に焦点を合わせながら書き進めるように努力した。本書の目標は、GAM の戦略を一歩一歩着実に実行しながら GAM の実現を目指す人たちの手助けをすることである。この最終章までお付き合いくださった読者が、自分自身のアクション・プランを立案する際に本書を大いに活用していただけたならば、私にとってそれに勝る喜びはない。私は今後も引き続き読者のお役に立ちたいと願っている。

バリューの提案

　スキルと活動としての「バリューの提案」と「バリューの販売」に関する章が、本書になかったことに疑問を持たれた読者がいると思う。紙面の都合というのは、いつでも使える便利な言い訳である。ただし、本書の目的は GAM を KAM とは異なった観点から考察することであった。確かに「バリューの提案」と「バリューの販売」の両方は GAM のほとんどの戦略において一翼を担うものであるが、KAM の戦略においても同様のことが言える。従って、「バリューの提案」と「バリューの販売」に関しては、KAM の関連書をお読みになるようにお勧めする。とは言うものの、非常に短いものであるが、次に述べる要約を一読すれば「バリューの提案」と「バリューの販売」について更にもっと知りたいとお思いになるかもしれない。

価値を顧客の目から見ると……

バリューの提案に関して述べておかなければならない最も重要なことは、バリューとはそれを見る者の目に映ったものだという点である。つまり、バリューは相手に与えるものではなく、相手が受け取るものなのだ。バリューはサプライヤーであるあなた方のコストとも、あなた方が投入した労力とも無関係である。そもそも、そうした観点から算出すべき性質のものではないのだ。バリューは顧客が受け取るもの以外の何ものでもない。さらに重要なことは、バリューとは自分が受け取ったと顧客が考えているものなのである。そうした観点に立って初めてバリューの計測が可能になる。

GAM のコンテクストにおいては、今述べたことは大きな足かせになる。なにしろ、舞台は世界だ。最も完璧な正真正銘のグローバル顧客（私の個人的な尺度から見ての話だが）でなければ、世界の異なった複数の地域で事業を展開しながら、同一の判断基準でバリューを認めてくれることはないのである。バリューの売り手にとって、正当なバリューを認めてくれる顧客を探すのは、かなりの難題だ。だから、サプライヤーはバリューを提案する際に、実際のバリューよりも値段を低めに提示する傾向がある。そうすれば、グローバル顧客は言い値でも買ってくれる。「『将来的には』グローバル」な顧客を相手に取引をするのがどんなに難しいかが、これではっきりすることだろう。以上述べた問題の解決策となり得るのは、ある種の要素はグローバル・スタンダードに沿って決定可能であるとしっかり認識することだ。たとえば、諸条件、製品、価格である。一方で、バリューの提案は本質的にローカルなものなので、ローカルなコンテクストにおいて議論し、評価し、そのバリューに見合った金額を設定するべきだ。こうしたやり方をグローバル顧客は支持しないかもしれないが、サプライヤーにとっては、これしかない最良の方法だと言えよう！

あなた方の提案するバリューを評価するには

図 16.1 は、あなた方の提案するバリューを評価するのに利用可能な一つのツールを示している。このツールは新しいバリューの潜在的な可能性を評価する際にも、利用できるかもしれない。

図 16.1 を参考にし、顧客があなた方とビジネス関係を結んだ結果、どのよ

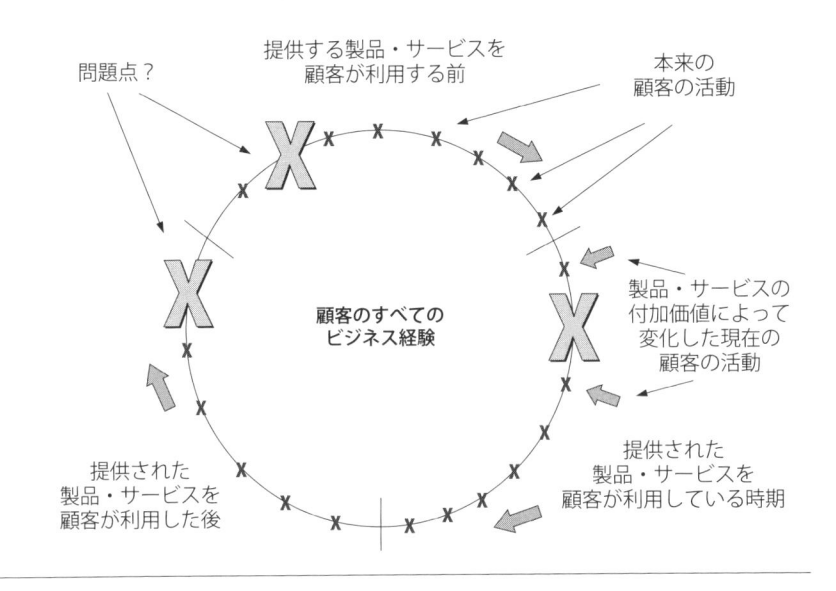

図 16.1 顧客の活動サイクル、および顧客が得る経験の総体

- 問題点？
- 提供する製品・サービスを顧客が利用する前
- 本来の顧客の活動
- 製品・サービスの付加価値によって変化した現在の顧客の活動
- 提供された製品・サービスを顧客が利用している時期
- 提供された製品・サービスを顧客が利用した後
- 顧客のすべてのビジネス経験

うな活動を経ていくかを図として描いてみよう。まず、顧客との間に起こり得る交流のすべての可能性を、ビジネス関係の始まりから終わりまで順に想像しながらたどってみる。次に、現在ビジネス関係にある顧客のために、現時点で自分たちが行っている活動が図のどの段階に位置するのかをはっきりさせる。位置が明確になったところで、自分たちの活動が顧客にどのようなポジティブな影響を与えているかを考える。別の言い方をすると、顧客がこの時点でどれだけのバリューをあなた方から得たかを考える。その作業が終わったら、今度は自分たちの活動が顧客にどのようなネガティブな影響を与えているか、あるいは与える可能性があるかを探り、その是正策または改善策（どのような付加価値をさらに顧客に提供することが可能か）を考える。

　あなた方のバリューの提案が具体的にどのようなものかが明確になったら、顧客の得るバリューを、顧客の観点から算出する作業にただちに取りかかることを勧める。たとえば、あなた方の提供している製品やサービスによって、顧客が生産している製品の性能や質に一貫性が備わり、安定した生産が可能に

なったとしよう。あるいは、顧客の工場の操業中断時間が短縮したり、市場からのクレームやリコールが減少したりしたとしよう。その場合には、あなた方の提供している製品やサービスによって顧客が減らすことができたコストや労力を定量化するだけでなく、コスト削減の見返りとして顧客に対し、あなた方が請求できる報奨金の額を算出するべきだ。また、あなた方の提供している製品やサービスによって、顧客が何らかの業務上の活動や作業を行う必要がなくなった場合にも、顧客が削減できたコストや労力を定量化し、それに見合うだけの報奨金を算出するべきである。

以上述べてきたことは、グローバルなコンテクストにおいては、極めて複雑な作業になりかねないことは確かだ。顧客が世界各地で事業を展開しているためにかかったコストと省力化できた予算とを、どの国の通貨を基準にして換算するかという大きな問題が生じる可能性も予想される。とは言うものの、この作業に取り組むことによって、バリューの提案が世界の各地域で異なった受け止められ方をされることもあるという、相対的な見方を学ぶことができるだろう。そうした見方が身につけば、顧客への自分たちの貢献に対する報酬を議論し交渉するには、本社レベルとローカル・レベルのどちらで行うほうが有利かの決定にも、役立ってくれるはずだ。

インサイト・マーケティング・アンド・ピープル

私の運営する会社インサイト・マーケティング・アンド・ピープル（以下インサイト）は、KAMとGAMに取り組む人たちを支援する業務全般を専門にしている。助言、コンサルテーション、コーチング、研修セミナーといった領域でのニーズに対し、我々は喜んでご相談に応じる態勢を整えている。

インサイトは、北米、中南米、ヨーロッパ、アフリカ、中東、そしてアジア・パシフィック地域で事業を展開しているグローバル企業である。また、金融サービス、FMCG（日用消費財）、IT、製薬、小売、特殊化学品、通信、そして運送といった業界および市場で活躍している顧客を対象に業務経験を積んできた。

図16.2　インサイトが提供している支援プログラム・マップ

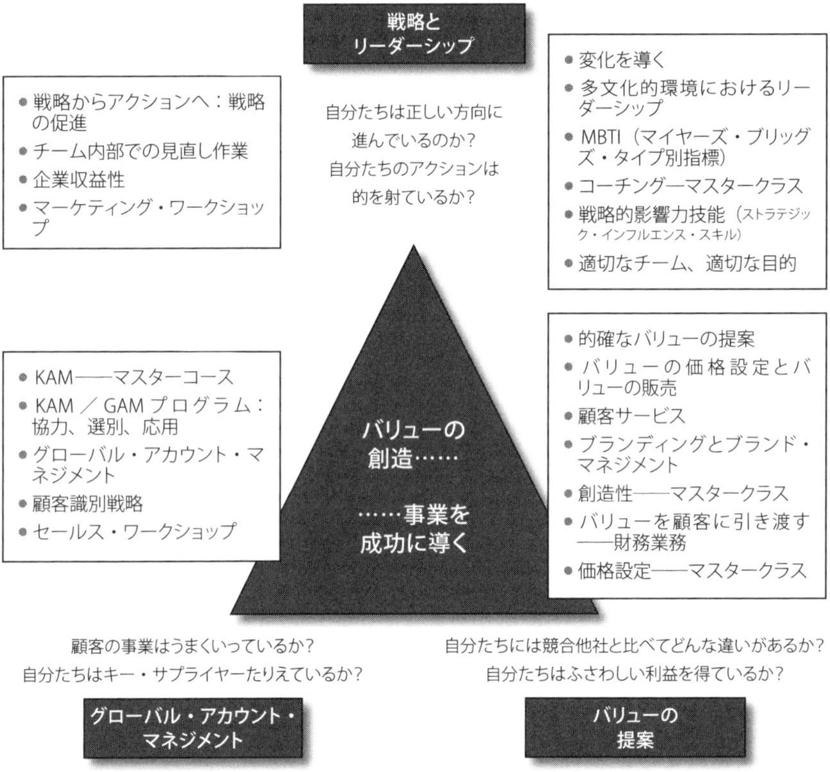

戦略とリーダーシップ

自分たちは正しい方向に進んでいるのか？
自分たちのアクションは的を射ているか？

- 戦略からアクションへ：戦略の促進
- チーム内部での見直し作業
- 企業収益性
- マーケティング・ワークショップ

- 変化を導く
- 多文化的環境におけるリーダーシップ
- MBTI（マイヤーズ・ブリッグズ・タイプ別指標）
- コーチング――マスタークラス
- 戦略的影響力技能（ストラテジック・インフルエンス・スキル）
- 適切なチーム、適切な目的

**バリューの創造……
……事業を成功に導く**

- KAM――マスターコース
- KAM／GAMプログラム：協力、選別、応用
- グローバル・アカウント・マネジメント
- 顧客識別戦略
- セールス・ワークショップ

- 的確なバリューの提案
- バリューの価格設定とバリューの販売
- 顧客サービス
- ブランディングとブランド・マネジメント
- 創造性――マスタークラス
- バリューを顧客に引き渡す――財務業務
- 価格設定――マスタークラス

顧客の事業はうまくいっているか？
自分たちはキー・サプライヤーたりえているか？

グローバル・アカウント・マネジメント

自分たちには競合他社と比べてどんな違いがあるか？
自分たちはふさわしい利益を得ているか？

バリューの提案

――困難な問題に対処するための適切な支援

　第9章では、GAM戦略を実行したいと考えているリーダーが直面する問題について述べた（図9.2を参照）。図16.2は、そうした問題に対処するために、インサイトが提供している支援プログラムを示したものである。ご覧のように、KAMまたはGAMという極めてやりがいのある課題に真っ向から取り組んでいる人たちに特化した内容を、ワークショップ形式の研修を通して提供している。関心のある方は、巻末に記載のアドレスまでご連絡いただきたい。

- 我々の「KAM／GAM プログラム」に参加することによって、あなたとあなたのチームは本書で述べた全プロセスを経験することができる。プログラムの一部を以下に紹介する。
  - 「KAM／GAM マスタークラス」ではシニアマネジメント・チームを対象に、チームの担う機能の理解を深めることを目的とし、チームが適切な支援態勢を整えるためのノウハウを提供する。特に KAM と GAM を実行する上で、チームがどのような役割を果たすべきかを明らかにすることが本クラスの要になる。
  - 「KAM／GAM プログラム」の一部である、GAM における「選別」を扱ったワークショップでは、第9章で述べたグローバル・アカウントの選別プロセスを実施するための知識とスキルを学ぶ。
  - 「KAM／GAM プログラム」のうち、「KAM／GAM チーム」を扱うワークショップでは、第10章で紹介した「ベルビン・チーム・ロール」を利用して、あなたのチームの各メンバーがどの役割を果たすのが適切かを知る。
- 「コーチング・マスタークラス」は、第10章で述べたコーチングのスキルに磨きをかけることを主要な目的とする。
- 「多文化的環境におけるリーダーシップ」を扱うワークショップにおいては、第15章で取り上げた「文化的多様性を武器にする」ための実務的知識とスキルを学ぶ。

【著者】ピーター・シェバートン　Peter Cheverton

コンサルティング会社INSIGHT Marketing and Peopleディレクター。クライアント企業のグローバルアカウントマネジメントを支援している。顧客管理の知見が豊富で、Key Account Management、Key Marketing Skills、Key Account Management in Financial Services and Understanding Brands（いずれもKogan Page刊）などの著作がある。

※ INSIGHT Marketing and People
1 Lidstone Court, Uxbridge Road, George Green, SLOUGH, SL3 6AG, United Kingdom.
Tel: +44 (0)1753 822990　http://www.insight-mp.com/

※ INSIGHT Asia Pacific Sdn Bhd
Kelana Business Centre, Suite 513 Block A, 97 Jalan 7/2, 47301 Petaling Jaya, Petaling Jaya, Selangor, Malaysia　Tel: 603 7880 7740

【監訳者】福住　俊男　Toshio Fukuzumi

株式会社グローバルマネジメント研究所 代表取締役社長。1951年神奈川県生まれ。横浜市立大学を卒業後、1975年、アンダーセン・コンサルティング（現・アクセンチュア株式会社）に入社。以降26年間、コンサルタントとして活躍。1987年に同社パートナーに就任、グローバル企業である同社の経営に従事したほか、コンサルティング方法論の開発、ナレッジ共有の仕組みづくりにも関与。2001年に同社を退社、スタンフォード大学ビジネススクール客員研究員、慶應義塾大学SFC研究所研究員・非常勤講師を経て現職。仕事の傍ら、教育改革に取り組むNPOの活動なども行っている。
※株式会社グローバルマネジメント研究所
http://www.globalmgtlab.com/

【訳者】児島　修　Osamu Kojima

1970年生まれ。立命館大学文学部卒業。映画配給会社、ソフトウェア企業等を経て、現在は翻訳会社に勤務。訳書に『Head Rush Ajax 学びながら読むAjax入門』（オライリージャパン）、『インドの虎、世界を変える──超国籍企業 ウィプロの挑戦』（英治出版）などがある。

【英治出版からのお知らせ】

弊社ウェブサイト（http://www.eijipress.co.jp/）では、新刊書・既刊書のご案内の他、既刊書を紙の本のイメージそのままで閲覧できる「バーチャル立ち読み」コーナーなどを設けています。ぜひ一度、アクセスしてみてください。また、本書に関するご意見・ご感想をE-mail（editor@eijipress.co.jp）で受け付けています。たくさんのメールをお待ちしています。

グローバルアカウントマネジメント入門
世界市場の顧客との付き合い方

発行日	2009年 2月28日　第1版　第1刷
著者	ピーター・シェバートン
監訳者	福住俊男（ふくずみ・としお）
訳者	児島修（こじま・おさむ）
発行人	原田英治
発行	英治出版株式会社
	〒150-0022 東京都渋谷区恵比寿南1-9-12 ビトレスクビル4F
	電話　03-5773-0193　　FAX　03-5773-0194
	http://www.eijipress.co.jp/
プロデューサー	高野達成
スタッフ	原田涼子、秋元麻希、鬼頭穣、大西美穂、岩田大志、藤竹賢一郎、山下智也、デビッド・スターン、浅木寛子、佐藤大地、坐間昇、鈴木みずほ、虫賀幹華
印刷・製本	株式会社シナノ
装丁	英治出版デザイン室

Copyright © 2008 Toshio Fukuzumi
ISBN978-4-86276-039-5　C0034　Printed in Japan

本書の無断複写（コピー）は、著作権法上の例外を除き、著作権侵害となります。
乱丁・落丁本は着払いにてお送りください。お取り替えいたします。

● 英治出版の本　好評発売中 ●

2010年グローバル勝ち組企業の条件
著者：福住俊男
四六判　上製　320ページ　本体1,900円＋税

チーム・ダーウィン
「学習する組織」だけが生き残る
著者：熊平美香
四六判変型　並製　320ページ　本体1,600円＋税

自滅する企業
エクセレントカンパニーを蝕む7つの習慣病
著者：ジャグディシュ・N・シース
訳者：スカイライトコンサルティング
A5判　上製　384ページ　本体1,900円＋税

未来をつくる資本主義
世界の難問をビジネスは解決できるか
著者：スチュアート・L・ハート
訳者：石原薫
四六判　上製　352ページ　本体2,200円＋税

ワールドインク
なぜなら、ビジネスは政府よりも強いから
著者：ブルース・ピアスキー
訳者：東方雅美
四六判　上製　352ページ　本体1,900円＋税

ディープエコノミー
生命を育む経済へ
著者：ビル・マッキベン
訳者：大槻敦子
四六判　上製　336ページ　本体1,900円＋税

実践ダイバーシティマネジメント
何をめざし、何をすべきか
著者：リクルートHCソリューショングループ
A5判　並製　224ページ　本体2,400円＋税

感じるマネジメント
編著者：リクルートHCソリューショングループ
四六判　並製　224ページ　本体1,300円＋税

ビジョナリー・ピープル
著者：ジェリー・ポラス ほか
訳者：宮本喜一
四六判　上製　408ページ　本体1,900円＋税

ネクスト・マーケット
「貧困層」を「顧客」に変える次世代ビジネス戦略
著者：C・K・プラハラード
訳者：スカイライトコンサルティング
A5判　上製　480ページ　本体2,800円＋税

シンクロニシティ
未来をつくるリーダーシップ
著者：ジョセフ・ジャウォースキー
訳者：野津智子
四六判　上製　336ページ　本体1,800円＋税

ダイアローグ
対立から共生へ、議論から対話へ
著者：デヴィッド・ボーム
訳者：金井真弓
四六判　上製　200ページ　本体1,600円＋税

勇気ある人々
著者：ジョン・F・ケネディ
訳者：宮本喜一
四六判　上製　384ページ　本体2,200円＋税

「社会を変える」を仕事にする
社会起業家という生き方
著者：駒崎弘樹
四六判　上製　256ページ　本体1,400円＋税

● Business, Earth, and Humanity.　www.eijipress.co.jp ●